초고령사회, 조직활력을 어떻게 높일까

K-매니지먼트 3.0

초고령사회,
조직활력을 어떻게 높일까

한국인사조직학회 기획
이경묵 한준 윤정구 양동훈 김광현 이영면 이장원 박지순 지음

K - M A N A G E M E N T   3 . 0

책 발간의 취지와 의의

대한민국은 세계에서 가장 빠르게 늙어가고 있는 국가이다. 우리나라는 2000년에 전체 인구 중 65세 이상이 차지하는 비율이 7% 이상인 고령화 사회에 이미 진입했다. 2026년이면 그 비중이 20%를 넘는 초고령사회가 된다. 그러나 우리는 이런 급속한 고령화에 대한 대비가 부족한 실정이다. 개인들은 자녀교육에 대한 과도한 지출 등으로 정작 자신의 노후준비에 소홀한 경우가 많다. 45세면 정년이라는 의미의 '사오정'이라는 신조어가 생길 정도로 불안한 고용 안정성은 노후준비를 위한 개인의 노력을 더욱 어렵게 한다. 그럼에도 불구하고 개인의 노후 준비는 상당 부분 개인의 책임으로 치부하고 연금이나 고용보험 등 사회안전망도 취약한 실정이다.

우리나라에서도 고령화에 따른 문제점과 대책에 대한 논의가 정치, 경제, 사회, 문화, 의료, 복지, 재정 등 다양한 분야에서 진행되고 있다. 그러나 이러한 논의에 정작 고령인력의 직접적인 고용자이자 인구 고령화에 대한 중요한 해결책을 제공할 수 있는 기업을 중심으로 한 논의는 상대적으로 적을 뿐만 아니라 기존 논의도 정년연장 또는 임금피크제 등 제한적 영역에서 이루어지고 있다.

예를 들어 정부는 고령화로 인한 문제를 완화하기 위해서 정년 60세 연장을 의무화했다. 고령인력에게 일자리를 제공하면서 기업들로 하여금 고령인력이 가진 전문성을 활용해서 생산성을 높이도록 하는 것이 정책 취지이다. 그러나 연공서열주의가 뿌리 깊은 우리 기업에서 이들 고령인력을 효율적으로 활용하기가 쉽지는 않아 보인다. 정년이 연장되면 기업 내 고령, 고직급 인력의 비중이 증가한다. 그런데 기업이 이들 인력의 직급에 맞는 보직을 마련하기도 쉽지 않고, 그렇다고 이들이 자신보다 젊은 관리자 밑에서 일하는 것도 편치 않기 때문이다. 결과적으로 고령인력의 활용 준비가 되지 않은 상태에서 단순한 정년 연장은 고비용 저효율을 유발할 개연성이 높다.

기업이 고령인력을 수용하면서도 생산성과 조직활력을 높이기 위해서는 과거 고성장시대에 성공적으로 운영되었던 조직과 조직화 방식에 대한 근본적인 재검토가 필요해 보인다. 우선 고령인력에 대한 보다 정확한 이해로부터 시작해야 할 것이다. 스포츠처럼 체력이 중요한 분야에서는 고령인력의 생산성이 떨어지지만, 지식근로자처럼 지식과 경륜이 중요한 분야에서는 오히려 고령인력이 장점을 가질 수 있다. 최근 연구에 따르면 사회적 스킬이 중요한 영역에서는 오히려 고령인력의 성과가 좋다는 결과도 있다.

고령인력의 단점을 최소화하면서 장점을 활용하기 위해서는 직무 설계에 대한 새로운 접근이 필요하다. 예를 들어 CJ대한통운에서는 대기업 임원, 변호사, 교사 등 다양한 직업을 가졌던 65세 이상 고령인력을 실버택배 배송원으로 활용하고 있다. 택배 차량이 화물을 싣고 오면 이들 고령인력이 아파트 단지 내 배달을 전담하는데 하루 근무시간은 3~4시간이고 전기 카트와 전동 손수레를 사용함으로써 신체적 부담을 줄이고 있다. 이들 고령인력은 성실하고 책임감이 강할 뿐만 아니라 고객에게 친근하게 다가가기 때문에 고객 만족도도 높다. 고령인력을 효율적으로 활용하기 위해서는 직무 및 작업환경에 대한 고령 친화적 재설계가 필요할 것이다.

이 외에도 고령인력을 활용하기 위해서는 현재의 조직운영 방식, 기업문화, 리더십 등에 대한 근본적인 재검토가 필요할 것이다. 정년 연장의 예에서 살펴보았듯이 현재의 연공서열 중심의 인사제도와 기업문화하에서는 고령인력의 장점을 활성화하기 어려울 것이다.

이 책은 초고령사회에서 바람직한 조직과 조직화 방식을 다룬 '백 투 더 퓨처Back to the Future' 프로젝트의 연구결과를 담고 있다. 영화 「백 투 더 퓨처」는 주인공이 과거와 미래로 시간여행을 하면서 개인의 역사를 바꾸고 잘못된 미래를 바로잡으려는 모험극이다. 마찬가지로 이 책의 필자들은 초고령사회에서 우리가 일할 기업조직의 모습과 문제점을 그려보고, 이들 문제점을 방지하기 위해서 현재 어떤 노력을 해야 할지에 대한 진지한 고민과 토론을 했다. 초고령사회로의 진행은 우리 사회가 피할 수 있는 미래가 아니다. 따라서 우리 기업과 사회가 고민해야 할 것은 다양한 연령대의 조직구성원들이 상호 역할분담과 협업을 통하여 좋은 일자리와 경쟁력 있는 조직을 디자인하고 운영하는 방식에 관한 것이다. 이것이 바로 이번 프로젝트에 참여한 학자들이 가진 문제의식이다.

한국인사조직학회는 지난 2012년부터 한국형 경영의 DNA 규명을 위한 K-매니지먼트 프로젝트를 진행하여 그 결과를 학술지인『인사조직연구』에 발표하였다. 2014년부터는 연구 결과를 학자와 관련 전문가뿐만 아니라 기업인, 정책입안자, 일반대중과 소통하기 위하여 책으로 출간하기로 결정했다. 첫 번째 책인 『K-매니지먼트: 기로에 선 한국형 기업경영』(2015)에서는 우리 기업의 성장 과정에 관한 비판적 고찰을 통하여 한국형 기업경영이 가지고 있는 문제점을 진단했다. 그리고 다음 해에는 이들 문제점에 대한 실천적 대안에 관한 고민과 제안을 담은 두 번째 책인『K-매니지먼트 2.0: 지속가능한 혁신공동체를 향한 실천전략』(2016)을 출간했다. 이들 두 권의 책이 우리 기업을 역사적 맥락 속에서 분석하고 해법을 제시했다면 이번 세 번째 책은 초고령사회라는 미래로부터 현재를 조망하면서 문제점을 파악하고 해결책을 담고 있다는 점에서 차이가 있다.

이 책이 나오기까지 많은 사람의 도움이 있었다. 초고령사회라는 미래와 현재의 기업 현실을 오가며 진단과 실천적 해결책을 제시하는 것은 쉬운 일이 아니다. 이를 위하여 국내 인사조직분야뿐만 아니라 사회학과 법학 분야의 최고 학자들이 수개월 동안 같이 토론하면서 전체 프로젝트의 틀을 잡고 내용을 발전시켰고 그 결과를 책으로 담았다. 이 오랜 여정 동안 리더의 역할을 맡아준 서울대학교 이경묵 교수와 연구진에게 감사드린다. 또한 3년 연속 K-매니지먼트 프로젝트 출판을 맡아준 출판사 클라우드나인과 안현주 대표에게도 감사

한다. 이 책이 여유 있고 활기찬 초고령사회와 기업을 만들어가는 데
도움이 되었으면 한다.

2017년 8월
한국인사조직학회 제26대 회장 김희천

차례

4장 고령화 시대 고효율과 혁신을 통한 조직활력 제고 · 143

5장 고령화 시대의 한국 기업 인사관리 개편 방향 · 177

●●● 제3부

기업 조직활력 제고를 위해 사회제도와 노동법제도를 혁신해야 한다 · 211

6장 고령화 시대 인적자원 활용을 위한 사회제도 혁신방안 · 213

초고령사회의
조직활력 제고 주요 과제

이경묵

서울대학교 경영전문대학원 교수

서울대학교 경영대학에서 학사학위와 석사학위를 받았고 미국 펜실베이니아대학교에서 박사학위를 받았다. 『경영학회 저널Academy of Management Journal』 『전략경영 저널Strategic Management Journal』 『하버드 비즈니스 리뷰』 등에 다수의 논문을 발표했다. 『경영학회 저널Academy of Management Journal』 최우수 논문상, 서울대학교 상과대학 동창회 올해의 교수상, 한국경영학회 제1회 SERI중견경영학자상, 제32회 정진기언론문화상 경제경영도서부문 대상을 수상했다. 2014년 미국 맥그로힐 출판사에서 『삼성웨이Samsung Way』 영문판을 출간했다.

K-Management 3.0

　우리나라는 세계에서 가장 빠른 속도로 고령화가 진행되는 국가이다. 고령화로 인해 발생하는 문제도 다른 선진국에서보다 훨씬 더 심각하고 연금이나 고용보험 등 사회안전망도 매우 취약하다. 고령화로 인한 문제를 완화하기 위해 정년을 60세로 연장한 바 있다. 그것만으로는 문제를 해결할 수 없기 때문에 가까운 시일 내에 정년을 더 연장하거나 더 늦은 나이까지 고용을 보장하는 새로운 법안이 마련될 것이다. 하지만 정년 연장만으로는 충분하지 않다. 국가적 차원에서 사회안전망을 강화하고 기업들이 국내에서 양질의 일자리를 더 많이 만들어갈 수 있도록 법과 제도를 정비해야 한다.

　사회적 차원에서의 고령화와 비교해 기업 인력의 고령화는 더 빠른 속도로 진행되고 있다. 기업의 성장은 정체되어 있는데 정년 60세의 시행으로 퇴직인력이 줄어들고 신입사원이 줄어들기 때문이다.

더욱이 정년을 더 연장하거나 더 늦은 나이까지 고용을 보장해야 한다는 법안이 시행되면 기업 인력의 고령화는 더 빠른 속도로 진행될 것이다.

기업 인력이 고령화되면 기업의 활력이 떨어질 수밖에 없다. 사람들은 나이가 들면 위험 감수 성향이 떨어져 새로운 일을 하거나 새로운 방식을 시도하기보다는 기존 방식을 고수하려는 성향이 강해진다. 근로자들이 기존 방식을 고수하려 하면 기업의 활력이 떨어질 수밖에 없다. 우리나라가 다른 나라들보다 고령화에 따른 기업 활력에서 문제가 더 심각한 데는 세 가지 이유가 있다. 첫째, 연공서열적인 조직운영으로 나이가 들면 자신이 직접 일하기보다는 다른 사람을 관리하려고 한다. 관리자가 늘어나고 직접 일하는 사람이 줄면 활력이 줄어들 수밖에 없다. 둘째, OCED 국가 평균보다 우리나라 중고령근로자의 역량 수준이 낮다. 기업 인력의 고령화로 인한 근로자들의 평균 역량 저하는 조직활력 저하를 유발한다. 셋째, 우리나라는 노동 유연성이 매우 낮은 국가이다. 기업들이 역량이나 열정이 떨어지는 인력을 새로운 인력으로 대체하기가 어렵다. 역량이나 열정이 떨어지는 인력의 비율이 높아지면 조직활력이 저하될 수밖에 없다.

기업은 우리나라에서도 곧 정년이 65세가 된다는 가정하에서 근로자 고령화 문제에 접근해야 한다. 기존의 근로의식, 조직문화, 조직운영방식을 약간 수정하는 것만으로는 근로자 고령화로 인한 조직활력 저하 문제를 풀 수 없다. 연령주의 문화나 연공서열적 조직운영방식을 폐기하고 직무, 역량, 성과 중심의 조직운영방식으로 근본적인 패러다임을 전환해야 한다. 국가에서는 우리 기업들이 국내에서 양질의 일자리를 더 많이 만들어갈 수 있도록 법과 제도를 정비해주어야 한다.

우리 기업이 지속적인 성장을 하기 위해서는 고령화로 인한 조직활력 저하 문제를 해결해야만 한다. 그러지 못하면 경제의 성장 동력이 꺼질 수 있다. 또한 국내에서 양질의 일자리가 늘어나지 않을 것이다. 결국 사회안전망 구축에 드는 정부의 재정적 부담이 크게 높아질 것이다. 그래서 이번 K-매니지먼트 연구에서는 고령화로 인해 발생할 수 있는 조직활력의 저하 문제를 어떻게 극복할 수 있는가에 대해 다루고자 한다.

▬▬▬ 우리나라는 전세계에서 가장 빠른 속도로 고령화되고 있다

우리나라는 세계적으로 유례없이 빠른 고령화를 경험하고 있다. 이미 2000년에 전체 인구 중 65세 이상 노인인구가 차지하는 비율이 7% 이상인 고령화 사회에 진입했고 2018년에는 14% 이상인 고령 사회에 진입하고 2026년에는 20% 이상인 초고령 사회에 진입할 예정이다.

이렇게 빠른 고령화의 가장 중요한 이유는 급속한 출산율의 저하이다. 다음의 표 「우리나라의 주요 연도별 출생아 수, 합계 출산율,

주요 국가의 고령화 추세

		고령화	고령	초고령	소요연수(고령화 → 고령 → 초고령)
한국		2000	2018	2026	26년
일본		1970	1994	2006	36년
프랑스		1864	1979	2018	154년
독일		1932	1972	2009	77년
이탈리아		1927	1988	2006	79년
미국		1942	2015	2036	94년

65세 이상 인구비율」은 통계청 인구 추이 자료를 바탕으로 정리한 것이다. 우리나라의 '아이를 낳을 수 있는 여성이 평생 낳을 수 있는 평균 자녀의 수'인 합계 출산율은 1960년 6.16명, 1976년 3.00명, 1983년 2.06명을 기록한 이후 계속 감소해 2002년부터 1.3명을 넘지 못하고 있다. 2016년에는 1.17명으로 세계 최저 수준이다. 저출산 문제가 워낙 심각해서 초저출산이라고 할 정도이다.

우리나라 주요 연도별 출생아 수, 합계 출산율, 65세 이상 인구비율

연도	출생아 수	합계 출산율	65세 이상 인구비율
1960	1,099,294명	6.16명	2.9 %
1970	1,006,645명	4.53명	3.1 %
1980	862,409명	2.82명	3.8 %
1990	649,738명	1.57명	5.1 %
2000	634,501명	1.47명	7.2 %
2010	470,171명	1.23명	11.0 %
2016	406,300명	1.17 명	13.5 %

자료: 통계청 인구추이

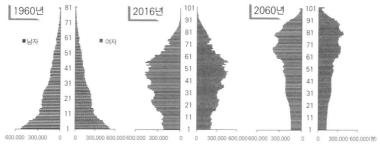

우리나라 인구 연령구조의 변화

자료: 통계청,「장래인구추계」2016. 12.

출산율 저하에 따라 출생아 수도 크게 줄었다. 1957년부터 1971년까지 15년간 매년 100만 명 이상의 신생아가 태어났으나 2002년부터 50만 명 미만으로 줄었고 2017년에는 40만 명 미만으로 줄 것으로 예상된다.

우리나라 인구 연령구조의 변화를 살펴보자. 출산율 저하와 평균수명의 증가로 인해 65세 이상 인구의 비율도 빠른 속도로 증가해왔고 앞으로는 더 빠른 속도로 증가할 것으로 예측된다. 통계청에서 집계하고 예측한 바에 따르면 우리나라 14세 이하 인구의 비율은 2015년 13.8%에서 꾸준히 하락해 2060년에는 9.4%가 될 것이며 65세이상 인구의 비율은 2015년 12.8%에서 꾸준히 증가해 2060년에는 41.0%가 될 것이라고 한다. 10명 중 4명 정도가 노인 인구라는 것이다. 그리고 생산활동가능인구인 15세 이상 64세 이하 인구는 2015년 73.4%에서 점점 줄어들어 2060년에는 49.6%가 될 것이라고 한다. 사회 전체적으로 생산활동가능인구 1명이 다른 사람 1명을 부양해야 하는 시대가 된다는 것이다.

우리나라 기업 근로자도
고령화되고 고직급화되고 있다

한국 사회의 고령화에 따라 기업 근로자들도 고령화될 수밖에 없다. 그런데 두 가지 이유로 기업 근로자들의 고령화는 더 빠른 속도로 진행되고 있다.

첫 번째 이유는 종업원 수라는 차원에서 기업 성장의 정체이다. 2011년부터 우리나라 경제 성장률이 세계경제 성장률을 밑돌면서 한국경제의 저성장이 고착화되었다. 그 결과 국내 시장을 주요 사업 대상으로 하는 기업들의 고용이 별로 늘어나지 않고 있다. 전 세계 시장을 무대로 주요 사업을 전개하는 대기업들도 국내에서의 고용을 늘리지 않고 있다. 국내에 공장을 증설하기보다는 해외에 공장을 짓고 있다. 근로자의 나이가 많아지면서 임금이 올라가는 연공제적 보상제도와 노동시장의 높은 경직성으로 인해 우리나라가 생산 입지로서의 경쟁력을 잃었기 때문이다.

두 번째 이유는 정년 연장이다. 「고용상 연령차별 금지 및 고령자 고용촉진에 관한 법률」을 개정해 정년 60세를 의무화하면서 2016년 1월 1일부터 공기업, 공공기관, 지방공기업, 상시근로자 300인 이상 사업장에 적용했고 2017년 1월 1일부터는 국가 및 지방자치단체와 상시근로자 300인 미만 사업장에도 적용하고 있다. 이 법의 시행으로 당분간 정년으로 퇴직하는 사람이 없을 것이다. 그리고 그렇게 된다면 신입사원 선발 규모도 줄어들 것이다. 근로자의 평균 연령이 높아질 수밖에 없다.

아래의 표는 시가총액 기준으로 우리나라를 대표하는 기업들의 2010년, 2015년, 2016년 12월 31일 기준 직원 수와 직원들의 평균 근속연수를 보여준다. 2015년과 비교하여 2016년에 직원 평균 근속연수가 가장 많이 늘어난 기업 순으로 정리한 것이다. 직원들의 평균 근속연수가 늘어나면 평균 나이도 늘어난다. 직원에는 정규직, 무기계약직은 물론 근속연수가 잘 늘어나지 않는 계약직까지 포함된다. 2016년에 직원 수라는 면에서 성장이 정체된 포스코, 삼성생명,

우리나라 주요 기업의 직원 수와 평균 근속연수

기업	2010		2015		2016	
	직원 수	근속연수	직원 수	근속연수	직원 수	근속연수
포스코	16,390	18.9	17,045	18.0	16,584	19.0
삼성생명	6,062	11.7	5,348	12.0	5,284	12.9
SK하이닉스	18,104	7.5	22,139	10.2	22,254	10.9
삼성전자	95,659	7.8	96,898	10.3	93,200	10.8
현대자동차	56,137	17.5	66,404	17.2	67,517	17.5
네이버	2,579	3.3	2,397	5.3	2,693	5.5
LG화학	9,304	11.6	14,280	11.0	14,974	11.0
현대모비스	6,244	13.0	8,569	12.6	9,065	12.4
SK텔레콤	4,421	11.6	4,046	12.2	4,399	11.9
한국전력	19,927	17.8	20,605	18.5	21,560	17.8

자료원: 전자공시(dart.fss.or.kr)의 기업별, 연도별 사업보고서

SK하이닉스, 삼성전자는 직원들의 평균 근속연수가 1년 사이에 0.5년 이상 늘어났다. 포스코는 근속연수가 1년이 늘어났고 삼성생명은 0.9년이 늘어 정년 연장으로 인한 근로자의 고령화가 명확하게 드러났다.

그런데 고령화 속도와 현재의 연령별 인구구조를 고려하면 정년이 더 연장될 가능성도 높다고 예측할 수 있다. 국가적으로 고령화 속도가 너무 빠르다 보니 정부의 복지재원 부담을 줄이고 생산력 감소에 대비하기 위해 정년을 더 연장해야 한다는 주장이 강해질 수 있다. 고령화를 우리보다 먼저 경험한 독일, 대만, 싱가포르, 일본이 이미 정년 혹은 고용보장을 62세 이상으로 연장한 선례가 있다. 또 한편으로는 100만 명 이상이 태어난 1957년부터 1971년까지의 유권자들의 요구가 정치에 반영될 수 있다. 정년이 더 연장되거나 고용 보장 연령이 연장되면 기업 근로자의 고령화는 더 급속히 진행될 것이다.

고령화와 함께 고직급화도 진행되고 있다. 임직원 수의 성장이 정체된 기업에서는 연공 중심의 조직운영으로 새로운 관리직 자리가 생기지 않는 상황에서도 구성원들을 승진시켜 주어야 했기 때문에 직급과 직책의 분리가 나타났다. 部를 책임지고 관리하지 않는 사람이 부장이 되고 課를 책임지고 관리하지 않는 사람이 과장이 되었다. 시간이 되면 직급 승진을 시켜주어야 했기 때문에 성장이 정체된 기업에서 팀원의 대부분이 차장이나 부장인 고직급화가 일어나고 있다. 과거에는 직급 승진에서 탈락한 사람들의 상당수가 다른 기업으로 이직했다. 그러나 이제는 우리나라 경제 전반의 활력 부족으로 이직할 기회가 적어졌기 때문에 회사에 상당한 불만이 있어도 마지 못해 다니는 사람이 많아졌다.

우리나라가 전세계에서 고령화로 인한 문제가 가장 심각하다

우리나라에서 고령화에 따른 문제가 다른 나라에 비해 얼마나 심 각한가? 고령화에 따른 문제를 국가적 차원과 기업 차원으로 구분 해서 생각해볼 필요가 있다. 국가적 차원에서는 고령화의 속도, 연금 등 사회안전망의 구축 정도, 이민에 대한 개방성 측면에서 판단할 수 있다. 기업 차원에서는 중고령근로자의 역량, 연공주의, 노동 유연성 측면에서 판단할 수 있다. 중고령근로자의 역량은 2013년 OECD에 서 발표한 24개 회원국의 국제성인역량조사PIAAC, Program for the International Assessment of Adult Competencies 결과를 참고했다.[1] 이 조사 결과에 따르면 45세 이상 65세 이하의 성인 역량에서 일본이 가장 좋고 우리나라가 가장 낮다. 우리나라 45세 이상의 학력 수준이 다른 나라에 비해 매우 낮기 때문이다. 노동 유연성은 세계경제포럼World Economic Forum에서 발표한 「2016-2017 국제경쟁력지수 보고서」를 참고했다.[2] 미국은 138개 국가 중 4위, 독일은 22위, 일본은 19위이 지만 우리나라는 77위이다. 다음의 표 「주요 국가의 고령화로 인한 문제의 심각성」은 미국, 독일, 일본과 우리나라를 개략적으로 비교한

주요 국가의 고령화로 인한 문제의 심각성

문제 심각화 요인	미국	독일	일본	우리나라
고령화 속도	○	△	×	×
연금 등 사회안전망 구축	△	○	○	×
이민에 대한 개방성	○	△	×	×
중고령근로자의 역량	△	△	○	×
연공주의(연령주의)	○	○	△	×
노동 유연성	○	△	△	×

것이다. 표에서 ○는 해당 요인이 고령화로 인한 문제를 유발하지 않는다는 것을, △는 고령화로 인해 어느 정도 문제를 유발할 수 있다는 것을, ×는 고령화로 인한 심각한 문제를 유발할 수 있다는 것을 의미한다.

국가 차원에서 미국은 고령화의 속도가 빠르지 않다. 또 연금 등 사회안전망이 어느 정도 구축되어 있고 고령화로 인한 인력 부족을 이민으로 해결할 수 있다는 점에서 문제가 심각하지 않다. 독일은 미국보다는 빨리 고령화가 되었다. 하지만 연금 등 사회안전망이 잘 구축되어 있고 이민에 대한 개방성도 어느 정도 높아 문제가 심각하지 않다. 일본은 고령화 속도가 빠르고 이민에 대한 개방성이 낮다. 하지만 연금과 높은 개인 저축률 등 사회안전망이 잘 구축되어 있어서 우리나라만큼 문제가 심각하지 않다. 우리나라는 고령화 속도도 매우 빠르고 퇴직 인력에 대한 사회안전망도 제대로 구축되어 있지 않아 미래에 고령인력을 위한 정부의 재정적 부담이 매우 커질 것이다. 국민연금, 공무원연금, 사학연금 등 주요 연금을 처음으로 수령할 수 있는 나이가 점점 높아져 2033년 이후에는 65세부터 수령 가능하다. 그렇게 되면 퇴직해서 근로소득은 없는데 연금조차 받지 못하는 고령인력이 많아질 것이다. 우리나라에서는 다른 나라에서와 달리 자녀교육에 큰 비용을 지출하기 때문에 개인적으로 노후자금을 마련하지 못한 사람이 많다. 게다가 이민에 대한 개방성이 높지 않아 추후 심각한 청년 인력 부족 문제를 경험할 수 있다.

기업 차원에서 미국은 정년이 없다. 또 직무역량이 떨어지는 근로자를 해고할 권리가 있고 연공 중심이 아니라 직무 중심으로 움직인다. 그래서 나이와 무관하게 역량에 맞는 일을 시키고 그에 맞는 보상을 하고 있다. 따라서 근로자의 고령화로 인한 문제가 별로 없다. 독일은 2003년부터 노동 유연성이라는 측면에서 경제 성장 촉진과 고용창출을 위한 하르츠 개혁Hartz reforms을 시행해 노동시장 전반에 걸친 규제 완화와 유연화를 추구했다. 노동시장이 유연하기 때문에 고령화로 인한 활력 저하 문제는 심각하지 않다. 오히려 고령화로 인한 인력 부족 문제와 고령인력의 신체적 역량 감소 문제를 경험하고 있다. 독일 기업들은 이 문제를 4차 산업혁명 기술을 적용해 해결하려 하고 있다. 일본은 중고령층의 학력 수준이 높아 근로자 역량이 높은 편이고 장기간에 걸쳐 조직운영과 보상에서 연공적인 요소를 거둬내면서 근로자 배치와 활용의 유연성, 근로자의 생산성과 보상 간의 연계를 강화했다. 협력적인 노사관계가 있었기 때문에 가능했다. 반면 우리나라는 중고령층의 역량이 경쟁 국가와 비교해 현격히 떨어진다. 또 연공주의적 조직운영과 보상이 뿌리 깊게 남아 있고 노동 유연성이 매우 낮다. 그러다 보니 중고령근로자의 직무역량 부족, 생산성과 보상의 괴리 문제가 매우 심각하다. 더욱이 협력적 노사관계가 형성되어 있지 않아 개혁을 하기도 쉽지 않다.

고령화로 인한 국가 차원의 문제와 기업 차원의 문제는 서로 연관되어 있다. 국가 차원에서 문제를 해결하기 어렵다면 기업에게 문제 해결을 요구할 것이다. 또한 기업 차원에서 문제를 해결하지 못하면 국가의 재정 부담이 커질 수밖에 없다. 따라서 기업 차원에서 발생하는 고령화에 따른 문제를 풀기 위한 근본적인 대수술을 해야 한다. 국가는 기업이 그런 대수술을 더 쉽게 할 수 있도록 법과 제도를 정비해 주어야 한다.

우리 기업의 활력이 고령화로 인해 급속히 떨어지고 있다

활력活力은 '살아 움직이는 힘'으로 정의된다. 옥스퍼드 사전에서는 활력에 해당하는 영어 단어인 vitality를 '어떤 주체가 계속 생존하거나 제 기능을 발휘하기 위해 보유해야 할 능력ability or capacity on the part of something of continuing to exist or to perform its functions'으로 정의한다. 조직활력은 조직이 외부환경에 적응하면서 생존해 나갈 수 있는 능력으로 정의할 수도 있다. 또 내부적으로 조직 구성원들이 조직이 생존하고 성장하는 데 필요한 일을 열정적으로 수행하는 것으로 정의할 수도 있다. 이 둘은 상충되지 않는다. 구성원들이 조직의 생존과 성장에 필요한 일을 열정적으로 수행해야만 조직의 생존과 성장이 가능하기 때문이다. 이 책에서는 조직 내부 관점에서의 조직활력에 대해 다루고자 한다.

조직 내부 관점에서 활력 있는 조직은 어떤 조직일까? 글로벌 초경쟁 상황에서 조직이 생존하고 성장하기 위해서는 혁신과 고효율을 동시에 달성해야 한다. 따라서 구성원들이 창의성을 바탕으로 혁신을 해내고 경쟁 기업보다 더 효율적으로 조직의 생존과 성장을 위해 필요한 일을 해내야 한다. 그러기 위해서는 구성원들이 자발적이고 열정적으로 일해야 하고 혁신을 위해 자신의 역량을 최대한 발휘하고, 다른 구성원들과 때로는 협력하고 때로는 경쟁하면서 활기차게 일해야 한다. 애사심, 직무 열의, 창의성, 내부 경쟁과 협력의 조화를 바탕으로 혁신과 고효율을 동시에 달성하는 조직이 활력이 높은 조직이라고 할 수 있다.

▰▰▬ 조직활력 저하의 원인은 무엇인가

우리나라 기업 조직의 활력을 떨어뜨리는 원인은 복합적이다. 기업 외부적으로는 우리나라 경제 전반의 활력 저하, 저출산과 고령화,

노동유연성을 떨어뜨리는 법과 제도가 주요 원인이다. 기업 내부적으로는 기업 성장의 정체와 연공 중심의 인사관리가 주요 원인이다. 그 외 정년 연장으로 인해 역량이 떨어지는 중고령자의 비율이 높아지는 것도 조직활력을 떨어뜨린다.

낮은 노동유연성

사회가 고령화되더라도 노동유연성이 높으면 기업 조직의 활력이 떨어지지 않는다. 기업은 근로자에게 공헌한 것 이상을 줄 필요가 없고 또 조직활력을 떨어뜨리는 근로자를 방출할 수도 있기 때문이다.

우리나라의 노동유연성은 대기업 정규직에서는 OECD 국가 최저 수준이고 중소기업과 비정규직에서는 매우 높은 수준이다. 정규직의 일반 해고가 법적으로 매우 어렵다. 그러다 보니 높은 연봉을 주는 대기업에서는 연봉 대비 생산성이 낮은 직원들을 내보내기가 어렵다. 대기업 정규직은 다른 곳에 가서 그만한 연봉을 받기가 쉽지 않기 때문에 회사에서 이직을 요구해도 받아들이지 않는다. 중소기업에서도 정규직의 일반 해고가 법적으로 똑같이 어렵다. 하지만 연봉이 높지 않기 때문에 회사에서 이직을 요구하면 유사한 연봉을 주는 다른 기업에서 일자리를 찾는다. 대기업에서보다는 해고가 쉬운 편이다. 따라서 노동유연성 부족으로 인한 조직활력 저하 문제는 대기업 정규직에서 주로 나타나는 현상이다.

노동유연성을 떨어뜨리는 사회문화, 법, 규제는 통제 이데올로기에 기반을 둔 조직운영을 하게 한다. 핵심가치나 문화를 기반으로 구성원들에게 자유와 자율을 주면서 성공한 기업은 그 가치나 문화에 맞는 사람들을 선발한다. 그리고 그에 맞는 행동을 하는 사람들에게 긍정적인 보상을 하고 그렇지 않은 사람들을 퇴출시킨다. 그렇게 하면서 기업의 핵심가치나 문화를 내재화하고 행동으로 옮기는 사람들로 조직을 채워나간다. 그런데 만약에 기업이 핵심가치나 문화에 맞지 않는 사람들에게 그에 상응하는 대우를 해줄 수 없다거나 퇴출하기 어렵다면 어떻게 될까? 자율적으로 일하는 사람과 그렇지 않은 사람에 대한 대우를 달리할 수 없게 된다. 그럼 자율적으로 일하는 구성원의 비율이 낮아질 것이다. 그리고 그 비율이 어느 정도 이하로 떨어지면 기업은 통제 이데올로기에 기반을 둔 조직운영을 하려고 할 것이다. 따라서 정규직에 대한 낮은 노동유연성은 우리나라 기업이 구성원들의 열정과 창의를 바탕으로 시장 선도자로 커가는 것을 가로막고 결과적으로 기업의 경쟁력 저하, 실업률 증가, 구성원들의 활력 저하를 가져오는 원인이 된다.

우리나라 대기업들은 근로자의 고령화와 노동시장의 경직성에 대응하기 위해 계약직, 파견직, 도급 인력을 꾸준히 확대해왔고 인건비가 싼 하청업체에 대한 의존도를 높여왔다. 정규직 고용으로 인해 발생하는 경직성을 비정규직 고용으로 얻는 유연성으로 상쇄해온 것이다. 계약직, 파견직, 도급 인력, 하청업체는 활용 면에서 유연성이 매우 높다. 연봉을 해마다 올려주지 않아도 되고 무기계약을 약속할 필요도 없다. 생산성보다 더 높은 연봉을 줄 이유도 없다. 이는 사회 전체적으로 이중노동시장의 확대와 근로자들 간의 양극화로 이어진다. 유사한 역량을 가지고 유사한 일을 하는데도 어떤 사람은 연봉 1억 원 이상을 받고 어떤 사람은 최저임금을 받는 사회적 모순이 생긴다. 이런 모순은 비정규직 근로자들의 활력을 크게 떨어뜨린다. 또 한편 대기업들은 노동유연성이 낮은 국내보다는 해외에서 일자리를 창출하고 있다. 최근 몇 년간 국내 대표 대기업들의 매출액과 영업이익은 늘고 있다. 하지만 국내 임직원 수는 그다지 늘어나지 않았고 대신 해외에서 창출한 일자리만 큰 폭으로 증가했다. 대기업들이 일자리 창출이라는 가장 중요한 사회적 역할을 수행하지 못하는 상황이다. 새로운 일자리가 창출되지 않으니 국내 인력의 고령화가 빠른 속도로 진행되고 그 결과 조직활력도 떨어진다.

연공 중심의 조직운영

사회가 고령화되더라도 기업이 연공 중심이 아닌 직무, 역량, 성과 중심으로 운영되면 조직활력이 떨어지지 않는다. 각 근로자에게 역량에 맞는 일을 맡기고 공헌한 만큼 보상할 수 있기 때문이다. 정년이 없는 미국 기업에서는 65세가 넘는 근로자가 일반 팀원으로 일하고 해당 직무의 가치에 해당하는 보상을 받아간다. 고령 근로자가 조직활력을 떨어뜨리거나 기업에 과도한 인건비를 부담시키지 않는다.

대부분의 우리 기업들은 아직도 고도성장기에 형성된 연공 중심의 인사관리에 의존하고 있다. 외환위기 이후 성과주의 기반의 연봉제가 도입되긴 했다. 하지만 아직도 기본적인 논리는 연공주의이다. 사무관리직의 경우 맡은 업무의 변화가 없더라도 시간이 지나면 사원에서 대리, 과장, 차장, 부장으로 승진하고 연봉도 해마다 올라간다. 마찬가지로 생산직의 경우에도 맡은 업무의 변화가 없고 업무 수행역량이나 생산성이 올라가지 않는데도 연봉이 해마다 올라간다. 조직운영에서도 나이가 많은 사람을 젊은 사람의 부하로 삼지 않으려고 한다.

우리나라 경제가 고도성장을 구가할 때는 이런 조직운영방식이 효과적이었다. 외부 노동시장에서 질 좋은 인력을 구할 수 없었던 상황에서 연공제적 조직운영을 통해 기업 특유의 지식과 기술을 가진 사람들을 내부적으로 육성하고 장기근속을 유도함으로써 경쟁력을 키워갈 수 있었다. 기업이 계속 성장했기 때문에 승진 자리가 계속 생겼고 승진으로 인해 생긴 빈자리는 신입사원들로 채워 넣을 수 있었다. 경제 전체의 활력이 있었기 때문에 새로운 기업이 설립되고 성장해 나갈 수 있었고 경력을 가진 사람들이 이직할 기회도 많았다. 그래서 승진하지 못한 사람들은 다른 기업으로 이직하면서 자신의 경력을 키워갈 수 있었다. 연공제적 조직 운영을 했지만 전반적으로 근로자의 기업에 대한 기여와 그 대가로 근로자들이 받아가는 보상 간의 괴리가 크지 않았다. 그리고 그때는 기업이 계속 성장할 때라 일부 구성원들이 자신이 공헌하는 것 이상을 받아가더라도 감내할 수 있었다. 생산성 대비 낮은 임금을 받는 젊은 사람들을 계속 채워 넣을 수 있었기 때문이다.

기업에 입사한 근로자들은 열심히 일만 하면 꼬박꼬박 승진했고 자녀들이 다 클 때까지 실직을 크게 걱정하지 않고 다닐 수 있었다. 해마다 연봉이 인상되고 살림살이가 좋아졌기 때문에 '오늘보다 나은 내일'이 있을 것이라는 기대와 희망을 가지고 일할 수 있었다. 비록 장시간 근로에 시달렸지만 활력을 잃지는 않았다.

그런데 성장이 정체된 기업에서는 연공 중심 조직운영방식의 효용성이 떨어졌다. 고직급화와 근로자의 고령화로 인해 근로자의 생산성과 보상 간의 괴리가 커졌기 때문이다. 이런 문제를 해결하기 위해 우리나라 기업들은 직급 승진율의 축소, 직급 단계의 축소, 임금피크제의 도입, 성과주의의 강화, 명예퇴직의 시행, 하청업체와 비정규직의 적극적 활용 등 다양한 방안을 시도하고 있다. 이러한 변화가 기업 구성원들의 활력을 크게 떨어뜨리고 있다. 직급 승진률 축소로 승진자를 발표할 때 회사가 초상집 분위기가 된다. 과거에 직장인들에게 가장 중요한 동기부여 수단이었던 승진이 더 이상 그 효력을 발휘할 수 없게 되었다. 나이가 든 직원들은 명예퇴직과 임금피크제의 시행으로 고용불안을 느끼고 있다. 또한 업무에 대한 열정이 식은 중고령인력이 조직 분위기를 해치고 있다.

정년 연장과 역량이 부족한 중고령자 비율의 증가

한국 사회 전반의 변화는 조직활력 저하 문제를 더 심각하게 만들고 있다. 우리나라 경제의 저성장이 고착화되고 기업 성장이 정체되면 기업에 종사하는 인력의 고령화가 이루어질 수밖에 없다. 이미 법적 정년이 60세로 연장되었다. 또 앞으로도 초고속 고령화로 인해 국가적으로 고용보장 연령을 65세로 연장할 가능성이 매우 높다. 그런데 2013년 OECD에서 발표한 바와 같이 45세 이상 성인들의 역량에서 우리나라가 다른 OECD 국가에 비해 현저하게 떨어진다. 4차 산업혁명 시대에 들어서면서 기술은 급속도로 발전하는 데 비해 OECD 국가 대비 역량이 떨어지는 중고령자 인력의 비중이 높아지면서 기술과 지식의 진부화, 생산성 하락, 조직 전반의 활력 저하가 일어날 가능성이 매우 높다. 이런 상황이 계속되고 기업에서도 나이 든 인력을 한직으로 내모는 상황이 계속된다면 경제 전반의 활력이 떨어질 뿐만 아니라 기업 내부의 활력도 떨어질 수밖에 없다. 특히 저출산으로 유능한 신입사원의 충원이 어려워지고, 그로 인해 기업 인력의 고령화가 가속화되면 조직활력 저하 문제는 더 심각해질 수 있다.

조직활력을 높이기 위한 노사정의 대타협이 필요하다

저성장과 고령화에도 불구하고 구성원들이 나이와 무관하게 자신의 일에 몰입하고 활력 있게 일하기 위해서는 근본적인 대수술이 필요하다. 노동과 근로에 대한 사회적 인식, 노동관련법, 조직문화, 조직운영방식, 인사제도의 판 전체를 바꾸지 않고 일부만 수정해서는 조직활력을 높일 수 없다.

판 전체를 바꾼다면 어떤 방향으로 가야 하는가? 대부분의 국가가 추구하는 근본적인 가치는 발전progress과 정의justice이다. 우리나라 정부도 발전을 의미하는 성장과 정의를 의미하는 공정한 분배를 동시에 추구하고 있다. 이 둘을 실현하는 방향으로 바꾸어야 할 것이다.

발전이 무엇을 의미하는지에 대해서는 큰 논란이 없다. 대부분의 국가에서 높은 경제 성장률, 낮은 실업률, 1인당 국민소득의 증가 등을 발전의 지표로 삼는다. 반면에 어떤 국가가 분배적 측면에서 정의로운가에 대해서는 국가 간 인식차이가 크다. 우리나라에서는 연공주의와 연령주의가 강해서 수행하는 일이나 역량이나 성과가 유사해도 근속연수나 나이가 많은 사람들이 더 좋은 대우를 받는 것을 정의로운 것으로 해석한다. 반면에 서구 자본주의 국가에서는 연공주의가 강하지 않아서 노동시장에서 인정받는 자신의 가치나 조직에 기여한 만큼 받는 것을 정의로운 것으로 해석한다. 또한 우리나라에서는 기업은 강자이고 근로자는 약자이기 때문에 기업으로부터 근로자의 이익을 보호하는 것을 정의라고 여긴다. 그래서 역량이 떨어지고 성실하게 일하지 않는 근로자를 해고하기가 어렵고 노동시장의 유연성이 떨어진다.

이제는 고령화와 저성장으로 인해 연공주의가 더 이상 유효하지 않다. 우선 개인 차원에서 보면 연공주의가 조직활력과 경쟁력의 저하를 가져오고 양질의 일자리 창출을 어렵게 하기 때문에 일할 수 있는 기회가 줄어든다. 대기업 정규직으로 일하는 사람들에게는 좋을지 모른다. 하지만 기업들이 그로 인한 문제에 대응하기 위해 비정규직, 하청, 도급을 많이 활용하면서 젊은 사람들이 근로조건이 나쁜 노동시장으로 내몰린다. 세대 간 정의가 구현되지 않는 것이다. 기업 차원에서 보면 연공주의로 인해 조직활력이 떨어지고 국제 경쟁력이 약화되는 문제가 있다. 국가 차원에서 보면 기업 활력 저하로 우리나라 기업의 국제 경쟁력이 약화되고 결과적으로 국내에서 양질의 일자리가 창출되지 않는다. 기업 경쟁력 저하와 경제활동참가인력 수의 감소로 세금은 많이 걷히지 않는 상황에서 저임금근로자, 실업자, 고령자를 보호하기 위한 재정부담은 커질 수밖에 없다.

이런 문제를 해결하기 위해서는 기업 조직의 활력을 높이는 방향으로 근본적인 개혁이 이루어져야 한다. 기업 조직의 활력이 높아지면 우리나라 기업들의 글로벌 경쟁력이 강화되어 양질의 일자리가 창출되고, 근로자들의 삶이 개선되고, 사회안전망 구축을 위한 정부의 재정부담이 줄어들기 때문이다. 따라서 기업 조직의 활력을 높이는 방향으로 새로운 정의 모델을 만들어야 한다. 근속연수나 나이가 아니라 수행하는 직무, 역할, 업무 수행 능력, 조직 기여도 정도를 기준으로 분배하는 것을 정의로운 것으로 봐야 한다. 이러한 새로운 정의 개념을 실행하기 위해서는 근로자, 노동조합, 기업, 정부의 정의에 대한 재합의와 대타협이 필요하다.

근로자와 노동조합은 더 많은 양질의 일자리와 근로자 전체 삶의 질 향상을 얻기 위해 기득권을 양보할 필요가 있다. 기업은 조직활력

근본적 개혁을 위한 근로자, 기업, 정부 간의 주고받기

	주거나 양보할 것	얻을 것
근로자와 노동조합	연공주의와 낮은 노동유연성으로 얻는 기득권	더 많은 양질의 일자리와 근로자 전체의 삶의 질 향상
기업	국내에서 양질의 일자리 창출	직무, 역량, 성과 중심의 조직운영과 노동유연성
정부	법과 제도의 개혁	장기적인 재정부담 축소

제고에 필요한 직무, 역량, 성과 중심의 조직운영방식과 노동유연성을 얻기 위해 국내에서 양질의 일자리를 창출해야 한다. 정부는 장기적인 국가재정 부담 축소를 얻기 위해 직무, 역량, 성과 중심의 조직운영방식을 가능하게 하고 노동유연성을 높이는 방향으로 법과 제도를 개혁해야 한다.

이 책의 구성과 내용

한국인사조직학회에서는 한국 기업의 성공 요인과 미래 과제에 대해 지속적인 연구를 해왔다. 2015년에 발간된 『K-매니지먼트: 기로에 선 한국형 기업경영』에서는 세계적인 한국 기업을 가능하게 했던 우리 기업의 경영방식에 대한 연구결과를 정리하고 미래에는 어떤 방향으로 가야 하는지를 거시조직과 전략경영의 관점에서 분석했다. 2016년에 발간된 『K-매니지먼트 2.0: 지속가능한 혁신공동체를 향한 실천전략』에서는 인적자원과 조직행위 관점에서 한국 기업이 나아갈 방향을 제시했다.

이 책은 한국 사회와 기업이 당면한 고령화 문제를 극복하고 조직 활력을 높이기 위한 방안을 조직행위, 인적자원관리, 사회학, 법학적 관점에서 접근했다.

이 책은 3부로 나뉘어 있다. 제1부에서는 고령화 시대의 근로의식, 조직문화, 그리고 그에 대응한 관리자의 바람직한 리더십에 대해 다루고 있다. 제2부에서는 고령화로 인한 문제를 중고령인력의 역량 개발 및 활용과 인적자원관리로 어떻게 극복할 수 있는지를 다루었다. 제3부에서는 고령화로 인한 조직활력 저하 문제를 해결하기 위해 사회제도와 노동법제도가 어떻게 바뀌어야 하는지를 다루었다.

1장은 연세대학교 사회학과 한준 교수가 집필했다. 우리 기업 근로자들의 근로의식과 조직문화가 어떻게 바뀌었고 연령별로 어떻게 다른지를 분석했다. 나이 든 근로자들은 젊은 층에 비해 일에 대한 전반적인 만족도가 낮고 직장에 대한 몰입도와 회사에 대한 충성심이 낮다. 또한 일하는 이유를 적성, 흥미, 보람, 자아성취 등이 아니라 안정성과 경제적 수입에서 찾으며 평균적인 역량이 낮은 것으로 보고했다. 우리나라가 연하상사에 대한 수용성이 가장 낮다는 자료를 바탕으로 고령화와 직급 파괴로 인해 직장 내 세대 간 갈등이 커질 것이라고 보았다. 이런 문제를 해결하기 위해서는 직무, 역량, 성과 중심의 인사관리에 맞게 근로의식과 조직문화를 재정렬해야 한다고 주장했다. 근로의식 차원에서 근로자들은 지속적인 전문성 개발을 통해 능동적으로 고령화에 대처하고 회사와의 관계를 합리적인 파트너십으로 인식하는 프로의식을 가져야 한다고 제안했다. 조직문화 차원에서는 엄격한 연공주의와 위계적 권위주의에서 탈피해 혁신에 필요한 수평적이고 상호존중하는 문화가 필요하다고 주장했다.

2장은 이화여자대학교 윤정구 교수가 집필했다. 기업 근로자의 고령화로 생기는 가장 큰 문제를 세대 간 가치관의 차이로 생기는 갈등으로 보았고 이런 갈등을 건설적으로 해결할 수 있는 관리자의 리더십을 제시했다. 고령화로 인해 다양한 세대가 조직에서 함께 일하고 있다. 이들 중에서 특히 1965년에서 1984년 사이에 태어난 X 세대와 1997년에서 2000년 사이에 태어난 밀레니엄 세대 간의 가치관의 차이가 크고 그로 인해 갈등 발생 가능성도 높다고 보았다. X 세대와 밀레니엄 세대가 가치관과 조직 생활에서 어떤 차이를 보이는지를 분석했다. 이를 바탕으로 세대 간 갈등을 완화할 고령화 시대의 스마트 리더십으로 공유 리더십, 진성 리더십, 서번트 리더십을 제시하고 모든 리더가 구성원에 대한 긍휼감을 가져야 한다고 주장한다.

3장은 서강대학교 양동훈 교수가 집필했다. 고령화와 4차 산업혁명하에서 중고령근로자가 더 활력 있게 일하고 조직 성장에 기여할 수 있도록 하는 방안을 다양한 관점에서 제안했다. 첫째, 미래 디지털 기술의 발달로 인력수요의 양상이 크게 변화될 가능성이 있는데 자동화로 대체될 인력을 다른 직무에 재배치해야 한다. 이를 위해 중고령근로자가 새로운 직무가 요구하는 역량을 갖추도록 교육훈련 프로그램을 개발해 운영해야 한다고 주장한다. 둘째, 중고령근로자의 숙련을 더 효과적으로 활용하기 위해 개별화된 근로형태와 근로계약을 활용해야 하며 중고령근로자의 육체적 능력을 고려한 조직운영이 필요하다고 주장했다. 셋째, 중고령근로자의 니즈와 역량 맞춤형 경력개발 방안으로 전통적인 수직적 경력사다리를 대체하는 격자형 경력을 강조하는 매스 커리어 커스터마이제이션**MCC, mass career customization**의 활용을 제시했다. 마지막으로 기업들은 미래에 필요로 하는 우수 인재를 공교육 시스템에서 공급받을 수 있도록 연합해 목소리를 낼 것을 제안했다.

4장은 고려대학교 김광현 교수가 집필했다. 고령화로 인한 조직 정체를 극복하고 활력이 넘치는 기업 활동을 위해 고효율과 혁신을 어떻게 병행할 수 있는지를 논의했다. 고효율과 혁신을 동시에 추구하기 위한 조직운영의 기본 방향으로 세대와 나이를 초월한 협업과 소통, 시니어 인력의 마켓 센싱과 혁신 아이디어를 바탕으로 한 새로운 사업기회 창출, 인력 수요 변동에 민첩하게 대응하기 위한 고령인력 유연고용을 제시했다. 구체적인 실행방안으로는 회사와 근로자의 니즈를 모두 충족시킬 수 있는 유연한 경력 경로 개발과 제공, 직무 중심의 인사관리, 고령인력에 대한 부정적 편견 제거와 세대 간 상호 존중하는 수평적 문화 조성, 고령 근로자 친화적인 근무환경 조성, 고령 근로자에 대한 지속적인 역량 개발을 제시했다.

5장은 동국대학교 이영면 교수가 집필했다. 고령화 시대의 조직활력 제고를 위한 인적자원관리 방안을 제시했다. 기업 근로자의 고령화 문제를 해결하는 데 외국의 제도를 가져다 사용할 것이 아니라 우리나라 기업 상황에 맞는 우리 식의 조직 운영 및 인적자원관리가 필요하다고 주장한다. 수평적 조직의 설계와 직책 중심의 조직운영, 직무확대와 직무충실화, 직무, 역할, 성과 중심의 보상체계로의 전환, 중고령근로자의 역량 강화와 가치 창출 기회의 제공, 내재적 동기부여 강조 등을 구체적인 대안으로 제시했다. 마지막으로 조직운영방식의 근본적인 대수술은 노사정이 함께 협력해서 추진해야 함을 강조하고 있다.

6장은 한국노동연구원 이장원 박사가 집필했다. 고령화로 인해 늘어나는 고령인력의 욕구도 충족시키고 한국경제의 활력도 높이기 위해 사회제도를 어떻게 혁신해야 하는지를 논의했다. 첫 번째는 연공 기반 임금체계를 직무 기반 임금체계로 바꾸어야 한다. 그런데 이는 기업의 개별적인 노력만으로는 달성할 수 없으니 노사정이 협력해 표준화된 직무 관련 정보를 수집하고 직무 등급별로 임금수준을 설정해야 한다고 주장한다. 두 번째는 중고령근로자의 역량강화를 위해 일터 혁신과 학습을 촉진해야 한다. 그러기 위해 정부와 사회적 지원을 강화해야 한다고 주장한다. 세 번째는 중고령근로자가 점진적 은퇴를 할 수 있도록 실업급여와 연금제도를 보완하고 실업부조를 마련하고 저숙련 고령자들을 대상으로 하는 한국형 미니 잡mini job을 활성화해야 한다고 주장한다.

7장은 고려대학교 법학전문대학원 박지순 교수가 집필했다. 고령화 시대 기업 조직활력 제고를 위해 노동유연화가 필요하다고 보고 필요한 법제도 개선 방안에 대해 논의했다. 첫째, 근로기준제도와 관련해 근로시간에 대한 법적 유연성을 강화하고 화이트칼라에게는 초과근무수당을 지급하지 않는 우리 실정에 맞는 화이트칼라 이그젬션 제도를 도입할 필요가 있다고 주장한다. 둘째, 환경변화와 기업의 경영전략 변화에 맞는 인사제도 도입을 쉽게 하고 취업규칙을 더 쉽게 변경할 수 있도록 노사교섭 결렬 시 조정을 통해 중재할 필요가 있다고 주장한다. 셋째, 해고에 대한 강력한 규제가 노동유연성을 떨어뜨리는 중요 요인이기 때문에 유연화해야 한다고 주장한다. 넷째, 근로계약의 체결, 당사자의 권리와 의무, 근로관계 내용의 변경과 종료 등 인사관리에 대한 기본원칙을 법정화하는 근로계약법을 제정해야 한다고 주장한다. 다섯째, 노동 관련법을 일률적이고 획일적으로 적용하기보다는 기업의 규모에 따라 차등적용하거나, 단체협약 또는 사업장 협정이 강행법률보다 우선할 수 있도록 강행규정의 효력을 상대화하고 사업장 내부의 문제에 대해 법률을 통한 직접적 개입을 자제하고 노사자치에 의한 자율규제 영역을 확대해야 한다고 주장한다.

종장은 내가 썼다. 앞 장들에서 제시된 혁신 방안들을 개인 차원, 기업 차원, 정부 차원에서 해야 할 일들로 재정리한 것이다. 정부의 역할을 특히 강조했다. 앞 장들에서 제시한 일부 혁신 방안들이 노사 간 이해가 첨예하게 대립될 수 있는 것이기 때문에 우리나라의 발전과 정의 구현에 가장 주체적인 역할을 해야 하는 정부가 노사 간 대타협에 적극적으로 나서야 한다고 주장한다. 시간이 부족한 독자들은 종장을 먼저 읽어보고 더 자세한 내용이 궁금하면 해당 이슈를 상세히 다룬 개별 장을 읽어도 될 것이다.

2017년 8월

저자들을 대표하여 이경묵

제1부

새로운 근로의식, 조직문화, 리더십이 요청된다

1장

—

고령화 시대의
근로의식과 조직문화

—

한준

연세대 사회학과 교수

서울대학교 사회학과에서 학사학위와 석사학위를 받았고 미국 스탠퍼드대학교에서 박사학위를 받았다. 『유럽사회학 저널European Sociological Review』 『경영과학 저널Management Science』 『갈등해결저널Journal of Conflict Resolution』 등에 논문을 발표했다. 한국사회학회 및 한국조사연구학회 최우수 논문상을 수상했다.

K-Management 3.0

한국 사회는 지난 1960년대부터 2010년 무렵까지의 50년에 걸친 인구 보너스의 시기를 마감하고 전세계적으로도 유례를 찾아볼 수 없을 만큼 빠른 고령화 과정을 거치면서 인구 오너스 시기에 접어들었다. 인구 보너스란 인구의 증가와 함께 인구구성에서 생산가능인구인 15세 이상 64세 이하의 비중이 증가해서 경제 성장에 유리하게 작용하는 것을 의미한다. 반대로 인구 오너스란 고령화로 인해 인구구성에서 피부양 인구의 비중이 증가해서 경제 성장에 불리하게 부담이 되는 것을 의미한다.

인구보너스 시기 한국 기업들은 양질의 노동력이 풍부하게 공급될 뿐 아니라 인구의 부양비도 낮고 지속적 재투자도 가능해 고도성장을 했다. 고도성장의 견인차 역할을 한 것은 인력의 규모 증가만이 아니다. 인구 보너스와 함께 교육 보너스도 중요한 역할을 했다.

양적으로 늘어난 생산가능인구가 더 많은 교육을 받아 우수한 능력을 갖춘 인적자본으로서 높은 가치를 생산했기 때문이다. 인구 보너스 시기에는 기업의 성장과 우수인력의 지속적 유입이 맞물려 선순환 구조를 이루었다. 기업이 급성장하고 있었기에 개인이 자신의 능력과 노력에 대한 인정과 보상을 받을 기회가 계속 늘어났다. 개인의 발전과 기업의 성장이 함께 갈 수 있었다는 의미이다. 그 결과 한국의 기업들에 일본과 유사한 장기고용 관행, 피라미드식 직급과 연령 구조, 연공적 승진과 보수체계가 자리 잡았다. 직장인들에게 성공적인 삶이란 직장에 충성하고 상사가 원하는 업무를 성실하게 수행하며 자신의 업무에 대한 기업 특화된firm-specific 전문성을 쌓아 지속적인 승진을 거치면서 평생직장에서의 경력을 이끌어가는 것이었다. 이러한 삶의 특징을 조직인organization man으로서의 삶과 의식이라고 할 수 있다. 조직인이란 미국의 언론인 윌리엄 화이트William H. Whyte가 20세기 중반 미국 직장인들의 의식과 행동의 특징을 지칭한 말이다.[1] 대량생산을 기반으로 성장한 대기업에서 자신의 경력 대부분을 보내며 진취성과 혁신성 대신 조직에 대한 순응을 미덕으로 삼아 살아간다는 의미를 지닌다.

하지만 2000년대에 접어들면서 인구 보너스 시기에 형성된 한국 기업의 인사 관행, 인적 구조, 직장인들의 삶과 의식에 대한 현실적 도전이 여러 측면에서 나타나고 의식의 변화 필요성이 높아지기 시작했다. 이 글에서는 인구 보너스를 지나 인구 오너스 시대에 접어든 한국의 기업에서 일하는 사람들의 근로의식과 조직문화가 어떠한지

자료를 통해 분석하고 그 문제 및 해결책을 살펴보고자 한다. 특히 인구 보너스 시기에 비해 급격히 변한 인구 오너스 시기의 사회와 기업 환경 속에서 많은 직장인의 의식이 과거에 그대로 머물러 있다 보니 현재와 맞지 않게 되어 여러 문제를 낳고 있다. 아울러 이러한 문제들은 개인과 직장 모두에게 바람직하지 못한 결과를 가져올 가능성이 높기 때문에 인구 오너스 시대에 맞는 새로운 의식과 문화가 필요하다. 이 글에서는 인구 오너스 시대의 새로운 근로의식과 조직문화의 방향은 무엇인지 제시해 보고자 한다.

근로의식과 조직문화란 무엇인가

인구 보너스에서 오너스로 인구환경이 바뀌면서 근로의식과 조직문화가 어떤 변화를 겪는지 살펴보기 전에 근로의식과 조직문화의 의미와 내용을 살펴보자.

근로의식은 일반적으로 외적 근로태도에서의 차이를 낳는 일과 직장에 대한 내면적 가치부여, 기대, 평가 등을 총괄적으로 일컫는다. 태도는 의식이나 가치를 외적으로 드러내 행위로 표출하는 것이다. 의식보다 구체적인 개념이어서 좋은 태도와 나쁜 태도로 구분된다. 좋은 태도는 열의를 갖고 성실하게 일하는 것이고 나쁜 태도는 성의가 없이 불성실하게 일하는 것이다.

근로의식은 크게 두 가지 중요한 측면으로 나누어 살펴볼 수 있다. 하나는 일에 대한 동기부여이고 또 하나는 일에 대한 반응이다.[2]

직장인들이 열심히 일하도록 하기 위해서는 동기부여가 필요하다. 동기부여를 하려면 어떻게 해야 하는가? 초기에는 인간 일반의 욕구를 중시해서 일하는 것은 욕구 실현을 위한 행동이라는 동기부여 이론이 지배적이었다. 하지만 이후에는 추상적인 욕구 개념보다는 구체적으로 직장에서 무엇을 기대하는지와 이 기대가 충족되는가를 중심으로 하는 기대 이론이 지배적이다.[3] 기대 이론에 따르면 동기부여는 노력의 결과에 대한 예상과 결과에 부여되는 가치의 함수이다.[4] 그런데 기대 이론에서는 여전히 개인의 기대를 형성하는 데 영향을 주는 요인들이 무엇인가 하는 점이 분명치 않다. 우리는 개인의 기대는 자신의 직접적 경험 및 타인으로부터 영향을 받은 사회화 과정을 통해 형성된다고 본다.

일에 대한 반응이란 직장인들이 일의 결과에 대해 보이는 반응이다. 특히 중요한 것은 업무와 직장에 대한 만족과 몰입이다. 만족이 현재 상태에 대한 평가를 중시한다면 몰입은 미래에 대한 지속적인 약속을 중시한다.[5] 각 개인의 기대와 객관적 현실이 얼마나 일치하거나 잘 맞는가가 만족의 핵심이다. 몰입은 앞으로도 일을 지금처럼 변함없이 열심히 계속하겠다는 일종의 약속이다. 몰입의 내용으로는 정서적 애착, 변함없는 지속성, 그리고 규범적 소속감이 주된 차원으로 제시되었다.[6]

위의 설명을 그림으로 나타낸다면 다음의 「근로의식의 개념 모형」

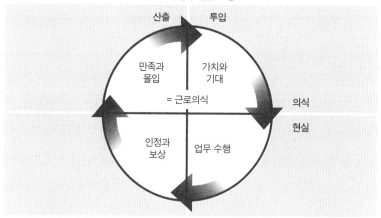

근로의식의 개념 모형

산출　투입

만족과
몰입　　가치와
기대

= 근로의식

의식

현실

인정과
보상　　업무 수행

과 같다. 일에 대한 동기부여는 오른편 윗부분의 가치 및 기대를 따른다. 일에 대한 반응은 왼편의 인정과 보상에 따른 만족과 몰입이다. 근로의식은 무엇보다도 객관적 현실과 조응해야 한다. 의식과 현실이 잘 조응하면 선순환적으로 의식의 강화와 현실에서의 좋은 성과가 반복된다. 반면에 의식과 현실이 조응하지 못하면 의식은 약화되고 현실의 성과는 악화되는 악순환이 지속된다.

　조직문화 역시 근로의식과 마찬가지로 다양한 개념 정의가 존재한다. 근로의식이 개인 각자가 가진 일에 대한 가치와 생각이라면 조직문화는 직장 동료나 상사와 부하 간에 공유하는 가치와 생각이다. 문화의 의미는 다양하다. 특히 일상생활을 영위하면서 갖게 되는 생활양식과 당연시되는 가치와 규범 등을 문화로 보는 시각과 미적 가치를 다루는 삶의 영역으로서 즐거움을 느끼게 하는 활동 및 대상으로 보는 시각이 구별된다. 조직문화라고 할 때 문화는 앞의 의미에 가깝다.

　조직문화는 '조직 구성원들이 공유하며 당연시하는 상황 정의와 그에 기반을 둔 행동과 상호작용의 방식'을 규정하는 '가치관, 규범화된 신념, 그리고 상징과 표상물'이라고 할 수 있다. 기업 조직에서는 업무 규정과 규칙이 적용되고 합리적 의사결정에 근거한 명령과 지휘 체계가 작동한다. 하지만 조직의 일상에서는 규칙과 명령이 모든 활동을 통제하지는 않는다. 동료 간 혹은 상사와 부하 간 상호작용이 관례화된 방식으로 이루어진다. 직장인들은 반복해서 일어나는 상황들에 대해 분석과 판단보다는 언제나 늘 그렇게 하듯이 관례적으로 반응한다. 이러한 관례화된 상황 정의, 대응, 그리고 상호작용의 내용을 이루는 것이 조직문화이다.

　다수의 조직 구성원들이 명확한 규칙이나 명령이 없이도 각 상황에서 동일한 상황 인식을 공유하고 유사한 반응을 보인다는 것이 중요하다. 예컨대 권위적이고 형식적인 조직문화에서는 동료 간 수평 관계보다 상사와 부하 간 수직 관계에 집중하며 상사의 의향이나 판단이나 공식적 규칙을 따르는 경향이 강하다. 반대로 자율적이고 비형식적인 조직문화에서는 수직관계보다 수평관계에 집중하고 관례에 기반해서 각자 자율적으로 대응하는 경향이 강하다. 전자의 예는 경찰이나 군대와 같은 조직이고 후자의 예는 연구기관이나 언론기관 같은 조직이다.

　직장인들은 조직문화를 통해 인식과 경험과 행동을 공유하고 반복한다. 그리고 그 결과 조직에 대한 일체감이 높아지고 조직 정체성을 공유하게 된다. 조직문화의 차이는 제복이나 의상 혹은 상징처럼 외적으로 가시적인 경우도 있지만 상황 정의와 가치 및 규범처럼 겉으로 드러나지 않는 암묵적인 경우도 있다. 조직문화에 영향을 미치는 요인들은 다양하지만 사회의 전반적 문화 특성, 창업자의 가치, 신념, 그리고 조직의 역사적 경험이 중요하다. 예컨대 한국의 집단적이고 가부장적인 문화의 영향으로 기업 조직에 집단주의와 가부장주의가 지배적이 되었다. 산업화 시대의 고도성장 경험은 연공주의와 장기 고용에 기반을 둔 가족적 기업문화를 낳았다.

고령화 시대의 근로의식과 조직문화는 어떤가

근로의식과 조직문화는 쉽게 바뀌지는 않는다. 근로의식의 경우 객관적 현실과 의식이 서로 맞물려 있고 조직문화의 경우 구성원들이 공유하기 때문이다. 근로의식과 조직문화가 쉽게 바뀌지 않는 것은 기업의 안정적 지속과 정체성 유지에 기여하기도 한다. 하지만 근로의식과 조직문화의 안정성이 문제를 일으키는 때도 있다. 객관적 현실의 변화보다 주관적 의식과 문화의 변화가 늦는 것을 사회학에서는 '문화지체cultural lag'라고 부른다. 빠르게 변화하는 현실에 뒤처져서 고리타분한 생각이나 의식이나 문화를 가질 경우 사회적 갈등이 발생한다. 현재 한국의 근로의식과 조직문화의 상태가 어떤지를 경험적 조사 자료의 통계분석 결과를 통해 살펴보고 문화지체가 존재하는지 알아보자.

근로의식: 업무만족도와 직장몰입도가 약해지고 있다

다음의 그림 「근로의식 중 동기부여」는 일하는 주된 이유에 대한 연령대별 응답의 분포이다. 통계청 사회조사에서 2006년도와 2015년도에 각각 조사된 결과이다.

그림에 나타난 일하는 주된 이유는 경제적 수입이다. 특히 경제적 수입의 중요성은 2006년에서 2015년 사이 더욱 높아졌다. 연령대별로 비교해보면 연령이 증가할수록 경제적 수입의 중요성을 더욱 중시한다.

2006년에서 2015년 사이 적성과 흥미도 중요해졌다. 특히 20~40대 연령대에서 적성과 흥미를 중요시하는 것으로 나타났다. 2006년에서 2015년 사이 안정성 및 발전성과 장래성은 중요도가 낮아졌다. 2006년에는 40대 이상에서 경제적 수입보다 안정성이 더 중요하게 꼽혔고 연령이 증가할수록 안정성의 중요도도 높아졌다. 반면 2015년에는 안정성의 중요도가 전반적으로 낮아졌고 연령대에 따른 차이도 사라졌다. 2006년에 발전성과 장래성을 중요하게 꼽은 것은 젊은 층이었던 반면에 2015년에는 중요도도 낮아지고 연령대 간 차이도 없어졌다.

동기부여 측면에서 이러한 결과는 직장과의 적극적인 장기적 관계

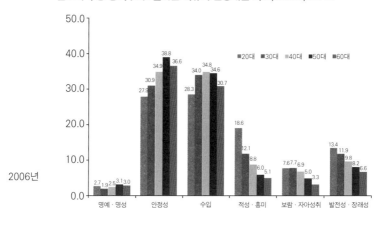

근로의식 중 동기부여: 일하는 이유의 연령대별 비교, 2006, 2015

2006년

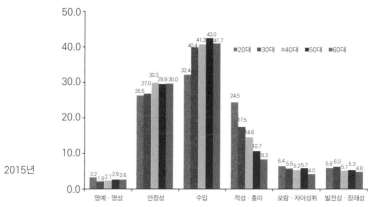

2015년

자료: 사회조사, 통계청, 2006, 2015.

(중고령층의 경우 안정성, 젊은 층의 경우 발전과 장래성)에 대한 기대는 약
화되고 소극적인 단기적 보상(경제적 수입)에 집중하는 방향으로 근
로의식이 변화했다고 볼 수 있다. 고령화로 인해 더 오래 일해야 하
는 상황에서 경제적 수입에만 집중하는 것은 개인적으로 일에 대한

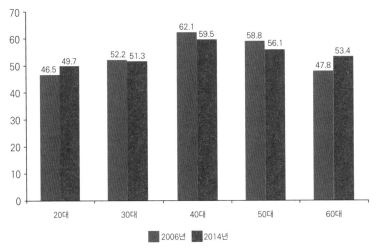

일에 대한 전반적 만족도의 연령대별 비교: 2006, 2014

자료: 인적자본기업패널조사HCCP, 한국직업능력개발원, 2006, 2014

관심이나 흥미를 떨어뜨릴 뿐 아니라 조직적으로도 수동적 근로의식의 팽배는 조직의 활력을 떨어뜨리는 문제를 가져온다.

만족과 몰입의 측면에서 근로의식의 변화를 살펴보자. 위 그림은 한국직업능력개발원에서 하는 인적자본기업패널조사의 2006년과 2014년을 연령대별로 비교 분석한 것이다. 이 조사에서는 직장인을 대상으로 현재 하는 일에 대한 전반적 만족도를 조사하였다. 매우 불만족에서 매우 만족까지 5점 척도로 조사한 결과에서 "만족한다"는 응답은 2006년의 경우 20대와 60대 그리고 2014년의 경우 20대를 제외하면 50%를 넘는다.

연령대별로 연도별로 일에 대한 만족도를 비교한 결과 주목할 점들은 다음과 같다. 연도별로 비교하면 20대와 60대를 제외하면 30

대에서 50대에 걸쳐 모두 일에 대한 만족도가 낮아졌다. 연령대별로

직장에 대한 몰입의 연령대별 비교, 2006, 2014

회사 문제를 내 문제처럼 느낀다는 응답 비율

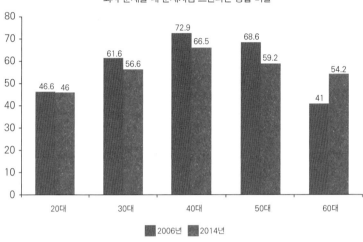

회사에 충성할 만한 가치가 있다는 응답 비율

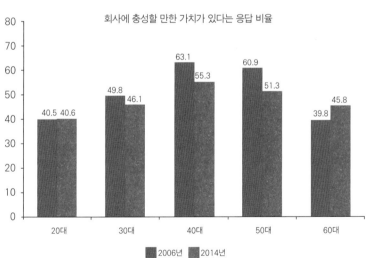

자료: 인적자본기업패널조사HCCP, 한국직업능력개발원, 2006, 2014

비교하면 2006년과 2014년 모두 20대에서 40대에 이르기까지 일에 대한 만족도가 높아지다가 40대에서 60대에 이르기까지 만족도가 낮아지고 있다. 우리는 이러한 분석결과를 통해 일에 대한 만족도가 40대를 정점으로 하는 역-U자형의 연령별 분포를 만든다는 것을 알 수 있다. 2006년에 비해 2014년에는 정점에 가까운 40대와 50대에서 주로 만족도가 낮아졌다고 할 수 있다.

앞의 그림은 직장에 대한 몰입의 정도를 확인할 여러 문항 중에서 "회사 문제를 내 문제처럼 느낀다"는 질문과 "회사에 충성할 만한 가치가 있다"는 질문에 대한 긍정 응답의 비율을 연령대별로 또한 연도별로 비교한 결과이다. 몰입에 대한 자료 분석 결과는 만족에 대한 분석 결과와 비슷하다. 회사 문제를 내 문제처럼 느낀다는 응답이건, 회사에 충성할 가치가 있다는 응답이건 연령대별로 보면 2006년과 2014년 모두 40대를 정점으로 이전에는 연령 증가에 따라 몰입이 높아지고 이후에는 반대로 연령 증가에 따라 낮아진다. 연도별로 보면 두 문항에 대한 긍정 비율이 모두 2006년보다 2014년이 낮아서 전반적인 몰입 수준의 하락을 볼 수 있다.

조직문화: 세대 간 갈등 발생 가능성이 높다

고령화로 인해 영향을 많이 받는 조직문화의 측면은 연령주의와 세대 간 관계라고 할 수 있다. 먼저 연령주의를 살펴보자. 서구 사회에 비해 한국을 포함한 동아시아에서는 연령에 관심이 높다. 그것은

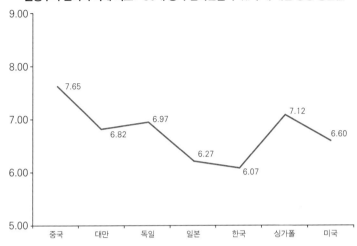

연령주의 문화의 국제 비교: "30세 상사 받아들일 수 있다"에 대한 긍정 평균값

자료: 세계가치관조사World Value Survey, 2010~2014. 척도 1~10

장유유서長幼有序라는 유교적 가치의 영향과 함께 인구 보너스 시기
형성된 연공적 인사체계의 영향 때문이다. 연공적 인사에서는 직장
에서의 근무연한과 직급상의 지위가 서로 연동된다. 그런데 고령화
에 따라 전반적으로 승진이 늦어지고 연공제의 대안으로 능력과 업
적 위주의 인사가 도입되면 아래로부터의 고속 승진이 일어나 연령
과 직급의 연동이 깨진다. 이러한 변화의 결과 엄격히 유지되던 연령
주의 질서가 도전을 받는다. 연상부하와 연하상사 현상이 확대되면
서 연령주의 문화와 갈등할 가능성이 생긴다.

위 그림은 세계가치관조사world value survey에서 2010년에서 2014
년 사이에 한 「연령주의 문화의 국제 비교」이다. 그림을 보면 "30세
상사를 받아들일 수 있다"는 진술에 대한 10점 척도상의 긍정적 응답

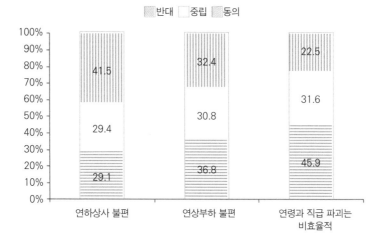

연령과 직급 파괴에 대한 유형별 반응

▒반대 □중립 ▓동의

출처: 함인희(2014)

의 평균을 국가별로 비교하고 있다. 일본과 한국이 긍정적 응답의 평균이 가장 낮아서 연령주의 문화가 여전히 강하다는 것을 알 수 있다. 아시아권에서도 중국과 싱가포르는 긍정적 응답의 평균이 높아 연령주의가 낮게 나타난다.

위 그림 「연령과 직급 파괴에 대한 유형별 반응」은 2014년에 보다 구체적으로 연령과 직급의 연동이 깨질 경우 어떤 반응을 보일 것인가 질문한 결과이다. 연하상사와 연상부하라는 연령과 직급 파괴의 두 측면에서 각각 반응이 어떤지, 그리고 연령·직급 파괴가 효율성에 어떤 영향을 미친다고 생각하는지도 보여준다. 연하상사가 불편하다는 응답 비율은 41.5%이고 연상부하가 불편하다는 응답 비율은 32.4%이다. 연상부하에 비해 연하상사가 더 불편한 것으로 나타났다. 모두 절반을 넘는 비율은 아니지만 여전히 직장 내 갈등의 불씨가 될 수 있다. 한편 연령과 직급 파괴가 비효율적이라는 주장에 대해서는 반대가 45.9%이고 찬성이 22.5%로 반대가 찬성에 비해 두배 넘게 높다. 결국 연령과 직급 파괴와 연령주의의 약화를 현실로 인정하고 받아들기는 하지만 여전히 감정적으로 불편하게 여기는 것이다.

서로 다른 세대 간 문화의 충돌 또한 나타나고 있다. 인구 고령화는 조직에서 서로 다른 경험을 가진 세대들이 공존하도록 한다. 과거에는 기업의 성장으로 피라미드 상층부의 중고령층이 대부분 높은 직급의 권위를 가졌다. 하지만 최근에는 조직의 인구 구조가 중고령층 증가로 피라미드가 아닌 종형에 가깝게 변하면서 연령에 상응하는 직급을 갖지 못하는 현상, 즉 연령과 직급 파괴 현상이 늘어났다. 연령과 직급 파괴 때문에 세대 간 차이에도 불구하고 위계적 직급의 권위로 복종을 유도했던 과거 방식이 작동하기 어렵게 되었다. 게다가 빠른 사회 변화로 세대 격차가 더욱 벌어지면 세대 간의 공존은 더욱 어려워지고 갈등은 늘어날 것이다.

세대 간 격차가 벌어지면 기존의 조직문화는 유지되기 어렵다. 다음의 그림 「직장에서의 세대 간 갈등의 내용」은 2016년도 국민대통합위원회가 직장인들에게 세대 갈등의 경험 여부를 갈등의 유형과 내용별로 질문한 결과이다. 이 그림에 따르면 위계적 조직에서 연령에 비해 직급의 권위를 제대로 누리지 못하면서도 권위주의 문화를 여전히 지닌 50대와 인사적체로 피해를 본다고 생각하는 20~30대

직장에서의 세대 간 갈등의 내용

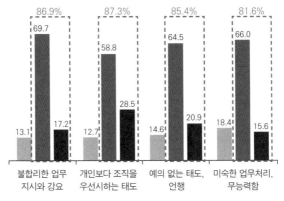

선배와의 갈등

	불합리한 업무 지시와 강요	개인보다 조직을 우선시하는 태도	예의 없는 태도, 언행	미숙한 업무처리, 무능력함
전체	86.9%	87.3%	85.4%	81.6%
겪은 적이 없다	13.1	12.7	14.6	18.4
가끔 겪는다	69.7	58.8	64.5	66.0
자주 겪었다	17.2	28.5	20.9	15.6

■ 겪은 적이 없다 ■ 가끔 겪는다 ■ 자주 겪었다

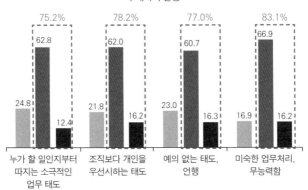

후배와의 갈등

	누가 할 일인지부터 따지는 소극적인 업무 태도	조직보다 개인을 우선시하는 태도	예의 없는 태도, 언행	미숙한 업무처리, 무능력함
전체	75.2%	78.2%	77.0%	83.1%
겪은 적이 없다	24.8	21.8	23.0	16.9
가끔 겪는다	62.8	62.0	60.7	66.9
자주 겪었다	12.4	16.2	16.3	16.2

■ 겪은 적이 없다 ■ 가끔 겪는다 ■ 자주 겪었다

의 세대 간 갈등 가능성이 높은 것을 알 수 있다.

우선 선배나 후배 모두 갈등을 경험했다고 하는 응답이 80%를 넘을 정도로 갈등의 경험이 많음을 알 수 있다. 선배들은 후배들이 소극적으로 일하고 조직보다 개인을 우선시한다는 점에서 갈등을 겪는다. 반면 후배들은 선배들이 불합리한 업무지시와 강요를 하고 개인보다 조직을 우선시한다는 점에서 갈등을 겪는다. 요컨대 선배들은 후배들에게 조직을 위한 헌신을 요구하는 반면에 후배들은 그보다는 합리적인 거래를 중시하는 것이다.

　근로의식과 조직문화에 대한 조사 결과들을 종합적으로 해석해보면 다음과 같다. 직장생활을 시작하는 20대부터 직장생활이 가장 활발한 정점이라고 할 수 있는 40대에 이르기까지 몰입과 애착이 증가하는 경향을 보인다. 하지만 그 이후에는 연령대가 높아지면서 애착과 몰입이 감소하는 경향을 나타낸다. 이러한 연령과 몰입 간의 역-U자형의 관계는 고연령층이 처한 현실과 의식의 괴리를 반영한다. 연공제적 기대가 능력주의 현실과 충돌하고 후배들은 선배들의 위계적인 태도에 반발한다. 그러한 현실이 고연령층의 직장에 대한 애착이나 몰입을 약화시킨다고 해석할 수 있다.

▬▬▬ 근로의식과 조직문화는 왜 바뀌는가

　고령화가 진행되면서 근로의식의 동기부여 측면에서는 안정성이나 장래성에 비해 경제적 수입이 중요해졌으며 연령이 증가할수록 더욱 그러하다는 것을 앞에서 보았다. 또한 만족과 몰입의 측면에서도 전반적으로 만족과 몰입이 낮아진다. 연령별로는 40대까지는 만족과 몰입이 높아지지만 40대를 지나면 만족과 몰입이 낮아진다는 것을 보았다. 이러한 근로의식의 변화는 전체적으로 볼 때 긍정적이기보다는 부정적인 방향으로의 변화라고 할 수 있다. 또한 일반적으로 연령과 근로의식에 대한 앞선 연구들의 결과들과 어긋나는 면도 있다. 대체로 연령과 근로의식의 관계에 대해서는 연령이 높아질수록 자신의 성취에 대한 만족과 아울러 직장에 대한 몰입이 높아진다는 연구결과들이 많다.[7] 그렇다면 한국에서 고령화는 근로의식을 왜 부정적인 방향으로 바꾸는가? 이 질문에 대한 답은 고령화의 개인과 기업에 대한 영향에서 찾을 수 있다.

고령화의 개인과 기업에 대한 영향

100세 시대라는 말이 낯설게 들리지 않을 만큼 오래 살게 된 개인들은 늘어난 수명만큼 더 많은 경제적 소득과 부를 필요로 한다. 그런데 현실적으로 공공복지와 연금체계에 의존하기에는 아직 취약할 뿐 아니라 급속한 고령화로 복지와 연금의 지속가능성이 우려된다. 그렇다고 자녀에 의존하는 것도 사회적 관행과 가치가 바뀌어 쉽지 않다. 대부분 여론조사를 보면 노인의 70% 이상은 노후 부양을 스스로 책임져야 할 것으로 전망한다. 경제적으로 축적된 부나 개인연금이 충분치 못하면 유일한 해결책은 더 늦게까지 일하는 것이다.

한국은 평균적인 근로 은퇴 연령이 늦다. OECD 주요국 생애 근로

국가별 실질 근로 은퇴 연령

구분	한국	일본	미국	영국	독일	프랑스	OECD 평균
남성	71.1세	69.1세	65.0세	63.7세	62.1세	59.7세	64.1세
여성	69.8세	66.7세	65.0세	63.2세	61.6세	60.0세	63.2세

자료: OECD 노화와 고용정책 통계

은퇴 연령을 보면 한국은 OECD 평균보다 남성은 7년 더 늦게 71.1세까지, 여성은 6.6년 더 늦게 69.8세까지 일한다. 더 늦게까지 일할 필요가 높아지면 인구 보너스 시기에 경력을 시작한 조직인의 관점에서는 이제까지 일해 온 직장을 평생직장으로 여기고 더 오래 일하는 것을 선호할 가능성이 높다. 자신의 전문성이 현재 직장에 특화되었을 뿐 아니라 그동안의 충성에 대한 보상도 기대하기 때문이다.

기업에 다니는 직장인들의 연령대별 희망퇴직 연령과 현실적으로 가능하다고 생각하는 퇴직연령을 비교해보자.

우선 희망퇴직 연령과 예상퇴직 연령이 상당한 차이를 보이는 점이 가장 특징적이다. 지금 다니는 직장에서 더 늦게까지 일하고 싶지만 현실에서는 그렇지 못할 것이라고 예상한다는 의미이다. 또한 30세 이상 직장인들이 희망하는 것은 65세 이상까지 일하는 것이고, 그래서 다음 대선 즈음에는 추가적인 정년 연장이 선거공약으로 등장하고 법제화되리라 예측할 수 있다. 하지만 이들이 늦게까지 일하기를 바란다고 해서 현재 직장에서 계속 일할 수 있다고 예상하거나 희망하는 것은 아니다. 이런 직장인들의 인식을 고려한다면 기업과 정

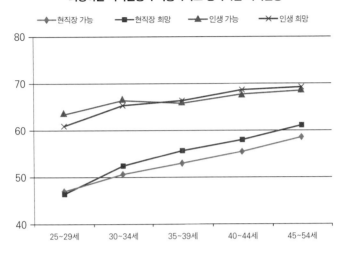

희망하는 퇴직연령과 가능하다고 생각하는 퇴직연령

출처: 함인희(2014)

부가 빠르게 진행되는 고령화 속에서 직장인들을 위해 노력해야 할 방향은 더 늦은 나이까지도 일할 수 있도록 조직운영방식, 인사제도, 법과 제도를 바꾸는 것이라고 볼 수 있다. 이제는 한 직장에서 은퇴할 때까지 일하기보다는 다른 직장으로 옮겨 다니며 자신의 경력을 쌓아야 할 필요가 생겼기 때문이다.

고령화 시대가 기업에 직접적으로 미치는 영향은 중고령자 비중의 증가이다. 그런데 중고령자는 신체 및 정신의 노쇠와 함께 변화에 대한 적응력 저하로 생산성이 낮다. 다음 그림은 OECD의 국제성인역량조사PIAAC, Programme for the International Assessment of Adult Competencies에서 조사한 결과 중 연령대별로 한국 성인들의 역량이 OECD 평균에 비해 어떤가를 보여준다.

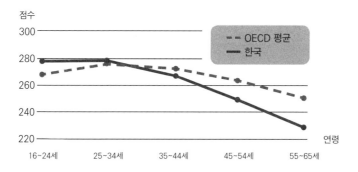

국제성인역량조사PIACC를 통한 연령별 성인 역량의 국제 비교

점수

300

--- OECD 평균
━━ 한국

280

260

240

220

연령

16~24세   25~34세   35~44세   45~54세   55~65세

한국이나 OECD나 성인들이 연령이 높아질수록 신체뿐만 아니라 정신적 역량이 떨어지는 것이 일반적이다. 하지만 한국은 역량의 연령대별 격차가 더 크게 나타난다. 왜 한국에서는 연령대별 역량 격차가 이렇게 큰가? 하나는 연령대별 교육 수준의 격차가 반영되었다는 점이다. 한국은 고등교육 수혜율이 지난 20년간 빠르게 증가해서 젊은 세대의 평균 교육수준이 더 높다. 또 하나는 고연령층의 조직에서의 업무 경험이 제한적이라는 점이다.

원인이 무엇이건 고연령층의 역량이 낮다는 사실은 중고령자의 비중이 기업에서 늘어날수록 전체적으로 일반적인 역량 수준이 낮아지고 그에 따라 생산성도 낮아진다는 것을 암시한다. 결국 중고령인력을 더 늦은 나이까지 연공적 방식으로 활용해야 한다면 기업의 부담은 지속적으로 늘어날 것이다. 이러한 부담에서 벗어나기 위해 조직 운영에서 연령이나 연공보다는 직무, 역량, 성과를 중심으로 해야 할 필요가 높아진다.

기업 경영방식 변화에 따른 근로의식과 조직문화의 변화

고령화에 따라 개인이 갖게 되는 미래에 대한 불안과 기업이 갖게 되는 부담이 서로 충돌하면서 갈등이 발생하면 근로의식의 변화를 낳게 된다. 다음의 그림 「근로의식에 영향을 미치는 현실 변화」는 이 과정을 요약적으로 제시한다.

여기에서 현실의 변화는 고령화 및 기업 환경변화 때문에 인사체계가 바뀐 결과 인정과 보상 기준 및 방식이 바뀐 것이다. 그 내용은 과거의 인사 체계에 따라 직장인들이 기대하는 장기고용과 승진을 통한 보상이 어렵게 된 것이다. 업무 수행 및 평가에서도 변화가 있다. 현실이 바뀌어 과거 경험에 기반을 둔 기대가 충족되지 못하면 갈등과 충돌이 발생하고 만족과 몰입이 낮아진다. 이를 방치할 경우 악순환이 거듭돼서 기업의 성과 악화와 개인 삶의 질 악화를 가져온다.

조직문화의 변화도 비슷하다. 경제의 고도성장기에 한국 기업은 피라미드적 위계 조직구조를 지녔다. 피라미드 구조는 베이비붐 세대의 입사가 시작된 1980~1990년대에 정점에 달했다. 경제의 확장 속에서 피라미드의 확대로 입사 인력 다수가 내부 승진할 수 있었고 그에 따라 동기문화가 정착되었다. 연령주의 동기문화는 직급과 연령이 연동되는 결과를 낳았다. 그리고 이러한 동기문화와 연공제가 결합한 결과 상명하복의 위계를 중시하고 개인보다 집단을 중시하는 조직문화가 지배적이 되었다. 그런데 연령 경직적 인사체계를 보다 유연하게 바꾸고 직무 중심의 인력활용으로 전문성을 높일 필요가

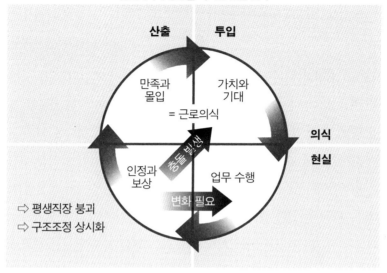

근로의식에 영향을 미치는 현실 변화

산출
투입

만족과
몰입
가치와
기대

= 근로의식

의식
현실

인정과
보상
업무 수행

변화 필요

⇨ 평생직장 붕괴
⇨ 구조조정 상시화

높아지면서 과거의 연령주의와 가부장적 집단주의 조직문화는 더 이상 유지가 어렵게 되었다.

현실의 변화가 근로의식 및 조직문화와 충돌한다면 현실을 과거로 되돌리거나 아니면 근로의식과 조직문화를 변화된 현실에 맞도록 바꾸어야 한다. 현실을 과거로 되돌리는 것은 쉬운 일이 아니다. 이미 고령화, 글로벌화, 기술 발전 등으로 과거 방식대로 조직을 운영하는 것은 불가능해졌기 때문이다. 그렇다면 현실과 의식, 현실과 문화의 충돌을 해결하는 것은 의식과 문화의 혁신과 개조를 통해서만 가능하다.

맺음말: 근로자의 프로의식과 연령주의 탈피가 절실하다

인구 고령화는 기업 인력의 고령화를 가져와서 인건비 비용 증가와 생산성 하락 등 직접적 영향과 함께 근로의식 측면에서 만족과 몰입 약화 및 조직문화 측면에서 갈등 증가 등 간접적 영향을 끼친다. 기업은 인력의 고령화를 피할 수 없다. 따라서 고령화가 가져올 부정적 영향을 줄이려는 선제적 대응이 필요하다. 비용 증가와 생산성 하락에 대해서는 유연한 인사관리와 직무와 능력 위주 인력 활용으로 대응할 수 있다. 그에 비해 의식과 문화는 변화 속도가 늦고 변화에 저항하는 경우도 있기 때문에 근로의식과 조직문화를 바꾸는 것은 더 복잡하고 어렵다. 하지만 고령화의 도전을 극복하고 새로운 도약의 기회를 가지려면 변화된 환경에 맞는 근로의식과 조직문화의 재정렬 노력이 필수적이다.

그렇다면 근로의식과 조직문화는 어떻게 또 어떤 방향으로 바뀌어야 하는가? 현재의 근로의식, 특히 중고령층의 근로의식은 앞서 살펴본 바와 같이 회사에 충성하는 대가로 연공적 인사체계 속에서 승진을 통해 은퇴할 때까지 현재 직장에서 계속 일하고 싶다는 데 기반을 두고 있다. 하지만 현실이 이러한 기대를 충족시켜주지 못하게 됐다. 그러다 보니 중고령층을 중심으로 동기부여가 낮아지고 수동적이 되었으며 만족과 몰입 역시 하락해왔다. 이러한 근로의식은 개인의 노후 불안이나 기업의 활력 저하 어느 하나도 해결하지 못하는 문제를

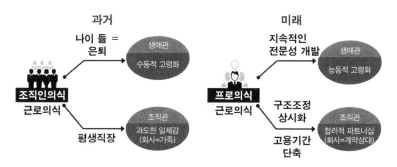

과거와 미래의 근로의식 비교

낳는다. 기업과 근로자가 과거로 돌아갈 수 없을 뿐 아니라 돌아가서도 안 된다는 인식을 공유하는 것이 근로의식 재정렬 노력의 전제가될 수밖에 없다.

직장인들의 의식을 대체할 새로운 근로의식의 핵심은 기업과 근로자가 서로 경쟁력을 키워줄 수 있어야 한다는 것이다. 기업의 경쟁력은 효율과 혁신에서 나온다. 그러기 위해서는 유연하고 활력이 있어야 한다. 유연하고 활력이 있는 직장에서는 근로자들이 충성보다 성과로 인정받고자 한다. 개인의 경쟁력은 전문성과 창의력에서 나온다. 전문성과 창의력을 키우기 위해서는 지속적인 도전과 학습이 가능해야 한다. 도전과 학습은 현재 직장만이 아니라 자신이 속한 분야에서 최고가 되겠다는 의지가 있을 때 가능하다. 유연성과 활력을 지닌 기업과 도전과 학습의 각오를 한 근로자의 관계는 합리적 파트너십으로 요약할 수 있다. 근로자의 충성과 기업의 정년보장을 맞바꾸는 대신 근로자의 높은 성과와 기업의 전문성 양성을 맞바꾸는 것이다. 우리는 새로운 근로의식을 프로의식이라고 부를 수 있다.

프로의식의 핵심은 전문역량과 합리적 파트너십으로 무장하고 평생경력을 추구하는 것이다. 프로의식은 최고의 전문 역량을 지향하기 때문에 기업에서 주어진 업무만 하지 않고 스스로 최고의 전문성을 추구하며 업무에 대한 오너십을 갖고 몰입하는 것이다. 또한 프로의식은 개인과 회사의 관계를 어느 일방의 희생이나 기여가 아닌 공동이익 실현을 위한 파트너로 인식하는 합리적 파트너십을 지향한다. 마지막으로 프로의식은 과거처럼 평생직장 중심의 직장 내 경력이 아닌 조직 내부와 외부 모두에서 인정받도록 전문성에 기반을 둔 고용경쟁력을 높여가며 평생경력을 추구한다.

그럼 조직문화 측면에서는 어떤 변화가 필요한가? 과거의 조직문화는 직장인의식을 가진 근로자들이 수직관계 속에서 위계적 권위주의와 연령주의에 기반을 두고 만든 것이다. 상명하복에 충실하기 때문에 획일적이고 집단적이었다. 개인의 자율성이나 다양성은 용인될 여지가 없었다. 하지만 이러한 과거의 조직문화도 현실의 변화와 함께 유지되기 어려운 처지에 놓이게 되었다. 연령주의에 기반을 둔 위계적 권위는 고령화 속에서 연령과 직급의 파괴가 늘어나면서 더 이상 의미가 없어졌다. 획일적 집단주의 역시 기업 간 인력 이동이 빈번해지고 조직 내 다양성이 늘어나면서 유지가 어려워졌다. 혁신과 활력을 중시하는 새로운 기업의 요구에 부응하지 못하는 것도 문제이다.

새로운 고령화 시대의 조직문화는 무엇보다 엄격한 연령주의에서 벗어날 필요가 있다. 연령보다 능력과 성과가 직급을 결정하는 상황에서 연령주의는 조직 내 소통을 저해하는 걸림돌이 될 뿐이다. 위계적 권위주의로부터의 탈피도 중요하다. 그러기 위해서는 윗사람의 말을 무조건 옳다고 여기는 관행에서 벗어나 수평적이고 상호존중하는 분위기를 갖추어야 한다. 또한 직급 중심 호칭을 보다 친근하게 바꾸고 위계적 방식이 아니라 유연하게 직무 중심으로 인력을 운용하며 세대 간 격차를 줄일 수 있도록 소통을 늘려가야 한다. 마지막으로 획일적이 아니라 다양성을 존중하고 인정하는 문화로 바꾸어가야 한다. 다양한 세대가 공존하며 협력할 때 갈등이 줄어들 뿐 아니라 혁신이 활발하고 활력이 생겨나기 때문이다.

고령화 시대가 되면서 개인은 더 오래 일하게 됐다. 일의 보람, 만족, 일과 생활의 균형을 추구하며 행복하게 일할 여건과 의식을 더욱 갖추어야 한다. 개인은 일에 대한 적성을 살리고 전문성을 높여서 평생경력을 추구하는 노력이 필요하다. 또한 기업에서는 개인의 능력과 노력을 최대한 끌어낼 수 있는 조직문화를 만들려는 노력이 필요하다.

2장

—

고령화 시대의 스마트 리더십:
차이를 넘어서 혁신으로

—

윤정구
이화여자대학교 경영대학 교수

아이오와대학교에서 사회심리학으로 박사학위를 받았고 리더십, 변화경영, 조직이론을 연구하고 있다. 현재 이화여자대학교 경영대학 인사, 조직, 전략 분야 교수로 재직하고 있고 미국 코넬대학교 조직행동론학과의 겸임교수를 역임하고 있다. 또한 한국조직경영개발학회장과 한국공정거래학회 부회장을 맡고 있으며 사회적 리더의 발굴과 육성을 위한 '진성리더십 아카데미'를 운영하고 있다. 국제저널에 40여 편의 논문을 출간했으며 대표적 저서로는 『Social Commitments in the Depersonalized World』(미국 러셀 세이지 재단Russell Sage Foundation USA, 2009), 『Order on the Edge of Chaos』(케임브리지 대학교 출판부, 영국, 2015), 『100년 기업의 변화경영』(지식노마드, 2010), 『진정성이란 무엇인가』(한언, 2013), 『진성리더십』(라온북스, 2015)이다. 현재는 조직생태계의 진화력과 플랫폼 리더십에 대한 연구를 수행하고 있다.

홈페이지 http://nlearners.org

K-Management 3.0

한국은 일본과 더불어 OECD 국가 중 고령화의 속도가 가장 빠른 나라 중 하나이다. 고령화 사회에서의 가장 큰 문제는 세대 간 가치관 차이로 생기는 갈등이다. 가족 내에서의 갈등도 문제지만 직장에서 고령화 세대와 조직에 새롭게 들어온 세대 간에 생기는 갈등이 더 큰 문제이다. 노동인력의 부족으로 정년이 연장되고 정년이 연장됨에 따라 고령화된 세대가 새롭게 들어온 세대와 갈등할 개연성은 높아진다. 이런 갈등은 새롭게 들어온 세대가 이직하는 요인이 될 수 있고 그렇게 되면 고령화로 더욱 어려워진 조직의 경쟁력은 급속도로 떨어질 가능성이 높다. 따라서 세대 간 갈등은 조직 생존의 문제이다.

이번 장에서는 직장 내 고령화된 기성세대와 새로 진입하여 조직에서 중추적 허리를 담당하는 신세대 간의 갈등 문제를 어떻게 스마트하고 건설적으로 해결할 것인지를 다룬다. 스마트 리더십은 디지털 시대의 도래와 더불어서 모든 일들이 스마트하게 처리되는 것처럼 리더십에서도 그렇게 할 수 없을까에 대한 고민에서 시작했다. 세대마다 선호하는 다양한 리더십 스타일이 있다. 스마트한 리더십 스타일은 그 많은 다양한 리더십 스타일을 어떻게 활용하고 조정할지를 고민해야 한다. 그러한 과정을 통해 직장 내에서의 세대 간의 갈등을 어떻게 긍정적으로 해결할 수 있을 것인지를 탐구해보기로 한다.

한국 기업 조직 내에서
다양한 세대의 구성

헝가리 출신 사회학자 칼 만하임Karl Mannheim은 지식사회학적 관점에서 세대란 같은 시대에 같은 역사와 문화적 경험을 공유하기 때문에 서로 간에 동류의식을 느끼며 세상에 대한 비슷한 태도를 가지고 있고 사회문제를 해결하는 방향도 비슷한 성향을 보이는 인구집단이라고 말했다.[1] 한국에서 세대를 연구해온 경상대 사회학과의 박재홍 교수도 거시 역사 문화적 경험의 중요성을 강조한다.[2] 특히 오랜 시간을 통해 경험되는 많은 사건 중에서도 사회화 과정 시기인 청년기에 경험했던 거시 사회변동 요소가 세대 형성에 매우 중요한 조건이 된다고 논한다. 하지만 어떤 사람들이 어떤 세대에 속하는지를 정확하게 가늠하는 것은 불가능하다. 같은 세대로 분류된 사람들도 자신의 연령대에 따라 사회화의 시기가 달라질 수 있다. 또 이 시기 중 어떤 시기에 역사적 변동을 경험했는지에 따라 다양한 논의가 있을 수 있다. 거기다 어떤 역사적 사건을 중요한 사건으로 선정하는지의 문제도 있다.

학문적으로 세대를 이해하려는 어려움과는 독립적으로 매스컴이나 마케팅에서 사회통념에 기반을 두고 세대를 구분하고 있다.[3] 일반적으로 쓰는 통념에 따르면 1955~1964년 한국동란 이후 베이비붐의 영향으로 태어난 세대를 베이비붐 세대, 1965~1975년에 태어나 박정희 대통령의 경제개발 5개년계획을 초기에 경험하고 군부독재에 대항하는 민주화 운동을 경험한 386 세대, 1975~1984년 2차 베이비붐을 타고 태어난 세대를 통칭해서 부르는 X 세대, 베이비붐 세대와 386 세대의 자녀로 1965~1990년에 태어나 고등학교 혹은 대학생 때 IMF를 경험한 에코 세대, 1991~1996년에 태어나 처음으로 ADSL 기반의 초고속 인터넷망을 경험한 대한민국 최초의 디지털 세대에 해당되는 N 세대, 1997년 외환위기와 2000년 밀레니엄을 전후로 하여 태어난 밀레니엄 세대로 세대를 구분하고 있다. 2017년 현재를 기준으로 베이비붐 세대는 50대 중반에서 60대 초반, 386 세대는 50대 초반에서 40대 중후반, X 세대는 30대 후반에서 40대 초중반, 에코 세대는 30대 초중반, N 세대는 20대 중후반, 밀레니엄 세대는 현재 10대 후반 내지는 20대 초반을 구성한다.

베이비붐 세대는 이미 상당수가 조직에서 은퇴했다. 현재 조직에서 활동하고 있는 세대는 386 세대, X 세대, 에코 세대, N 세대, 밀레니엄

세대별 인구분포와 공유된 경험

	베이비붐 세대	X 세대	에코 세대	N 세대	밀레니엄 세대
출생연도	1955~1964	1965~1984	1985~1990	1991~1996	1997~2000
인구 (인구비율)	7,880,384 (16%)	16,074,824 (32%)	3,650,751 (7%)	4,057,152 (8%)	2,449,329 (5%)
사건	경제개발	민주화	청년기 IMF	인터넷과 광통신경험	디지털
특징	개발독재	정치 민주화	대중문화	두발자유화 무상교육	디지털 네이티브

세대이다. 편의상 미국의 분류에 따라 386 세대를 X 세대에 포함시켰다. 각 세대의 구성과 특징을 요약한 것이 위의 표이다.

X 세대

X 세대는 베이비부머들 다음에 태어난 세대이다. 미국에서의 X 세대는 다른 세대에 비해 독립적이라고 평가받는다. 제조업 위주에서 서비스업 위주로 혁신시켰고 처음으로 컴퓨터 등 첨단기술에 눈뜬 세대이다. 한국의 X 세대는 미국과 비교하면 10년 이상 늦게 시작했지만 성향은 비슷한 모습을 보인다. 너무 독립적이고 튀어서 기성세대들의 입장에서는 도대체 정체를 모르겠다고 해서 X로 규정한 세대이다. 한국에서 최초의 X 세대는 386 세대로 일컬어지는 세대이다. 베이비부머들이 은퇴하고 난 자리를 지키는 최고의 기득권층 세대이다. 박정희 정권이 부마항쟁과 10.26 사건으로 무너지고 전두환

정권이 들어왔을 때 이에 대항한 세대이다. 5.18 민주화운동을 지켜본 이른바 '1980년 광주 세대'로 학생운동에 앞장섰으며 그 과정에서 숱한 희생을 겪었다. 이들은 N 세대와 밀레니엄 세대의 부모들이기도 하다. X 세대의 말미는 지금 30대 후반에서 40대 초반의 나이대로 경제발전의 과실을 체험하다가 청소년기와 대학생 시절에 IMF를 경험한 세대이다. 또한 이한열로 대표되는 대학 운동권의 대미를 장식한 세대이다. 이들은 밀레니엄 세대의 부모들이다.

에코 세대

2017년 현재 30대 초중반으로 대부분이 베이비부머들의 자식들로 구성되어 있다. 소위 X 세대와 신세대인 N 세대 혹은 밀레니엄 세대 사이에 낀 세대라고 불리는 세대이다. 민주화와 경제 발전에 따른 과실을 어렸을 때부터 누렸으며 궁핍했던 경험을 해본 적이 거의 없어서 가난을 겪어본 기성세대들과 문화적 괴리가 심하다. 성장 과정에서 교육정책의 혼선을 많이 경험했으며 사춘기 또는 대학생 시기에 외환위기라는 급격한 사회 변동을 경험했다. 그러다 보니 개인적 실력을 스스로 가장 중요시하는 특성이 있다.

마이크로소프트의 컴퓨터 운영시스템인 도스DOS, 전화기 모뎀, 그리고 삐삐를 이용한 마지막 세대이기도 하다. 초등학교 고학년 시절부터 1세대 아이돌인 서태지와 아이들, H.O.T, 신화, 젝스키스 등을 접한 세대이다. 댄스음악과 랩이 새롭게 도입되는 대중음악의 혁명기를 경험한 세대이다. 이들은 기성세대의 군대문화와 술자리 문화를 경험한 사실상의 마지막 세대이다. 이들은 X 세대의 관행을 그대로 따르는 마지막 세대이기도 하다. 또한 이들은 국민학교라는 교육체계의 마지막 입학생이고 1989년생부터 적용된 중학교 무상교육의 혜택을 받지 못한 세대이다.

N 세대

N 세대는 대부분 386 세대의 자녀들이다. 1999년 ADSL 기반의 초고속 인터넷망 보급 덕분에 어릴 때부터 정보화의 혜택을 누리기 시작했다. 1998년 보급된 윈도 98의 수혜자들이고 CDMA 디지털 핸드폰을 경험한 1세대이다. 검색을 통해 학교에서 배우지 않는 지식을 스스로 무장해서 자신의 입장을 주장한 첫 세대이다. 또한 중학교 무상교육의 혜택을 받은 첫 세대이기도 하다. 이들은 중고등학교 때 교복이나 두발 규제에서 해방되어 비교적 규제로부터 자유로움을 체험했다. N 세대의 자유로운 성장환경은 군 생활에서 충돌하는 원인이 되기도 했다. 하지만 유소년기에 IMF로 부모님들이 해고당하는 고용불안을 직접 목격하기도 했다.

밀레니엄 세대

현재 10대 후반 내지는 20대 초반을 구성하는 세대로 외환위기를 전후로 태어났다. 신자유주의 광풍과 스펙에 대한 무한경쟁에 내몰린 세대이기도 하다. 초등학교 시절부터 광랜이 보급되었고 인터넷 포털이 자리 잡는 것을 경험한 디지털 원주민들이다. 어릴 때부터 한 가지라도 잘한다는 칭찬을 많이 듣고 자라서 자신에 대한 기대감이 큰 세대이기도 하다. 확장된 자아의 영향으로 모든 것을 자기에게 어떤 의미를 가졌는지의 입장에서 생각하는 경향이 크다. 특히 자신들을 제일 똑똑하다고 생각한다.

밀레니엄 세대의 제일 큰 특징이라면 역시 어릴 때부터 첨단기술을 접할 기회가 많았다는 점이다. 하지만 최근 경제가 어려워지고 취업이 어려워짐에 따라 대학교를 졸업하고도 부모와 같이 사는 피터팬 세대라는 별명도 가지고 있다. 어려서부터 검색에 능통해 스스로 검색을 통해 글로벌 현장에서 벌어지는 일들을 비교적 잘 알고 있는 세대이다. 또한 트위터나 페이스북과 같은 SNS를 통한 소통에 능통해서 온라인으로 자신들의 의견을 개진해 자신들끼리 연합하는 능력이 뛰어나다. 다른 세대와 구별되는 또 다른 특징은 소통을 기반으로 한 광장 민주화를 맛본 세대라는 점이다.

━━ 세계관의 충돌

직장 내 인구분포 구조상 궁극적으로 직장 내에서의 리더십 문제에서 갈등을 일으킬 수 있는 세대는 N 세대를 포함한 밀레니엄 세대

아날로그 세대를 대표하는 고령화된 X 세대와 디지털 세대를 대표하는 N 세대와 밀레니엄 세대 간의 갈등이 직장 내에서 목격할 수 있는 리더십 갈등의 핵심으로 등장한다.

와 고령화 세대로 접어든 X 세대 간의 갈등이다. 여러 측면에서 에코 세대는 기성세대인 X 세대 쪽에 합류할 개연성이 크다. 결국은 아날로그 세대를 대표하는 고령화된 X 세대와 디지털 세대를 대표하는 N 세대와 밀레니엄 세대 간의 갈등이 직장 내에서 목격할 수 있는 리더십 갈등의 핵심으로 등장한다. 대부분의 대기업에서 X 세대는 팀장급이거나 임원진을 구성하고 있다. 반면에 N 세대나 밀레니엄 세대는 신입사원이나 대리급을 구성하고 있다. 또한 고령화가 지속될 경우 정년퇴직이 사라짐에 따라 X 세대와 에코 세대의 구성원들이 고령임에도 회사에 잔류할 개연성이 높아지고 있다. 그렇게 되면 직장에서 대세를 구성하는 N 세대와 밀레니엄 세대의 상사 밑에서 X 세대나 에코 세대가 부하로 근무할 개연성이 높아진다. 이럴 경우 나이

X 세대와 밀레니엄 세대 간 태도와 행동지향의 차이

	X 세대	밀레니엄 세대
특권	특권층 존재 인정 사회구조적 불공정을 사회적으로 해결해야 한다고 믿음	개인적 특권주의 부인 사회구조의 공정성에 관심이 낮고 자신에 대한 불공정에 민감
행동·설명	결정된 내용을 행동으로 옮기는 것 을 중시	자신이 납득하지 못하는 것을 행동 으로 옮기려 하지 않음
주인의식· 협력의식	자신이 일을 도모하고 주도하는 것 을 중시	자기중심적이나 관심사를 공유하는 사람들과는 적극적으로 협력
민주화	정치 민주화 상사의 일방적 소통 수용 절차와 대의민주주의 중시	소통 민주화 수평적 소통 선호 직접민주주의 선호
소비	생계를 위한 소비 중시	문화소비 중시

에 기반을 두고 리더십을 생각하는 한국 사람들의 입장에서는 리더
로서의 직책과 나이 간의 지위 불일치를 경험하게 될 것이다.

　결국 조직 내 인구 구조상 지금은 고령화되는 X 세대가 리더십을
행사하는 직책을 가지고 있지만 장기적으로는 밀레니엄 세대가 리
더십을 행사하는 직책을 가지게 되리라 추정해볼 수 있다. 인구구조
가 이런 식으로 진행된다면 고령화에 따른 직장 내 세대갈등과 리더
십의 모든 잠재적 문제는 X 세대와 밀레니엄 세대 간의 차이에서 생
긴다.

　디지털 세대의 선두주자인 밀레니엄 세대와 기성세대로 대표되는
X 세대는 어떤 점에서 다른 세계관을 보일까? 위의 표는 그 차이를
요약한 것이다. 각각의 내용에 대해 살펴보자.

특권의식 대 탈특권의식

　X 세대는 군부독재와 투쟁하는 과정에서 사회구조적 불공정이 사회구조 곳곳에 편재해 있다는 사실을 실감했다. 그래서 어떤 사람들은 타고날 때부터 부모의 돈, 학력, 직업에 의해서 금수저를 물고 태어났다는 것을 현실로 인정한다. X 세대는 이와 같은 사회구조적 불공정성에 대해서 개인적 감정으로 대응하는 것은 무모하다고 생각한다. 대신 이 문제를 사회적으로 어떻게 이슈화해서 해결해야 하는지를 고민해왔다. X 세대는 이런 사회 구조적 특권에 대해서는 개인적으로는 아무것도 할 수 없다는 숙명론을 보인다. 한 마디로 사회의 특권을 사회구조적 문제로 보는지 혹은 개인적 관점에서 보는지의 차이일 것이다.

　이와 같은 성향에 비해 밀레니엄 세대는 부모로부터 항상 최고라는 말을 들으며 자란 세대이기 때문에 각 개개인이 독립적 개체로 특권을 가지고 태어났다는 가정을 하고 있다. 따라서 최근 이화여자대학교 사태에서 문제가 된 정유라의 경우처럼 한 사람이 사회구조적 허점을 이용해 과도한 특권을 부여받았다고 느낄 때는 자신의 개인적 복리를 침해했다고 생각할 가능성이 높다. 밀레니엄 세대들은 이런 자신과 관련된 불공평에 민감하게 반응하고 저항한다. 하지만 이와 같은 불공정성이 일반 사회구조적으로 배태되어 있다는 것에는 큰 관심을 보이지 않는다. 자신과 관련이 되면 SNS를 통해 이슈로 제기할 가능성이 있겠지만 그렇지 않으면 굳이 본인이 주도적으로 나설 생각을 하지 않는다. X 세대는 사회구조적 문제 때문에 특권층의 존재에 대해서 인정할 개연성이 높다. 반면 밀레니엄 세대는 개인적 특권주의에 대해 인정하지 않고 SNS로 저항할 개연성이 높다.

행동 대 설명

X 세대는 직업적 성공과 성취를 맛보며 자라난 세대이다. 따라서 어떤 일이 결정되면 행동으로 옮기는 것을 중시한다. 이들은 성공의 줄을 쥐고 있는 상사가 시키는 대로 반박하지 않고 그대로 따라서 행동하는 것을 자연스럽게 받아들여 왔다. 상사의 지시가 말이 안 된다고 하더라도 그냥 수긍하고 따르면 조직에서 성공할 수 있다고 믿는 경향이 있다. 또한 이런 문제는 구조적으로 만연된 것이라 자기 혼자

디지털 세대의 선두주자인 밀레니엄 세대와 기성세대로 대표되는 X 세대는 여러가지 면에서 다른 세계관을 보인다.

서 나선다고 해결되지 않는다고 생각한다. 따라서 X 세대는 부조리한 것을 일일이 따지는 것보다는 행동으로 성취하는 것에 방점을 둔다.

반면 밀레니엄 세대는 성장 시기부터 중요한 존재로 대우받으며 자랐다. 따라서 상대의 지위고하를 막론하고 어떤 일이 있을 때는 정중하게 설명하고 이해를 구해야 한다는 입장이 강하다. 개인들의 욕구가 다름을 무시하고 일방적으로 일을 결정하고 무조건 시행하는 문화에 저항할 개연성이 크다. 이들은 나름대로 인터넷 검색 등을 통해서 어떤 현상에 대한 자신들 입장을 옹호할 적절한 이론을 찾을 수 있다고 생각한다. 따라서 이 이론을 논리적으로 반박하는 다른 이론을 설명해주고 설득시킨다면 새로운 지시를 받아들일 개연성이 높다.

주인의식 대 협력의식

X 세대는 자신이 주도적으로 일을 도모하는 것을 중시한다. 자신이 일을 주도할 입장이 아니면 수동적인 방관자나 비판자로 남는다. 그런 점들이 개인주의자로 보이게 한다. 상사의 말에 복종하는 것도 결국은 더 높은 지위에 올라서서 자기가 주도하는 삶을 살고 싶기 때문이다. X 세대는 자신이 주도적으로 일할 수 없으면 창업하는 것이 낫다고 생각한다. 용의 꼬리가 되기보다는 닭의 머리가 되는 삶을 선호한다. 따라서 과제의 성공을 통해 자신이 어떻게 성장할 수 있는지 그림을 보여주지 않을 경우 주체적으로 책임지고 일하지 않는다.

반면 밀레니엄 세대는 특별한 사람으로 여겨지며 성장한 경험 때문에 모든 것을 자기중심적으로 표현하는 성향이 있다. 겉으로 보기에는 개인주의적 성향을 보인다. 관계도 쉽게 맺고 끊을 수 있는 관계를 선호한다.[4] 이들은 자신의 문제를 떠난 사회 전체의 구조적 문제에는 관심이 없다. 하지만 자신들만이 공유하는 공동의 관심사가 있으면 그걸 이루기 위해 참여하고 협업하는 집단주의 성향도 마다치 않는다. 그때 누가 일을 도모하는지는 중요하지 않게 생각한다. 자신의 관심사와 들어맞는지가 중요하다. 평소에는 SNS 속에서 자신의 개성을 표현하는 데 시간을 보내지만 자신의 관심사가 다른 사람들의 관심사와 연관될 때는 SNS를 통한 집단행동도 마다치 않는다. 또한 흥미로운 주제가 있고 사이버 공간에서만 탐구하는 데 한계를 느끼면 광장으로 나서는 것도 주저하지 않는다. 개인의 이익과 공공의 이익이 결부되어 있을 때 더욱 적극적으로 집단으로 나서는 경향이 있다. 반면 X 세대는 자신이 주도하는 과제를 도와주는 사람들도 같이 집단주의적 열성을 보여주기를 기대하는 이중성이 있다.

정치민주화 대 소통민주화

X 세대는 독재와 대항하여 민주화를 쟁취한 장본인들이다. X 세대의 마지막을 구성하는 세대도 민주화 투쟁의 정점을 경험했다. 따라서 투쟁을 통해 확보한 민주주의를 지켜나가는 것을 중요한 가치로 생각하고 있다. 하지만 이런 경험들은 X 세대 개인에게는 무력감의 원인이 되기도 한다. 사회적 불평등이나 구조적 불평등은 너무 단단

해서 개인들이 혼자 나서서는 해결할 수 없다는 것을 경험했다. 따라서 이들은 집단행동이 동원될 개연성이 없는 상황에서는 무력감 때문에 지극히 개인주의적이다. 하지만 이들은 표면적으로는 민주주의 가치인 절차와 대의민주주의를 중시한다.

반면 밀레니엄 세대는 절차상의 민주주의가 확보된 후에 민주주의를 경험했다. 따라서 이들은 절차상의 민주주의는 너무나 당연한 것이고 민주주의에서 더 중요한 것은 정치적 내용을 공유하고 설명하고 이해시키고 자발적으로 마음에 담게 하는 광장에서 소통하는 것이라고 생각한다. 민주주의 형태도 직접민주주의를 선호한다. 또한 자신이 소통을 집단적으로 동원할 수 있는 SNS를 가지고 있다는 것을 안다. 따라서 이들은 위에서 일방적으로 소통하는 방식에 대해서 어떤 세대보다 불편한 감정을 가지고 있다. 이들은 실시간으로 이뤄지는 감성적이고 수평적 소통을 선호한다.[5] X 세대가 명분만 된다면 효율적인 수직적 소통의 방식을 받아들이는 반면 밀레니엄 세대에게 수직적 소통을 시도한다면 내용과 상관없이 소통을 거부할 개연성이 높다. 그만큼 소통에서의 수평성과 정서적 감정을 중시한다. 밀레니엄 세대가 제도적 절차상의 민주주의보다는 직접 실천할 수 있는 소통의 민주주의를 선호하는 이유이다.

생계소비 대 문화소비

X 세대에게 소비의 개념이 생계를 위한 소비를 의미한다. 이들의

로망은 사회구조적 불평등을 벗어나 편안한 개인의 안식처를 마련하고 본인이 선호하는 삶을 영위하는 것이다. 이들은 이런 삶을 꿈꾸며 품질과 가격을 합리적으로 비교하여 자신에게 가장 안락한 경제 개념으로 소비하려고 노력한다.

밀레니엄 세대는 X 세대와 비교해 풍족한 생활환경 속에서 성장했기에 자기를 표현하는 문화적 소비가 강하다.[6] 2013년 5월 『타임』 지는 밀레니엄 세대를 지칭해서 '나 나 나 세대Me Me Me Generation'로 규정했다. 밀레니엄 세대는 모든 우주의 중심을 자신으로 정해놓고 성공과 행복의 기준도 일반적 규범을 따르기보다는 자신이 설정한 나를 잘 표현할 수 있는지에 둔다. 자랄 때부터 특별하게 취급받았고 특히 일본 대중문화의 영향을 많이 받았다. 이들은 미국 드라마를 통해 글로벌하게 움직이는 소비의 패턴도 잘 알고 이것을 자신의 정체성에 맞추어 표현하는 능력도 뛰어나다. 따라서 밀레니엄 세대는 자신의 정체성을 표현해주는 것이라면 가격이 얼마인지 상관없이 소비하는 경향이 강하다.[7]

세대 간 리더십 차이를 어떻게 극복하는가

기성세대의 대표주자인 X 세대와 밀레니엄 세대는 리더십, 일, 회사에 대한 태도에서도 극명한 차이를 보이고 있다. 본 절에서는 우선 리더십의 관점에서 이들 간의 가능한 차이를 짚어보도록 한다. 이런 차이점들을 대비해봄으로써 세대 간의 다양성과 공동의 목적에 기여할 수 있는 리더십의 속성이 있는지를 정리해보고자 한다.

리더십 특성 차원

특성이론은 리더십에서 가장 오래된 이론인데 리더에게 내재된 특성이 리더십의 성공에 필연적이라고 봤다. 내재된 특성으로 성별, 나이, 신체특성, 지능 등을 제시하고 중시했는데 현재는 리더 자신이 오랜 기간 숙련을 통해서 만들어낸 것을 더 중시한다. 예를 들어 자신감, 낙관성, 정직성 등이다. 이와 같은 특성은 만들어지는 데도 시간이 걸리고 또한 만들어진 것을 탈 학습하는 데도 시간이 걸린다. 그래서 이런 리더십의 문제를 해결하기 위해서는 이런 속성을 가진 리더를 파악해 선발하고 배치하는 것이 중요하다고 생각한다.

표면적 특징

표면적 특성의 측면에서 가장 이슈가 되는 것은 나이일 것이다. 특히 고령화로 정년이 연장된다면 X 세대의 구성원이 팀원이 되고 나이가 젊은 밀레니엄 세대가 직책을 가지는 역전 현상이 비일비재하게 발생할 수 있다. 이때 나이를 중요한 사회적 지위로 생각하는 한국 사람들에게 상하급자 간의 나이 역전은 리더십의 절연 현상으로 번질 수 있다.

따라서 밀레니엄 리더들은 공식적인 자리에서는 직책과 일을 중심으로 리더십을 발휘하고 사적인 자리에서는 나이에 대한 존경심을 표현해주는 것이 좋을 것이다. 또한 X 세대가 공식적인 일자리에서 일의 수행과 상관없이 나이를 개입시켜 압박할 경우 적극적으로 나서서 그러지 말 것을 명확하게 요구할 필요가 있다. X 세대 팀원과 밀레니엄 팀장 간에는 일과 사적인 것을 분리시키는 심리적 계약을 해서 명료하게 정리하고 시작하는 것이 필요하다. 이와 같은 심리적 계약을 서로 지켜가며 일한다면 나이의 차이에서 나타나는 차이는 쉽게 제도화되고 제도화되면 일상화되어 어느 순간에는 차이가 있는지도 인식하지 못하는 상태가 된다.

내재적 특징

더 심각한 장애는 이와 같은 나이 차이가 보이지 않는 가치관이나 태도의 차이에 이입되어 은연중에 일하는 과정에 반영되어 나타나는 경우이다. 리더십에 반영되는 보이지 않는 특성은 자신감, 낙관성, 정직성이다. 고령화된 X 세대와 조직에 막 진입하기 시작하는 밀레니엄 세대 간에 차이를 보일 수 있다.

밀레니엄 세대는 시대 변화에 따른 SNS 기술이나 신기술 등에서 적응력이 더 뛰어나 자신감을 보일 수 있다. 반면 X 세대는 장기적인 목적이나 조직 전체가 변화해야 할 방향을 설정하는 데 더 자신감을 보일 수 있다. 서로 자신감을 보이는 영역이 다르다. 이런 차이는 리더십의 측면에서 보완될 수 있는 것으로 보인다. 밀레니엄 세대는 신기술 동향에 대해서 X 세대가 잘 적응해나가도록 역 맨토링 등으로 도움을 줄 수 있다. 역으로 X 세대는 조직이 요구하는 역량이나 조직이 장기적으로 지향하는 바에 대해서 밀레니엄 세대가 잘 적응할 수 있도록 방향을 잡는 일에 도움을 줄 수 있다.

낙관주의는 현실적 어려움에 부닥치더라도 극복해서 궁극적으로 목적을 달성할 수 있다는 믿음이다. 그런 현실적 낙관주의는 중요하다. 이는 현실의 문제에 기반을 두고 이를 해결할 솔루션을 제공할 수 있다는 믿음에 기인한 것이다. 밀레니엄 세대는 비교적 어려움을 모르고 자란 세대이다. 그래서 표면상으로는 더 낙관주의적으로 보일 수 있다. 그러나 실제로 어려운 상황에 부딪혔을 때 이 문제를 해결해낼 수 있다는 믿음이 X 세대의 기대에 못 미칠 수 있다. 이 점에서 X 세대의 적극적인 역할이 기대된다. 또한 현실적 낙관주의가 되기 위해서는 현실의 문제를 정확하게 분석하고 이해하는 능력이 필요하다. X 세대는 밀레니엄 세대의 탐색능력과 분석능력을 현명하게 이용할 필요가 있다. 즉 낙관적 의지를 관철시키는 문제는 X 세대가 밀레니엄 세대에게 도움을 주고 문제에 대한 이해와 분석을 통해 적절한 솔루션을 도출해서 제대로 된 낙관적 솔루션을 제시하는 것은 밀레니엄 세대가 주도할 필요가 있다.

X 세대도 시대적 변화를 체험하고 있어서 정직성의 중요성을 충분히 인식하고 있다. 하지만 밀레니엄 세대는 정직과 성실이 시대의 기본적 분위기로 알고 성장했기에 누구보다 정직에 대해서 강한 믿음을 가지고 있다. 또한 밀레니엄 세대는 초 연결사회에서 성장해서 모

든 정보가 투명하게 공유되는 투명성의 힘을 이해하고 있다. 따라서 정직성을 삶의 한 방편으로 받아들이고 있을 개연성이 높다. 반면 X 세대는 원론적으로는 정직성에 대해서 동의하더라도 실제로 현업에서 정직성이 충돌할 경우 현실과 이상 사이에서 많이 고민할 수 있다. X 세대는 이와 같은 상황이 밀레니엄 세대에게 불안감을 창출하고 신뢰를 상실하게 할 수 있다는 점을 염두에 두고 정직성을 잃는 행동을 하지 않도록 노력해야 할 것이다. 정직성은 리더가 어떤 상황에서도 포기할 수 없는 중요한 덕목이다.

특성은 개발하는 것도 힘들고 시간도 걸린다. 따라서 가지고 있는 강점을 발견해서 강점 중심적으로 리더십을 발휘하도록 조율하는 행동이 중요하다. 누가 리더가 되든 리더들은 부하들의 강점을 발견하고 단점을 서로 보완할 수 있도록 철학과 환경을 만들어주는 것이 중요하다.

리더십 행동 차원

배려와 구조 주도

리더가 갖춰야 할 대표적 행동으로 배려와 구조 주도가 있다. 이성적이고 논리적인 X 세대는 과업을 주도하는 데 집중할 가능성이 있다. 반면 감성적인 밀레니엄 세대는 배려하는 데 집중할 가능성이 있다. 요직에 있는 X 세대가 과업 지향 성향을 무조건 밀고 나간다면 세대 갈등을 불러일으킬 수 있다. 따라서 과업 지향 성향을 보완해줄 관

계 지향 성향을 습득해 상황에 따라 유연한 리더십을 발휘할 필요가
있다.

코칭

X 세대 리더는 부하들의 성숙도가 다양할 때 위임하거나 코칭하거
나 지원하는 스타일의 리더십을 숙련할 필요가 있다. 반면 밀레니엄
세대가 리더이고 X 세대가 부하일 때는 부하의 전문성이라는 장점을
최대한 살려내기 위해 위임하는 스타일과 나이 때문에 소외되지 않
도록 과제에 공동 참여하도록 하는 스타일의 리더십을 숙련할 필요
가 있다. 또한 밀레니엄 세대가 나서서 기술적 습득력이 떨어지는 X
세대에게 하이테크를 자상하게 코칭하는 리더십이 적절하다.

의사결정

X 세대는 의사결정 시 일방적으로 결정해서 위에서 밀어붙이는 지
시형 리더십 스타일을 주로 썼다. 하지만 밀레니엄 세대에게는 민주
적이고 위임하는 의사결정의 방법과 중간 형태인 참고형의 의사결정
을 쓸 필요가 있어 보인다. 밀레니엄 세대가 상사일 경우 민주적 의
사결정은 기본적 방향으로 설정될 개연성이 높다.

소통

밀레니엄 세대와 X 세대는 소통할 때도 차이를 보일 가능성이 높
다. 밀레니엄 세대 리더는 원인과 결과를 설명하며 소통할 가능성이

높다. 하지만 X 세대 리더는 결과 중심적으로 소통할 가능성이 높다. 이 점에서는 X 세대의 리더가 밀레니엄 세대 리더의 방식을 따라가는 것이 좋을 것으로 보인다. 또한 밀레니엄 세대들은 어떤 메시지가 가지는 프레임을 중시할 가능성이 높다. 따라서 밀레니엄 세대와 소통할 때는 메시지를 정확하게 전달하는 것을 넘어서서 어떤 의미가 있는지를 같이 보여주는 것이 중요하다. 또한 밀레니엄 세대가 선호하는 소통 채널도 SNS가 될 가능성이 높다. 밀레니엄 세대에게 SNS가 소통의 기반이라는 것을 이해하는 것이 중요하다. 또 중요한 문제는 서로 만나서 얼굴을 맞대고 소통하는 것이 중요하다는 것을 깨닫게 할 필요가 있다.

또한 X 세대는 밀레니엄 세대의 말을 경청하는 데 더 많은 시간을 쏟아야 할 것이다. 소통의 성공 여부는 논리적으로 말을 잘하는 것이 아니라 상대의 말을 얼마나 진심으로 공감해가며 경청해주는지에 달려 있다. 소통은 화자와 청자가 같은 음악에 맞추어 추는 왈츠와 같다. 왈츠에서 듣는 사람의 역할은 적극적 경청을 통해 화자의 스텝을 이끌어주는 치어리더이다. 이와 같은 역할은 밀레니엄 리더가 더 익숙할 수 있다.

평가 결과를 피드백할 때를 보자. 밀레니엄 세대는 평가가 공정했더라도 과정이 어땠는지에 대한 자세한 설명을 듣고 싶어할 가능성이 높다. 즉 밀레니엄 세대는 공정성의 차원에서 절차 공정성이나 분배 공정성을 넘어서 정보 공정성이나 관계 공정성까지도 달성될 때 공정하게 이뤄지고 있다고 생각할 가능성이 높다. 반면 X 세대 리더들은 절차 공정성까지 문제가 안 생기면 좋겠지만 분배 공정성만 지켜줘도 충분하다는 생각으로 일을 처리할 가능성이 높다. 이런 점에서 두 세대는 충돌이 예상된다.

동기부여

밀레니엄 세대와 X 세대는 동기부여 측면에서도 차이를 보일 가능성이 있다. X 세대는 자기가 과제를 주도할 때 동기가 강하게 부여되는 경향이 있다. 반면 밀레니엄 세대는 어떤 과제가 자신에게 어떤 의미를 가지는지에 대해서 명료하게 이해할 때 동기가 강하게 부여되는 경향이 있다. 밀레니엄 세대는 자신이 리더로 참여하지 않더라도 과제에 의미만 있다면 언제든지 동참할 가능성이 높다. 반면 X 세대에게는 자신이 과제에서 어떤 주도적인 일을 하게 될지가 관건이다. 따라서 밀레니엄 세대 리더는 X 세대의 부하에게 중요한 역할과 책임을 맡기는 것의 중요성을 깨달아야 한다. 반면 X 세대 리더는 밀레니엄 부하에게 과제의 의미를 프레이밍하고 비전닝하는 것의 중요성을 깨달아야 한다.

변화에 대한 시각 차원

현재는 변화가 상수인 시대이다. 이런 시대적 요구에 맞추기 위해 리더와 부하 모두가 변화에 적응하는 것이 요구된다. 리더는 변화를 위해서 비전을 제시하고 이를 통해서 변화에 대한 영감을 창출하고 부하들에게 모범을 보여야 한다. 그럼으로써 신뢰를 획득하고 부하 개개인의 욕구를 파악해 기존의 고정관념을 넘어설 수 있도록 지적으로 자극하고 변화에 동참할 수 있도록 개발에 도움을 줘야 한다. 그런 리더가 시대의 대세가 되었다.

변화의 문제를 해결하는 데 카리스마적 스타일이 필요한 것은 분명하다. 하지만 X 세대의 리더가 과도하게 주도적으로 카리스마 리더십을 행사할 경우에는 밀레니엄 세대에게는 부담될 수 있다. 변화관리를 위해 지적 자극을 줄 때도 답을 미리 염두에 두고 받아들이도록 강요하는 방식으로 진행한다면 문제가 될 것이다. 밀레니엄 세대가 스스로 과거의 가정에 문제가 있음을 깨닫게 하는 코칭 방식이 가미된 변화 노력이 필요할 것이다. 또한 밀레니엄 세대들이 변화에 대한 비전을 마음으로 받아들일 수 있도록 충분한 소통행위가 필요할 것으로 보인다.

밀레니엄 세대 리더는 X 세대 부하가 과거의 성공 경험에 갇혀 있을 수 있다는 점을 염두에 두어야 할 것이다. 따라서 새로운 것을 무조건 제시하기보다는 기존의 성공 경험을 제대로 탈 학습시키는 변화관리에 대한 적극적 코칭이 필요할 것으로 보인다.

육성에 대한 생각

X 세대 상사는 밀레니엄 세대 부하가 스스로 자신을 표현할 수 있도록 코치나 멘토의 역할을 할 필요가 있다. 그래서 책임감을 갖고

주도적으로 리더십을 발휘해 스스로 목표를 설정하고 스스로 집행하고 스스로 평가하고 스스로 보상하는 방법을 익히게 하는 것이 중요하다. 리더가 지향하는 사명에 동참하게 할 수 있다면 금상첨화이다. 또한 X 세대 리더는 밀레니엄 세대 부하의 정서를 이해하고 그 차이를 극복할 방안을 생각해서 관계를 실질적으로 개선해야 한다. 그러기 위해서 X 세대 리더는 부정적 감정을 자제하고 긍정적 정서의 잔고를 끌어 올리려는 노력을 기울여야 한다.

밀레니엄 세대 부하들은 주관적으로 자신을 표현할 수 있는 의미 있는 일을 찾아 나서는 스타일이다. 따라서 개인적으로 발견한 의미와 조직이 추구하는 의미가 서로 시너지를 거둘 수 있도록 도와준다면 리더로 성장하는 데 많은 도움이 될 것이다. 또한 X 세대의 상사가 부하들에게 군림하는 자세를 버리고 낮은 자세로 리더십을 발휘할 경우 밀레니엄 부하들은 이 조직의 사명과 의미에 대해서 공감할 가능성이 더 크다. 정서적 리더십을 발휘해서 밀레니엄 부하와 X 세대 리더 간에 더 생산적 관계를 발전시킬 수 있다면 더 바랄 나위가 없을 것이고 리더십의 갭도 큰 문제가 되지 않을 것이다. 밀레니엄 세대 상사는 X 세대 부하에게 지금의 과제를 잘 마무리할 역량을 기르고 그렇게 해서 조직에 공헌하는 것이 퇴직 후 삶에 어떤 영향을 미칠지를 생각해보도록 하는 것이 좋다. 즉 과제의 성공적 수행을 평생학습의 측면과 조직 생활을 명예롭게 마무리하는 측면에서 제시할 필요가 있다.

리더십 다양성의 통합 전략

리더가 어느 세대이든 자신에게 유리하고 익숙한 리더십 스타일을 상대에게 고집하고 강요할 가능성이 높다. 따라서 리더십 훈련에서는 이와 같이 각자 선호하는 리더십 스타일이 다르다는 것을 알고 그 다양함을 인정하는 것이 중요하다. 어떻게 공동의 목적을 위해 다르고 다양한 리더십을 분출시킬 수 있는지가 과제이다. 그렇게 하지 못한다면 리더십 다양성은 그대로 갈등으로 전개된다.

X 세대와 밀레니엄 세대가 서로 다른 리더십 스타일을 선호하는 것은 조직에서 일을 처리하고 효과적으로 마무리하는 것에 대한 다른 견해를 표현하는 각자의 정신모형에 뿌리를 두고 있다. 정신모형이란 각자가 세상을 이해하는 인지적 지도 내지는 스키마를 의미한다. 이 정신모형에는 리더십에 대한 자신만의 이론도 포함되어 있다. 결국 리더십 스타일의 격차는 두 세대가 이용하는 세상을 보는 방식인 정신모형의 격차에서 생긴 것이다. 또한 두 세대가 조직에 가지고 들어오는 각자의 정신모형이 조직의 정신모형과 조율될 수 있는지에 따라 리더십의 다양성은 생산적일 수도 파괴적일 수도 있다. 서로가 선호하는 리더십 스타일이 다르다는 것을 인정하고 어떻게 조직의 정신모형과 결합시킬 수 있는지를 제시하는 것이 핵심이다.

언급했듯이 세대 간 리더십의 갈등은 조직 운영 방식에 대한 서로 다른 정신모형을 가지고 있기 때문에 나타난다. 조직이 X 세대와 밀레니엄 세대를 중재할 수 있는 강력한 정신모형을 구축하고 있지 못

리더십 다양성에 기반한 통합의 4단계 모형

1단계: 리더십 스타일의 차이에 대한 인정

2단계: 리더십 스타일의 차이에 대한 이해

3단계: 리더십 스타일의 강점을 기반으로 한 공동의 정신모형 개발

4단계: 공동의 정신모형을 기반으로 한 기존 리더십의 개선

할 경우 각자의 정신모형을 기반으로 다음과 같은 과정을 통해서 서로가 동의하는 공동의 정신모형을 만들어나갈 필요가 있다.

첫째, 밀레니엄 세대와 X 세대는 서로 일에 대해서 다르게 해석하고 더 효과적인 일 처리 방식에 대해서도 다르게 이해하는 서로 다른 정신모형을 갖고 있다고 인정해야 한다. 또한 어떤 리더십 스타일을 선호하는지도 결국은 서로 다른 정신모형에 뿌리를 둔다는 것을 깨달아야 한다. 특히 직책에서 우위를 점하고 있을 X 세대가 먼저 이점에 대해서 양해를 구하는 것이 효과적이다. 밀레니엄 세대에게 자신들이 다른 정신모형에 기반을 두고 일을 처리하고 있고 결국 리더십 스타일의 차이도 그 때문이라는 것을 이해시켜야 한다.

둘째, 밀레니엄 세대와 X 세대가 일을 처리하는 데 있어서 근본적으로 다른 정신모형과 리더십 스타일을 선호한다는 것을 받아들인다면 상대편의 정신모형과 선호 리더십 스타일이 구체적으로 어떤 것인지를 이해하는 것이 중요하다. 또한 계속 서로 다른 스타일을 고집할 경우 어떤 충돌이 있을지에 대해서 논의가 필요하다. 그리고 조직의 목표를 달성하는 과정에서 두 세대의 스타일 중 어떤 측면들이 강점으로 작용하거나 장애가 될 수 있는지에 대한 논의가 필요하다.

셋째, 각자 리더십의 차이점과 장단점에 대해서 받아들인다면 공동의 리더십 스타일에 대한 논의가 필요할 것이다. 즉 스타일의 차이가 조직이 달성해야 할 변화와 비즈니스의 목표에 어떻게 차별적으로 기여하거나 방해할 수 있는지를 서로 이해한다면 더 나은 공동의 리더십 모형을 만들어볼 수 있다. 또한 이런 공동의 리더십 모형에 대한 논의를 통해 각자의 정신모형이 가진 한계점들을 극복하고 조직이 공동으로 달성해야 할 성과나 목적에 유연하게 기여할 수 있는 공동의 정신모형 지도도 도출해볼 수 있다.

마지막으로는 공동의 정신모형을 기반으로 과제를 수행할 경우 과거 겪었던 리더십 갈등이 어떻게 효과적으로 해결될 수 있는지 공유하는 작업이 필요할 것이다. 또한 각자가 선호하는 리더십 스타일이 뿌리를 두는 각자의 정신모형을 어떻게 개선시킬지, 그리고 그 과정에서 어떻게 더 협업이 가능한 방향으로 개선시킬지를 논의하고 실제로 개선을 위한 노력을 보이는 것이 마지막 단계이다.

지금까지 다양성에 대한 연구결과를 종합해보면 다양성은 기능적 다양성이라는 측면으로 수렴될 수 있을 때만 의미 있는 성과를 도출할 수 있다. 따라서 리더십의 차이를 포함해 세대 간 태도와 행동에서의 모든 차이가 작업현장에서 세대 간의 다양성으로 그대로 분출되게 할 경우 갈등을 조장하고 조직의 성과를 떨어뜨린다. 이런 다양한 태도와 행동이 자신이 속한 기능 부서를 어떻게 혁신할 것인지의 아이디어로 분출되게 하고 이러는 과정에서 각 기능이 더 높은 수준에서 시너지를 거두게 할 수 있어야 한다. 한 마디로 리더십 다양성이 흩어지지 않고 기능적 다양성으로 분출되도록 기능적 다양성의 채널을 제공해주는 것이 핵심이다.

고령화 시대에 요구되는 스마트 리더십의 방향

최근 경영 환경이 디지털 세상으로 급변하면서 직장에서의 모든 일이 스마트한 방식으로 처리되고 있다. 리더십도 예외는 아니다. 일을 스마트하게 처리하는 것처럼 지금까지의 리더십 차이를 인정하고 변화시키는 것도 얼마나 스마트한 리더십 방식으로 하는가에 달려 있다. 이처럼 디지털 시대에 밀레니엄 세대 리더나 X 세대 리더가 관심을 둬야 할 리더십은 공유 리더십, 진성 리더십, 서번트 리더십이다. 이 세 리더십이 제시하는 방향은 미래의 스마트 리더십이 만들어지는 가이드라인으로 작용할 것이다.

공유 리더십

디지털 시대의 스마트 리더십은 한 사람의 뛰어난 리더에게 모든 것을 맡기는 상황에서 리더십을 분산시키고 공유하는 상황으로 전개될 개연성이 높다. 공유 리더십은 리더가 구성원들의 강점을 파악해 잘 발휘할 수 있도록 권한을 구성원들에게 위임해주고 위임받은 구성원들은 서로의 강점에 바탕을 두고 나머지 구성원들에게 리더십을 행사하는 형태의 리더십이다.[8] 공유 리더십은 구성원의 숫자만큼 리더가 있다는 관점이다. 이 개별 리더들은 조직의 목적을 스마트하게 달성하기 위해서 각자 입장에서 다른 구성원을 이끌어주고 리더십을 협업한다. 이런 점에서 공유 리더십은 변화하는 환경에 잘 적응하게 할 수 있는 가장 스마트한 리더십의 형태이다.

밀레니엄 세대는 공유하고 협업하려는 성향이 강하다. 따라서 공유 리더십은 밀레니엄 세대와 X 세대가 공존하기 위해서 X 세대가 반드시 이해하고 가야 할 리더십의 트렌드이다. 언급했듯이 이미 시대는 뛰어난 한 사람의 리더가 나서서 문제를 해결할 수 있는 범위를 넘어섰다. 따라서 리더십은 현장과 현업을 담당하는 사람들에게 위임되고 대신 리더는 리더십 과정을 조정하고 코치하는 데 주력해야 한다. X 세대가 리더십의 특권을 밀레니엄 세대에게 믿고 넘겨주지 않는다면 스마트한 리더십은 고사하고 리더십을 통한 세대 갈등조차도 해결하기 어려워질 것이다.

진성 리더십

진성 리더십authentic leadership은 최근에 가장 관심을 불러일으키고 있는 리더십 개념이다. 진성 리더십에서 강조하는 것은 목적이다.[9] 비전도 목적을 달성하기 위한 중간 기착지에 서 있는 모습으로 개념화한다. 진성 리더십은 모든 자원과 역량을 목적 중심으로 한 몸에 정렬시키는 것을 강조한다. 이와 같은 단순한 정렬은 급변하는 환경에 리더가 행사할 수 있는 유연성을 극대화한다. 또한 진성 리더십에서는 역량을 강화시키는 것도 중요하지만 리더가 자신이 누구인지를 이해하는 것이 중요하다고 강조한다. 경영 환경이 급변할 때는 리더가 자신의 정체성을 잃지 않는 것이 조직의 흥망을 좌우하기 때문이다. 디지털 환경이 가속화되는 상황에서의 스마트 리더십이 제대로 구현되기 위해서는 모든 것이 디지털적으로 단순화되어야 한다. 바로 이것이 진성 리더십에서 강조하는 것이다. 목적을 중심으로 모든 것을 단순화해 자신의 정체성을 잃지 않고 디지털적으로 변화를 이끌어갈 능력을 극대화하는 것이다.

서번트 리더십

서번트 리더십은 로버트 그린리프Robert K. Greenleaf가 주창한 개념이다.[10] 사람들은 서번트 리더십을 단순히 상사가 부하에게 봉사하는 리더십으로 오해하고 있다. 서번트 리더십의 핵심은 봉사하는 대상이 부하나 상사가 아니라 조직의 사명과 목적이라는 점이다. 직책을 가진 사람이 부하들에게 봉사하는 모습을 보임으로써 조직의 사명을 구현하는 일에 동참하게 하는 것이다. 결국 밀레니엄 세대가 리더가 되고 X 세대가 부하가 되거나 반대로 X 세대가 리더가 되고 밀레니엄 세대가 부하가 되고는 중요한 문제가 아니다. 모두 조직의 사명을 위해서 협업할 수 있는지, 그리고 그 과정에서 리더는 군림하지 않고 부하가 주도적으로 나서서 리더십을 발휘해서 결국 조직의 사명을 달성하게 할 수 있는지가 중요한 관건이다. 밀레니엄 세대나 X 세대나 어떤 세대가 리더가 되든지 서로에게 군림하지 않고 조직의 사명을 위해 협업하는 리더십이 서번트 리더십의 핵심이다.

이 세 가지 리더십의 성향은 디지털 시대의 도래와 더불어 스마트 리더십의 근간으로 자리 잡을 것이다. 이 세 가지 리더십 경향이 공통으로 강조하고 있는 숨겨진 역량이 긍휼감compassion이라는 윤리적 정서이다. 긍휼감은 상대의 고통을 내 고통으로 내재화시켜서 같이 풀어나가려는 성향이다. 긍휼감은 단순히 상대의 정서를 이해하는 공감empathy이나 상대의 고통을 위로하는 동정심sympathy보다 한 단계 깊은 사랑의 감정이다. 공유 리더십에서 리더십 권한을 분배시켜주는 이유도 부하에게 긍휼감을 느끼고 부하를 리더로 성장시키려는 배려 때문이다. 진성 리더가 부하들과의 관계 맺음에서 강조하는 것이 상대를 도구로 보는 소유론적 관계가 아닌 상대를 고통을 느끼는 인간으로 보는 존재론적 관계를 강조하는 것도 다 긍휼감의 반영이다. 서번트 리더가 상사나 부하를 자신의 상전으로 모시는 이유는 리더가 추구하는 조직의 큰 목적에 대한 긍휼감 때문이다. 밀레니엄 세대 리더나 X 세대의 리더가 조직과 서로에게 긍휼감을 느끼고 있다면 리더십 때문에 생기는 갈등도 자연스럽게 사라질 것이다.

맺음말: 회사 차원의 스마트한 인사관리제도 운영이 필요하다

고령화 시대의 마지막 주자인 X 세대의 리더들은 자신이 젊었을 때는 "상사가 시키면 그 일을 왜 해야 하는지를 묻지 않고 임무를 완수하는 것을 미덕으로 알았다"고 주장한다. 그래서 X 세대는 밀레니엄 세대가 "시키는 대로 그냥 하지 않고 왜 자꾸 이것저것 물어보는지"에 대해서 의문을 제기할 가능성이 높다. 리더가 고령화되면 더욱 이런 의문을 제기할 가능성이 높아지고 또 그럴수록 X 세대와 밀레니엄 세대 간 조직의 목표를 달성하기 위한 리더십 협업은 어려워질 것이다. 조직의 목표를 달성하기 위한 리더십 협업이 이뤄지지 않는 한 재능 있는 밀레니엄 세대들을 조직에 붙들어놓는 일은 점점 어려워질 것이다. 재능 있는 젊은이들을 잃는 순간 조직의 목표를 달성할 가능성도 점점 희박해진다. 더 중요한 점은 젊은이들이 이직하는 가장 큰 이유는 일 때문이라기보다는 상사의 리더십 문제라는 것을 X 세대의 리더들이 깨닫는 것이다.

마지막으로 고령화된 X 세대와 밀레니엄 세대가 스마트 리더십에 적응하기 위해서는 서로에 대해서 이해하는 노력도 중요하지만 회사 차원에서 인사관리제도를 스마트하게 운영하는 것이 필요하다. 인사관리의 제도적 지원이 없다면 두 세대가 서로를 제대로 이해하더라도 디지털 시대에 맞추어 서로 협업하는 스마트 리더십은 문화로 정착되지 못할 것이다.

밀레니엄 세대는 성공에 대해서 주관적으로 다양하게 정의한다. 따라서 지금까지의 획일적인 인사관리와 밀레니엄 세대의 욕구가 충돌할 가능성이 높다. 고령화된 X 세대의 경우도 리더십이나 팔로워십의 발휘가 은퇴 후의 경력 성공과 연계될 수 있도록 인사관리제도로 지원해줄 수 있다면 금상첨화일 것이다. 따라서 지금의 획일적 인사관리제도가 개선되어 X 세대나 밀레니엄 세대가 자신의 경력을 스스로 설계할 수 있도록 다양한 플랫폼을 제공할 필요가 있다. X 세대이건 밀레니엄 세대이건 자신이 얼마나 조직에 남아서 근무할 것인지의 문제와는 별개로 자신의 성장에 대한 체험이 직장에서의 활력 요소이기 때문이다. 인사관리부서에서 주도적으로 X 세대와 밀레니엄 세대가 성장에 대해 서로 다른 욕구를 가지고 있다는 것을 이해하고 다양하게 지원할 수 있어야 한다.

이런 세대 간 다양성을 제대로 지원하기 위해서 GE에서는 최근 성과 관리**PM, Performance Management**라는 용어를 없애고 대신 성과 개발**PD, Performance Development**이라는 용어를 사용하도록 한 것은 시사하는 바가 크다. GE의 성과개발 프로그램에서는 고과에 대해 피드백하는 시스템을 탑재해서 운영하고 있다. 이 피드백 프로그램의 목적은 디지털 시대에 맞추어 수평적 소통을 강화하기 위한 것이다. 회사의 인사관리부서가 주도적으로 나서서 리더십의 다양성이 훼손되지 않고 조직의 목적을 위해 협업할 수 있도록 최선을 다하고 있다. 100년이 넘은 고령의 GE가 디지털 시대에도 젊고 활력 있는 기업으로 남아 있는 비밀인 것이다.

제2부

기업의 조직운영방식과 인사관리방식을 근본적으로 바꿔야 한다

3장

—

고령화 시대 중고령인력의
역량 제고와 숙련활용 방안

—

양동훈

서강대학교 경영전문대학원 교수

미국 미네소타대학교에서 인적자원관리 및 노사관계학으로 석사학위와 박사학위를 받았다. 『인사조직연구』『인사관리연구』『노사관계 리뷰Industrial Relations Review』 등 국내외 저널에 다수의 논문을 발표했다. 주요 저서와 역서로는 『누구를 리더로 세울 것인가』『협상을 잘하는 팀장』등이 있다.

K-Management 3.0

현재 한국경제는 저성장, 고실업, 고용불안으로 몸살을 앓고 있다. 기업들은 성장 정체와 정년 연장으로 인력의 고령화와 조직활력 저하를 걱정하고 있다. 사회에서는 높은 청년실업률과 중고령인력의 고용불안을 걱정하고 있다. 그러나 향후 10년이 지나면 한국의 경제활동인구는 감소해 노동력이 부족할 것이라는 예상도 하고 있다. 현실과 미래 간의 괴리가 너무 커서 이런 변화가 초래될지 의문이 갈 정도다.

장기적으로 분명한 것은 출산율이 낮아지고 경제활동인구의 고령화가 되면서 기업 내 중고령인력의 비중이 높아진다는 점이다. 또한 한국의 경우 정년 60세가 법제화되었고 앞으로 정년이 65세까지 연장될 가능성이 있다. 이런저런 상황을 고려하면 기업 내 인력의 고령화 추세는 예상보다 가파르게 진행될 가능성이 높다.

기업 인력이 고령화될 때 근로자가 나이에 맞게 관리직으로 승진하면 별문제가 되지 않을 것이다. 그러나 관리직으로 승진하지 못하고 역량과 성과는 높아지지 않으면서 연공적 보상제도에 따라 임금은 올라갈 경우 큰 인건비 부담을 초래할 것이다. 더 심각한 문제는 우리나라 45세 이상 성인의 직무역량이 OECD 평균에 비해 크게 떨어진다는 것이다. 향후 4차 산업혁명으로 인해 중고령인력이 하는 일의 상당수가 인공지능이나 모바일로봇에 의해 대체될 수 있다는 점 역시 변수이다.

　이런 상황에서 단기적인 해결 방안은 크게 세 가지가 있다. 첫째는 근로자의 전직과 해고를 쉽게 하는 정책이나 법률을 만들어 시행하는 것이다. 둘째는 중고령인력의 생산성에 맞게 보상수준을 낮추는 것이다. 셋째는 보상수준을 유지하되 중고령인력의 역량을 높이고 신기술을 활용해 생산성을 높이는 것이다. 이 중에서 기업과 근로자 모두에게 최선의 방안은 세 번째 방안이다.

　장기적으로는 고령화의 가장 중요한 원인인 저출산으로 청년인력은 부족하고 우수 인재 확보의 어려움이 클 것으로 예상한다. 우리보다 먼저 고령화를 경험한 일본은 이미 청년인력 부족 문제를 겪고 있다. 우리도 미래에 동일한 문제를 겪을 수 있다. 이런 문제에 대응하기 위해 중고령인력의 역량을 높여 그들이 더 오래 그리고 더 유능하게 고용시장에 체류할 수 있도록 해야 한다. 또한 4차 산업혁명으로 인해 현재의 교육 시스템에서 공급하는 인력과 산업체에서 필요로 하는 인력 수요 간의 괴리가 커질 가능성이 매우 높다. 따라서 기업,

교육기관, 정부의 협업을 통해 공교육 시스템에서 사회가 필요로 하는 인재를 육성하여 공급하도록 할 필요가 있다.

이번 장에서는 미래 4차 산업혁명과 고령화에 대비하여 중고령인력이 더 활력 있게 일하고 조직의 성장에 기여할 수 있도록 하는 방안을 다양한 관점에서 제안해본다. 첫째, 미래 디지털 기술의 발달로 인력수요의 양상이 크게 변화될 가능성이 있고 자동화로 대체될 인력을 다른 직무에 재배치해야 한다. 이를 위해 중고령근로자가 새로운 직무 역량을 갖추도록 교육훈련 프로그램을 개발해 운영해야 한다. 둘째, 중고령근로자의 숙련을 더 효과적으로 활용하는 방안을 제안한다. 개별 근로자의 역량과 니즈에 맞게 중고령근로자를 활용할 수 있는 개별화된 근로형태와 근로계약을 활용해야 하고 중고령근로자의 육체적 능력을 고려한 조직운영이 요구된다. 셋째, 중고령근로자의 니즈와 역량 맞춤형 경력개발 방안으로 전통적인 수직적 경력사다리를 대체하는 격자형 경력을 강조하는 '매스 커리어 커스터마이제이션 **MCC, mass career customization**[*] 활용을 제안한다.[1] 마지막으로 미래에 기업이 필요로 하는 우수 인재를 공교육 시스템에서 공급할 수 있도록 기업들이 연합하여 목소리를 낼 것을 제안한다.

---

* 대규모로 이루어지는 경력 개별화

자동화로 대체되는 중고령인력의
업무 재배치와 역량 개발이 요청된다

4차 산업혁명이 단기간에 현실화될지는 모르겠으나 향후 디지털 기술이 생산현장으로 깊이 들어오기 시작하면 제조업 근로자뿐만 아니라 사무직 근로자의 일상이 바뀔 수 있다. 특히 인공지능과 자동화 기술이 상용화되면서 중고령근로자들의 일이 변화할 것이고 적응 과제가 생긴다. 무엇보다도 4차 산업혁명으로 직종별 인력 수요가 바뀔 것이다. 기업은 이에 대응하여 자동화로 대체될 중고령인력의 직무 재배치를 위한 교육훈련이 필요하다. 자세히 살펴보자.

4차 산업혁명이 직종별 인력수요를 바꾼다

장기적으로 자동화로 대체될 직무에 종사하는 중고령근로자는 그렇지 않은 직무에 종사하는 중고령근로자보다 더 큰 어려움에 부닥칠 수 있다. 이들 중고령근로자의 직무 재배치와 역량개발을 선제적으로 준비해야 할 것이다. 현재 직무 중 자동화로 대체가 어려운 직무의 경우에도 인공지능과 자동화 기술이 적용되어 현재와는 일하는 방식이 달라질 가능성이 높다. 따라서 이들 직무에 종사하는 중고령근로자들 역시 더 높은 수준의 인지능력과 기계와의 협력 능력이 필수적이다.

세계경제포럼World Economic Forum에서 2016년 1월에 출간한 『일

2015~2020년 직군별 고용 증감 규모 추정 (단위: 천명)

순고용 감소	사무·행정	제조·생산	건설·채굴	디자인·스포츠·미디어	법률	시설·정비
	-4,759	-1,609	-497	-151	-109	-40
순고용 증가	비즈니스·금융	경영	컴퓨터·수학	건축·엔지니어링	영업·관리직	교육·훈련
	492	416	405	339	303	66

의 미래 보고서』에 의하면 2020년까지 16개 선진국의 일자리 710만 개가 사라지고 200만 개의 일자리가 창출된다고 한다. 일자리의 순증감을 계산하면 총 510만 개의 일자리가 감소하는 것으로 나타나 우울한 전망을 하고 있다. 직군별 고용 증감 규모 비율을 살펴보면 위의 표와 같다.[2]

위의 표에서 2020년까지 순고용 감소가 큰 직군은 사무·행정, 제조·생산, 그리고 건설·채굴의 순이다. 사무·행정의 고용감소가 큰 이유는 인공지능과 빅데이터 기술로 인해 일상적이고 단순한 인지능력만을 요구하는 업무들이 사라질 것이기 때문이다.

제조와 생산직군에서도 모바일로봇, 센서기술, 인공지능 등이 결합되어 생산자동화가 진행될 가능성이 높다. 4차 산업혁명으로 인해 일상적인 업무, 손 조작이 간단한 업무, 그리고 고도의 인지능력을 요구하지 않는 업무는 컴퓨터 혹은 자동화기술에 의해 대체될 전망이다.

또 다른 연구로서 프라이와 오스본은 미국 노동통계를 분석하여

2010년부터 2020년까지의 고용 전망을 했다. 이 연구에서는 미국 내 고용의 47%가 자동화에 의해 영향을 받을 것이라 주장하고 있다.[3] 자동화 대체 정도가 가장 높은 직종은 서비스 영업, 사무행정지원, 건설과 채굴 관련 직종이고 그다음으로는 수리, 유지보수, 생산, 교통과 유통 관련 직종이었다.

자동화로 대체되는 중고령인력에 대한 교육훈련과 재배치가 필요하다

이런 일자리 전망이 기업의 중고령인력 관리에 의미하는 바는 무엇일까? 세계경제포럼에서 4차 산업혁명에 대비한 기업의 미래 인재 육성 전략에 대해 기업에 설문한 조사결과인 표 「인재육성과 확보전략」에서 기업들의 대응방안을 살펴볼 수 있다.[4] 여기서 높은 빈도를 차지하는 기존 인력의 재교육, 직무이동이나 직무순환 지원, 산학 협력형 교육은 4차 산업혁명으로 자동화로 대체되는 인력을 해결하기 위한 방안으로 볼 수 있다. 또 여성인력이나 외국인 인재, 소수인종 인재의 발굴은 4차 산업혁명으로 인해 새롭게 창출되는 직무를 담당할 인재의 공급 부족 문제를 해결하기 위한 방안으로 볼 수 있다.

4차 산업혁명으로 인해 기존의 근로자들이 인공지능이나 모바일 로봇의 도움을 받아 일해야 하는 경우에는 기존 인력들이 디지털 및 자동화 기술을 습득하도록 해야 한다. 사내외 교육훈련, 산학협동, 산업 간·기업 간 협력을 통한 교육훈련 방안을 활용할 수 있을 것이다.

인재육성과 확보 전략

인재확보 전략	빈도(%)
기존 인력의 재교육	65%
직무이동이나 직무순환 지원	39%
산학 협력형 교육	25%
여성인력 발굴	25%
외국인 인재 유치	22%
도제식 교육	22%
산업 간·기업 간 교육 협력	13%
소수인종 중에서 인재 유치	12%
단기 고용 인력의 채용 확대	11%

　자동화로 대체될 수 있는 인력을 내보낼 수 없다면 자동화로 대체하기 어려운 직무로 재배치해야 한다. 우선 대상이 자동화로 인해 일자리가 가장 많이 줄어드는 사무행정과 제조 생산직종에 종사하는 인력이 될 것이다. 자동화로 대체하기 어려운 직무는 주로 높은 지적 능력이나 감성적 능력을 요구하는 직무들일 것이다. 따라서 직무 재배치 이전에 교육과 훈련이 반드시 필요하며 단기적인 교육만으로 충분하지 않을 수 있다.

　이 경우 산학협력형 교육 프로그램을 활용하여 기업 외부에서 일정 기간 새로운 역량과 지식을 습득하게 할 필요가 있다. 교육기간과 교육수준은 이동하는 직무의 인지적·지식적 역량의 수준에 따라 결정할 필요가 있다. 또 창의적이고 복잡한 인지능력을 요구하는 직무로의 이동을 희망할 경우에는 장기간의 교육훈련이 필요하다.

개별 기업 차원에서 산학협력이나 재교육이 어렵다면 산업 간, 기업 간 협력을 통해 실행할 필요가 있다. 예를 들어 유사한 니즈를 가진 기업들이 한국기술교육대학교를 비롯한 대학들과 함께 단기교육프로그램을 개설하여 4차 산업혁명이 필요로 하는 기술이나 지식을 배우도록 한다거나 혹은 장기교육이 필요하다면 계약 학과를 만들어 수요자에 맞는 맞춤형 교육을 할 수도 있을 것이다.

중고령근로자의 숙련을 효과적으로 활용할 수 있는 조직운영이 필요하다

아날로그 기술이 디지털 기술로 대체되면서 과거에 가치를 창출해주었던 기술이 더 이상 가치를 창출하지 못하게 된 것처럼 기술 발전이 중고령근로자의 역량 진부화를 가져올 수 있다. 그러나 자동화가 이루어지더라도 자동화된 업무의 전 단계 업무나 후 단계 업무를 사람이 수행하는 경우가 많다. 또 자동화의 알고리즘을 만들고 자동화 기기의 작업조건 세팅을 해주는 일도 여전히 사람이 수행하기도 한다. 따라서 중고령인력의 숙련이 모두 진부화되어 사라질 것이라고 가정할 수는 없다. 오히려 중고령인력의 경험과 숙련을 하나의 지식 체계로 정립하고 젊은 세대에게 전수할 방안을 찾아보아야 한다. 그래야 일터에서의 세대교체를 효과적으로 이룰 수 있다.

중고령인력은 그동안의 업무경험을 통해 숙련을 풍부하게 축적하고 있다. 자동화와 인공지능화가 진행되더라도 자신의 숙련을 전수할 기회가 존재한다는 점은 다행스러운 일이다. 첫째, 중고령인력의 숙련을 적극 활용하기 위해서는 숙련된 근로자의 퇴출을 조장하는 연공주의적 임금체계를 폐지하고 숙련도와 생산성에 부합하는 보상을 가능하게 하는 임금체계를 도입해야 한다. 둘째, 사무관리직에서는 승진하지 못한 사람을 패자로 만들어 퇴출을 유도하는 정기적인 직급 승진제도를 폐지하고 직책 중심의 인력관리로 전환해야 한다. 셋째, 획일적인 근로형태와 근로계약을 폐지하고 개별 근로자의 역량과 니즈에 맞게 중고령근로자를 활용할 수 있는 개별화된 근로형태와 근로계약을 활용해야 한다. 넷째, 중고령근로자의 육체적 능력을 고려한 조직운영이 필요하다. 이 중에서 임금체계의 개편과 직책중심의 운영에 대해서는 5장에서 자세히 다루기 때문에 이번 장에서는 나머지 두 방안에 대해 살펴보고자 한다.

개별화된 근로형태와 근로계약을 활용해야 한다

모든 근로자에게 동일하게 적용되는 획일화된 근로형태와 근로계약은 중고령근로자의 숙련을 충분히 활용하지 못하게 하는 요인 중 하나이다. 중고령근로자는 육체적인 한계가 있을 수 있으며 신기술에 적응하는 데 시간이 더 많이 걸릴 수 있다. 또한 더 많은 여가를 원할 수도 있다. 8시간 근로를 가정한 전통적 근로계약만으로는 모든 근로자의 니즈를 충족시킬 수 없다.

따라서 중고령근로자의 숙련을 충분히 활용하기 위해서는 정규직 중심의 근로계약에서 벗어나 근로시간, 근로장소, 임금 및 기타 근로조건을 유연하게 설계할 수 있는 근로형태와 근로계약이 필요하다. 재택근무, 유연근무, 계절근무, 파트타임, 프리랜서 등의 근로형태뿐만 아니라 장기 휴직 또는 건강 등의 이유로 인한 임금의 일시적 하락 등 다양한 상황을 허용하는 근로계약이 가능해야 한다.

한국보다 더 일찍 고령화를 경험한 일본의 사례들을 살펴보면 이러한 조치들이 어떻게 진행되는지를 알 수 있다. 먼저 2014년 60세 이상 근로자에 대해 가장 많이 실시하는 조치는 임금수준 인하와 근로일수 및 근로시간 단축이다.[5] 그다음으로는 직능자격과 직급체계 개편이고 가장 적은 빈도로 실시한 것이 60세 이상 근로자에 적합한 직무재설계, 전직지원제도, 자격취득을 위한 재교육 프로그램이다. 일본은 현재 60세 이상 근로자에 대해 임금과 직급구조의 개편을 우선적으로 준비하는 것으로 판단된다.

직무이동을 위해서는 정규직 중심의 인사관리보다는 다양한 고용형태와 경력설계를 제공해야 한다. 이를테면 일본전기는 생애경력지원제도를 도입해 중고령자의 고용을 연장하고 있다. 생애경력지원제도는 근로자가 회사 내 소수의 직무만을 수행하여 과도한 의존성을 갖게 되는 것을 완화시켜 주는 데 주안점이 있다.

일본기업은 생애경력지원제도를 통해 근로자가 30세, 40세, 50세 등 일정한 단계별로 연수기회를 부여받고 대안적인 경력을 추구할 수 있도록 지원하고 있다. 또한 사내공모제도를 통해 현재와 다른 대안적 경력에 속하는 직무에 지원할 수 있도록 함으로써 정년 이후 재취업의 범위를 확대하고 있다. 그밖에 일본기업은 정년이 얼마 안 남은 중고령인력에 대해 근로시간을 줄여 단계별 퇴직을 유도하거나 줄어든 근로시간 동안 겸업을 허용하는 등 재취업과 경력기회 확대에 도움을 주기도 한다.

중고령근로자의 육체적 능력을 고려한 조직운영이 필요하다

중고령근로자의 직무전환과 재적응을 돕기 위해서는 중고령근로자의 인지적 능력 외에도 육체적 능력 역시 고려되어야 할 것이다. 독일의 폭스바겐은 정신적·신체적 능력에 제약이 있는 중고령근로자에게 적합한 일을 제공하기 위해 워크2워크**Work2Work** 프로그램을 도입한 바 있다. 이 프로그램은 중고령인력의 신체적 제약을 고려해 대안적 직무기회를 확대하고 근로시간제도 전반을 조정해준다는 점에서 중고령인력 맞춤제도라 할 수 있다.

폭스바겐은 중고령근로자의 신체적 능력을 고려해 매일 무급 1시간 휴식시간 제공과 야간이 아닌 주간근무 투입을 원칙으로 하고 소득보전을 위해 주당 30시간과 주 5일 근무를 보장한다. 또한 중고령자 적합 직무를 선정하고 새로운 직무로 이동할 수 있는 역량 향상교육을 한다.[6] 근골격계에 이상이 있는 중고령근로자는 일정 기간의 치유를 거쳐 처음에는 하루 2시간, 그다음으로는 하루 4시간, 6시간으로 점차 근로시간을 늘려나가는 방안도 실시하고 있다. 또한 기업 내 파견제도를 활용해 중고령인력을 새로운 직무로 이동시키기도 한다. 인소싱-아웃소싱의 일환으로 기업 내 업무를 중고령인력에게 부여하는 경우도 있다.

중고령인력을 위해서 경력개발의 방식을 유연화해야 한다

고령화 시대에 부족한 우수인력의 확보와 유지를 위해서는 경력개발에 대한 인식변화를 고려해야 한다. 근로자의 경력을 회사의 필요성 중심으로 설계하는 시대는 지나가고 있다. 오히려 창의적 인력의 공급 부족현상이 지속되면 개인 근로자의 필요성에 따라 경력을 맞춤화하는 시도가 더 필요해질 것이다.

이 점에 비추어보면 한국 기업은 공채방식의 채용과 경직적인 경력관리라는 면에서 많은 문제점을 가지고 있다. 직급구조가 수직적이어서 일의 유연성이 약화되는 등 경력과 직무 중심의 인사관리가 약한 것 또한 현실적 이슈로 부각되고 있다.

특히 한국 기업은 공채를 통해 신입사원을 채용한 뒤 토너먼트식 경력사다리를 따라 올라가는 수직적 직급상승 모델을 채택하고 있다. 그러다 보니 승진하지 못하거나 보직을 얻지 못하는 경우 일종의 패자가 되는 문제가 발생한다.

이 점에서 국내 기업들은 향후 신분제와 같은 승진 사다리를 해체하고 일괄 승진과 미승진자를 구분하는 현형 시스템을 바꾸어야 나갈 필요가 있다. 4차 산업혁명의 도래와 함께 직무의 구성이 변화되는 상황에서 종래의 '승진 아니면 퇴출Up or Out' 방식은 근로자들의 경력욕구에 부합되지 않을 가능성이 높다. 개인 각자의 독특한 자질과 역량에 따라 직무를 선택하고 유연하게 경력을 추구할 수 있는 경력 시스템을 도입하지 않으면 인력 활용의 경직성이 높아질 것이다.

미래에는 유연근무제와 같이 근로시간과 장소의 유연성을 높이는 것 이상으로 근로자의 경력 자체를 개인욕구에 따라 맞춤화하면서 기업 역시 인력의 수급상황을 맞추어나갈 수 있는 윈-윈 접근법을 지속적으로 찾아보아야 할 것이다.

근로자별 니즈와 역량 맞춤형 경력개발을 활용해야 한다

이러한 목적에서 미국 기업은 유연근무제 이상으로 경력 자체의 유연성을 높이려고 노력하고 있다. 대표적인 것이 2000년대 중반에 벤코와 와이스버그가 제시한 미래지향적 경력개념인 '매스 커리어 커스터마이제이션MCC'이다. 매스 커리어 커스터마이제이션은 전통적인 수직적 경력사다리를 대체하는 격자형 경력을 강조한다. 경력을 사다리ladder형이 아닌, 격자lattice형으로 가정해 직급이 높아지는 것뿐만 아니라 직급이 낮아지거나 동일한 직급의 다른 직무로 이동하는 모든 경로를 경력개발의 범주 속에 포함시키고 있다.

매스 커리어 커스터마이제이션에서의 직무선택의 기준은 크게 승진기회Pace, 작업량Workload, 장소와 일정Location&Schedule, 역할Role의 네 가지로 결정된다. 승진기회는 상위 직급으로 이동하는 기회의 정도로서 전통적으로 수직적 상승을 의미하는 경력이다. 작업량이란 작업부담이 증가하는 것을 말한다. 장소와 일정은 업무 수행 장소와 일정을 유연하게 결정할 수 있는 선택권을 말한다. 또한 역할은 리더로서의 역할과 개인적 기여 간에 역할을 정하는 것을 말한다.

승진 기회가 많은 직무는 통상적으로 작업량이 많고 리더 역할을 상당 부분 수행해야 하는 직무들이다. 그러나 이들 직무들은 수직적으로 직급이 올라가고 급여수준이 향상되는 장점이 있다. 반면 일-가정 균형을 유지하기 어렵고 새로운 직무탐색을 위한 교육시간이 부족하다는 단점이 있다.

근로자들은 때론 자신의 성격이나 상황에 따라 리더보다 개인적 기여자로 활동하기를 바라는 경우가 있다. 따라서 매스 커리어 커스터마이제이션은 직급이 하강하거나 수평으로 이동하거나 하는 경력 경로를 적극적으로 포함시키는 접근법을 강조한다. 그리고 전체적으로 경력경로가 수직적 사다리형이 아닌, 수평과 하락을 포함한 격자형을 형성하고 있다.

매스 커리어 커스터마이제이션에서 유연근무제도는 단지 장소와 시간에 대한 선택권을 말하는 부분에 그친다. 파트타임, 재택근무, 작업공유, 압축근무 등은 업무 수행 장소와 일정에 대한 유연성을 높여주는 경력의 한 차원을 구성한다.

　매스 커리어 커스터마이제이션은 전통적인 사다리형 경력관리보다 근로자의 생애적 욕구를 수용하기에 유리하기 때문에 중고령인력에게도 도움이 되는 제도이다. 중고령근로자가 새로운 경력을 준비하기 위해 교육기관에 등록하거나 혹은 건강 등 육체적 제약과 인지적 역량의 한계로 인해 업무량이 적은 직무로 이동하고자 할 때 전통적인 수직형 경력관리제도는 이를 수용할 수 없다. 그러나 매스 커리어 커스터마이제이션은 업무량이나 책임이 낮은 직무로 옮겨가거나 직급과 급여가 낮아지는 하강경력까지를 포함하고 있다.

　따라서 매스 커리어 커스터마이제이션은 중고령인력의 경력설계를 보다 유연하게 하는 틀을 제공할 수 있다. 더욱이 직무 이동이 이루어지면서 고용계약을 개별화하고 개인의 필요와 조직의 필요를 서로 조합할 수도 있다. 매스 커리어 커스터마이제이션은 한국과 같이 승진 중심의 인사관리와 충돌할 여지가 많다. 하지만 근로자의 전생애적 욕구에 보다 충실하게 경력을 유연화하도록 해준다. 특히 국내 사무관리직 근로자는 직급상승을 거듭하다 50대 초반에 조기퇴직하게 된다. 그런 문제점을 돌아볼 때 매스 커리어 커스터마이제이션은 경력 유연성을 높이고 고용안정성을 개선해 나가는 접근법이 될 수 있다.

일의 레고화, 모듈화, 외부화를 활용할 필요가 있다

　매스 커리어 커스터마이제이션을 적용해 중고령자의 경력을 개발할 경우 단기적으로 필요 인력의 수급에 불일치가 발생할 수 있다. 근로자 경력개발과 관련된 회사의 니즈와 근로자의 니즈가 단기적으로 합치되지 않을 수 있기 때문이다. 그런 경우 일시적으로 일의 외주화를 통해 기업이 인력수요를 충족할 수 있다. 단기간에 특정 직무를 맡을 만한 인력이 내부에 없을 때 외부의 프리랜서를 활용하자는 것이다.

　외주화를 쉽게 하기 위해서는 일의 레고화와 모듈화를 진행할 필요가 있다. 디지털 기술의 발달은 일하는 장소와 시간을 다양하게 분리할 수 있게 한다. 그래서 근로자가 동일 장소에서 8시간 혹은 일정 기간을 일할 필요성을 줄이게 된다. 일의 레고화 혹은 모듈화는 일을 작은 단위로 분리해 수행하도록 하는 경향을 말한다. 최근 미국에서는 일을 작은 과업Task 단위로 쪼개어 다양한 근로자가 수행하도록 한 후 레고블록처럼 다시 짜맞추는 방식을 실험하고 있다. 이를테면 미국의 업워크Upwork 혹은 태스크래빗TaskRabbit 같은 웹사이트는 간단한 일에서부터 기술적으로 복잡한 일까지 다양한 일들을 수행할 사람들을 모집한다. 그러다 보니 과업 단위로 일하는 프리랜서들로서 긱Gig 근로자라는 유행어까지 만들어내고 있다. 2016년 미국 노동통계를 보면 인터넷 사이트를 매개로 해 프리랜서 일을 하는 근로자의 수는 약 5,500만 명에 이른다.

일의 레고화는 프리랜서의 증가 외에도 외주화의 증가를 반영한다. 이를테면 미국은 2009년을 기점으로 제조업의 외주노동 비중이 급속히 증가하는 추세를 보이고 있다. 현재는 기업이 직접 채용하는 직원 대비 외주 직원의 비중이 10% 정도지만 지속적인 증가추세를 보이고 있다.[7]

한국의 경우 대부분의 근로자가 정규직에서의 고용안정을 선호하기 때문에 일의 레고화는 환영받지 못할 수 있다. 하지만 중고령인력에게는 반드시 그렇지만은 않을 수 있다. 일의 레고화와 모듈화는 점차 일을 분화시켜 마이크로워크microwork를 만들어내는 경향이 있다. 중고령인력이 보다 유연하게 자신의 일을 설계할 수 있다. 중고령인력이 자신의 상황에 적합하게 레고화된 일을 받아서 하고 임금이 아닌 수수료를 받게 되는 프리랜서화가 진행되면 고용의 자가창출이 가능하기 때문이다.

▬▬▬▬ 우수인력 공급 확대를 위한 기업과 교육기관의 통합적 노력이 필요하다

미래에는 우리 기업들도 저출산 고령화에 따른 인력 부족을 경험하게 될 것이다. 더욱이 학교에서 배출하는 인력의 수도 줄고 역량도 갖추고 있지 못하다면 국내에서 우수 인재를 확보할 수 없다. 특히 기술진보로 인해 창의성과 아이디어 기반의 경제 시스템이 강화되면

이에 적합한 인재를 육성하기 위한 사회 전반의 교육 시스템 혁신이 필수적이다. 기업들이 필요로 하는 인재를 양성하여 공급해줘야 한다. 그렇지 않으면 그 나라 기업들의 경쟁력이 떨어지고 국가 경쟁력도 떨어질 수밖에 없기 때문이다.

따라서 교육기관에서 양성하는 인재들을 가장 많이 활용하는 기업들이 함께 교육에 대해 적극적으로 목소리를 내야 한다. 노동사회 정책을 결정함에 있어 노사정위원회가 활동하는 것처럼 교육정책을 입안하고 실행함에 있어서도 사기업, 공기업 등 인력을 채용하는 기관을 대표하는 사람, 중고등학교와 대학을 대표하는 사람, 공익을 대표하는 사람들로 구성된 사교정위원회를 만들어 이들의 의견을 반영해야 한다.

우리나라 중등교육과 고등교육 시스템은 산업 사회에서 필요로 하는 표준화된 역량을 갖춘 인재들을 대량으로 배출하는 데 큰 공헌을 해왔다. 기업들은 공교육기관에서 대량으로 배출된 양질의 표준화된 인력을 활용해 선진기업을 모방하는 빠른 추종자 전략을 효과적으로 실행할 수 있었다. 그러나 현재 한국 기업들은 시장선도자를 지향하고 경제 시스템 역시 고도의 지식과 창의성에 기반을 둔 지식 기반 경제로 옮겨가고 있다. 그러다 보니 공교육기관에서 배출하는 인력과 사회가 요구하는 인력 간의 수급이 잘 맞지 않게 되었다. 특히 4차 산업혁명의 확산은 인력수요의 대변동을 가져오기 때문에 공교육 시스템에서 배출하는 인력이 그에 맞게 조정되어야 한다.

현재 한국의 공교육은 많은 한계를 가지고 있다. 우선 객관식 선다형 대입제도로 인해 획일화된 학생들을 양산하는 문제를 극복하지 못하고 있다. 교육방식과 내용도 논리적으로 생각하는 힘이나 창의성을 키우는 것보다는 단순 사실을 암기하는 것을 중시하고 있다. 인터넷을 통해 컴퓨터나 휴대폰으로 단순 사실을 검색할 수 있는 세상에는 잘 맞지 않는 교육이다. 그래서 우리나라 초중등 학생들이 전세계에서 공부를 가장 많이 하지만 학습에 대한 흥미는 매우 낮고 미래에 쓸모가 있는 것을 학습하지 못하는 심각한 문제를 안고 있다. 대학의 전공별 인원도 과거 산업사회에 정해진 것을 따르고 있다. 그러다 보니 대학이 배출하는 인력의 전공별 인원과 사회가 요구하는 전공별 인원 간의 괴리가 확대되고 있다. 새로운 시대에 맞게 입시제도, 교육 내용, 교육 방식, 전공별 인원 배정에서 대혁신이 요구된다.

어떤 방향으로 대혁신해야 하는가? 공교육 시스템 밖에서 이루어지는 사교육 시장에서의 혁신을 적극 참고해야 한다. 사교육에서 오히려 공교육에서 제공하지 않으나 사회가 필요로 하는 것을 제공하고 있기 때문이다. 최근 미래 기술환경의 변화에 대응하기 위해 기업, 교육기관, 학부모 간의 협력이 실험적으로 진행되고 있다. 이들 실험들은 장소와 시간적 제약을 넘어서는 온라인 플랫폼, 스스로의 능력과 목적에 적합하게 학습내용 선택, 토론과 참여, 프로젝트 방식의 자기주도식 학습방식, 기술과 학문 간 융합을 반영한 기초역량 습득 등을 강조하고 있다. 특히 기계와 인간의 콜라보레이션을 지원하고 창의적인 일의 변화에 대비할 수 있도록 다양한 교육 내용과 방식을 시도하고 있다. 이러한 교육혁신은 아직 공교육 전반으로 확대되지는 못했으나 향후 기술변화에 대응한 인재양성의 방식으로 다양한 실험이 이루어진다는 점에서 그 의의를 찾을 수 있다.[8]

이를테면 온라인 교육으로 중고등학교 학생들의 수학교육에서 시작한 칸아카데미Kahn Academy는 장소와 시간을 극복하고 소외된 지역까지 양질의 교육 콘텐츠를 제공하고 있다. 또한 무크Mook 사이트는 대학 강의를 온라인으로 수강하도록 하여 전문교육이 물리적 교실을 벗어나고 있다.

2013년에 구글 직원인 맥스 벤틸라가 설립한 알트스쿨Alt School은 유치원에서 8학년까지 엔지니어와 교육전문가의 협업 플랫폼을 구축하고 전인교육을 실시하고 있다. 알트스쿨은 학생 개인의 필요와 능력에 따라 개인 맞춤형 교육프로그램을 설계하도록 허용하고 있다. 기존의 교육은 획일적이고 교육 콘텐츠에 대한 선택권을 학생에게 제한적으로만 허용했다. 반면 알트스쿨은 학생이 자신의 적성과 능력에 맞추어 유연하게 교과를 구성하고 스스로의 일정에 따라 학습할 수 있는 환경을 제공하고 있다.

2011년에 설립된 미네르바스쿨Minerva School은 하버드대학보다 높은 입학경쟁률을 기록하고 있어 미래 대학의 대안적 교육 시스템으로 실험되고 있다. 전 수업이 온라인으로 이루어진다는 점 외에 교육방식 자체가 토론, 협업, 프로젝트 형식으로 진행되며 100% 기숙사 생활로 세계 주요 도시를 돌면서 수업이 이루어지는 특징이 있다. 전공 역시 융합형으로 설계가 가능하고 입학시험을 따로 요구하지 않고 30분가량의 에세이만 제출하면 된다. 입학생의 자질로서는 호기심, 자기주도성, 협업능력의 세 가지가 요구되고 있을 뿐이다.

세상의 변화에 맞게 대학교육을 개혁한 대표적인 곳이 홍콩이다. 한국과 유사한 교육환경을 가졌던 홍콩이 2000년부터 전면적인 교육개혁을 실시하여 2012년 대학에 처음 입학하는 1학년생부터 다양한 역량을 갖추도록 한 점은 한국에 좋은 시사점을 주고 있다.[9] 홍콩은 초중등 교육에 선택과목의 범위를 확대하고 수능을 자격고사로 전환하고 대학입시를 대학 자율에 맡기는 정책을 실행했다. 수업 방식 역시 토론, 실습, 체험형 수업을 확대하고 수행평가 방식을 개선하여 피드백과 학습에 대한 자기성찰의 기회를 증가시키는 조처를 했다.

▬▬▬ 맺음말: 중고령인력의 경험과 숙련이 축적되는 시스템 구축이 필요하다

4차 산업혁명이 급속히 진행되면서 대량의 실업이나 직업 소멸이 일어날 것이라는 비관적 예측이 있다. 하지만 한편으로 기술진보가 실제로 사회적 합의를 거쳐 서서히 진행되리란 예측도 있다. 지금까지의 과거 역사를 보면 기술진보는 새로운 일자리를 만들고 근로자의 생산성을 한 단계 높이는 계기를 제공했다. 향후 기술혁신이 진행된다 하더라도 기업과 근로자는 노동 배제적으로 실업을 유발하지 않고 오히려 사회 전체의 생산성과 고용을 노동친화적 방향으로 끌어울리도록 노력해야 할 것이다.

특히 중고령인력은 기술진보에 취약하겠지만 오랜 경험과 숙련을 다음세대에 전달하는 노력은 값진 것이다. 이번 장에서는 중고령인력의 역량 제고와 숙련활용에 대해 다양한 제안을 하고 있다. 이들 제안은 크게 네 가지의 방향으로 요약될 수 있다.

첫째, 고령화가 빠르게 진행되면 중고령인력의 직무전환을 지원할 인프라를 구축해야 한다. 고령화와 기술변화가 동시에 진행되는 상황에서 기업은 임금 및 직급체계를 혁신하고 인력을 재교육하는 프로세스를 정립해야 한다. 먼저 직무급이나 역할급과 같이 중고령인력의 고임금 문제를 완화할 대안적 임금체계의 혁신이 필요하다. 또한 과거 근속 중심의 인사체계를 혁신해 직무 중심의 인사체계를 도입하고 직무의 변화에 따라 직무전문성 확보를 신속히 진행할 수 있어야 한다.

둘째, 중고령인력의 정신적·신체적 제약을 반영하고 재교육을 위한 기회를 더욱 충분히 제공해야 한다. 또한 중고령인력의 고용계약을 다양화하고 유연하게 체결할 수 있도록 해야 한다. 기업은 일의 시간과 장소적 유연성뿐만 아니라 임금과 고용형태까지 다양화할 수 있는 고용계약의 개별화를 통해 중고령인력의 개별적인 상황을 수용할 수 있어야 한다. 다만 고용계약의 개별화가 고용차별이나 저임금 근로로 악용되어서는 안 되며 사회적 합의를 거쳐 친노동적 해법을 발견해 나가야 할 것이다.

셋째, 기술진보로 직무의 내용이 변화될수록 중고령인력에 대한 경력관리를 유연하고 효과적으로 구축해야 한다. 수직적 경력보다는 격자형 경력을 구축하고 재교육 기회를 줘 근로자가 필요한 직무로 신속히 이동하도록 경력시스템과 교육훈련 투자를 강화해야 한다. 매스 커리어 커스터마이제이션과 일본의 생애경력지원제도는 이런 취지를 반영하는 하나의 사례라 볼 수 있다.

넷째, 장기적으로 기업이 우수한 인력을 확보하기 위해서는 자체의 직무교육만으로는 부족할 것이다. 사회 전체의 공교육 시스템이 기술진보에 적합하게 혁신되도록 기업 역시 적극적인 기여를 해야 한다. 우수 인력의 수준은 교육 시스템의 질적 혁신에 의존하는 것임으로 기업과 대학이 산학협력적 고리를 더욱 강화해 새로운 교육모델을 제공할 필요가 있다.

인구감소와 노동력 부족의 시대가 다가오면 젊은 세대나 나이 든 세대나 모두 각자의 역할을 효과적으로 수행해야 한다. 중고령근로자의 숙련이 다음 세대에 전달되면서 새로운 지식과 숙련의 구축이 가속화될 수 있는 시스템을 구축해야 한다.

4장

—

고령화 시대 고효율과
혁신을 통한 조직활력 제고

—

김광현

고려대학교 경영대학 교수 · SK-수펙스 리서치 펠로우SUPEX Research Fellow

서강대학교 경영대학에서 학사학위를 받았다. 미국 일리노이대학교에서 인사·노사관계로 석사학위를 받았고 텍사스 A&M 대학교에서 박사학위를 받았다. 『경영학회 저널Academy of Management Journal』 『국제경영학회저널Journal of International Business Studies』 『인사 심리학Personnel Psychology』 『인적자원관리Human Resource Management』 등의 국제 저널에 다수의 논문을 발표했다. 주로 글로벌 인사, 조직문화, 성과관리, 리더십 개발 등에 대해 연구를 하고 있다.

　우리나라의 인구 고령화는 세계에서 유례를 찾아보기 어려울 정도로 빨리 진행되고 있다. 1980년 145만 명이던 65세 이상 고령인구는 2010년 545만 명을 넘었다. 현재의 저출산 추세가 계속 이어진다면 2016년 기준으로 15~64세에 해당하는 3,700만 명의 생산가능인구가 2030년 이후에는 2,800만 명 이하로 줄어든다고 한다. 2026년에는 전체 인구의 20%인 고령인구가 2040년에는 1,650만 명으로 증가해 급기야 2050년에는 세계에서 두 번째로 고령인구 비율이 높은 나라가 되는 것이다.

　고령화 시대로 급속히 진입하면서 생산 및 고용 구조 변화뿐만 아니라 기업의 인력운영과 조직관리에서도 많은 변화가 있을 것으로 예상된다. 연공 중심 인사관리에 기반을 둔 많은 국내 기업들의 경우 고령화는 구성원의 고직급화와 전체 인건비 부담의 증가를 유발

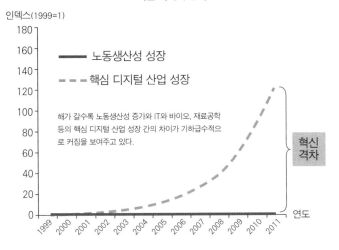

혁신 격차의 증가

인덱스(1999=1)

━━━ 노동생산성 성장

╴╴╴ 핵심 디지털 산업 성장

해가 갈수록 노동생산성 증가와 IT와 바이오, 재료공학 등의 핵심 디지털 산업 성장 간의 차이가 기하급수적으로 커짐을 보여주고 있다.

혁신 격차

연도

1999 2000 2001 2002 2003 2004 2005 2006 2007 2008 2009 2010 2011

한다. 근로자의 노화로 인한 신체적, 인지적 능력의 저하와 그에 따른 생산성 감소도 문제다. 앞의 1장에서 논의된 것처럼 다른 OECD 국가들에 비해 특히 우리나라 40대 중반 이후 인력들의 역량 부족에 따른 중고령인력들의 생산성 하락은 적어도 단기적인 측면에서는 불가피해 보인다. 인력 고령화와 더불어 기술 혁신으로 인한 인력의 대체효과나 혁신의 격차innovation gap – 노동생산성 증가와 IT와 바이오, 재료공학 등의 핵심 디지털 산업 성장 간의 차이 – 등도 점점 커지고 있어 인력운용과 조직관리와 관련한 고민을 깊게 만든다.[1]

중고령근로자들은 조직변화와 혁신 추구에서도 수용력이 떨어져 자칫하면 조직활력 감소와 함께 조직경쟁력 저하로 연결될 수 있다는 점은 심각한 문제이다. 더욱이 2017년부터 모든 사업장이 60세 정년제도를 시행해야 하는 상황이다. 기업에서는 일할 의지와 능력

장래인구추계²

총인구 및 인구성장률

2.54
1.68
0.99 1.01
0.21 0.53 0.20
−0.12
−0.52 −0.89
−1.03

인구성장률(%)

총인구(만 명)

2870 3528 4081 4509 4818 5101 5261 5283 5105 4743 4302

1965년 1975 1985 1995 2005 2015 2025 2035 2045 2055 2065

생산가능 인구 및 고령인구
단위: 만 명, ( ) 안은 전체인구 대비 비중

3744
(73.4%)

15세~64세

2062
(47.9%)

65세 이상

654

1827

2015년 2065

※중위 추계 기준: 2065년 합계 출산율 1.38명, 기대수명 남자 88.4세·여자 91.6세

이 있는 중고령인력들이 지닌 지식과 기술 그리고 경험을 효과적으로 활용하는 것이 시급하고도 중요한 과제이다.

인구 고령화와 함께 생산가능인구의 급속한 감소도 큰 문제다. 통계청 자료를 보면 2015년 우리나라 15세~64세 인구는 전체 인구의 73.4%를 차지한다. 이 비율은 점점 감소해 2065년에는 전체 인구의 48% 정도로 급속하게 줄어든다. 정책 측면에서 보면 중고령자들을 계속 일하게 하는 것이 저출산과 고령화 문제를 해결하는 가장 확실한 해법이다. 하지만 기업으로서는 인력의 고령화로 인한 비용 증가와 생산성 하락을 극복하면서도 조직활력 제고를 통한 기업경쟁력 강화를 어떻게 해야 할 것인가가 큰 고민이다. 따라서 단기적으로는 기존 인력들의 고령화에 따른 여러 문제에 대한 해법을 고민해야 하며 중장기적으로 중고령인력들이 생산활동에 적극적으로 참여하도록 할 방법에 대한 고민과 방향 제시가 필요하다.

기대수명이 늘어남에 따라 많은 사람이 정신적 만족과 경제적 안정을 위해 더 오랫동안 일하고 싶어한다. 우리나라의 경우 "고령자로 갈수록 경제적 이유에서 일한다."라는 한 설문 결과[3]가 보여주듯이 노후에 대한 불안과 가족 부양에 대한 부담 등의 외재적 동기가 강하다. 하지만 이와 함께 일을 통한 자아실현이나 삶의 의미 발견 또는 사회적 기여 등과 같은 내재적 동기에 기반을 둔 근로욕구 또한 존재하며 이를 추구하는 방식도 다양화해지는 것이 현실이다. 경제적 동기보다 다른 사람들과 관계를 맺으며 사회나 조직에 무엇인가 기여할 수 있다는 것에 일의 가치와 삶의 의미를 두는 경우이다. 하지만 모든 중고령인력들이 예전과 같은 수준의 근로 동기를 여전히 유지하거나 자신이 수행해왔던 직무를 동일한 방식으로 지속하기를 원하는 것은 아니다. 따라서 일할 의지가 없거나 부족한 인력들에게는 다양하고 유연한 퇴직경로를 열어주는 동시에 일할 의지와 역량을 갖춘 중고령인력들을 기업의 효율성 제고와 혁신에 적극 참여할 수 있도록 여러 기회를 제공해줄 필요가 있다.

단기적으로 중고령인력이 비용과 관리 측면에서 기업에 부담될 수 있으나 일할 의사가 있는 유능한 중고령인력들의 인적자본을 효과적으로 활용하는 것은 기업의 성장에 긍정적인 기여를 할 수 있다. 인력 고령화가 생산성과 혁신에 부정적인 영향만 있는 것이 아니고 오히려 기회가 될 수 있다는 것이다.[4] 일본 도요타의 경우, 급속한 고령화로 인한 생산가능인구 감소를 늦추기 위해 사무직과 연구개발인력들에 대해 유연근무제도의 확대를 통해 극복하려고 노력하고 있다.

인력 부족이라는 환경변화에 대응하는 차원에서 중고령인력들을 활용하는 예이다. 이들 중고령인력들의 일에 대한 완벽성 추구, 높은 수준의 근로윤리, 원숙한 대인관계 등은 회사의 성장에 긍정적인 역할을 한다. 더욱이 고령인구 증가로 인한 새로운 제품 및 서비스 시장, 즉 노령인구들을 주 고객으로 하는 의약품, 의료기기 등의 제품, 고령 친화적인 서비스산업 등의 등장과 성장은 새로운 사업기회와 혁신의 기회를 제공한다. 개인의 의지나 역량뿐만 아니라 산업 특성이나 생산기술 그리고 직무성격에 따라 인력 고령화의 부정적인 영향들은 상당히 다를 수 있으며 오히려 차별적 기회 요소가 될 수 있다.

장기 저성장과 인력 고령화 등에서 비롯되는 조직 정체를 극복하고 활력 넘치는 기업 경영을 위해서는 기존 경험과 노하우에 기반을 둔 점진적 개선을 추구하는 고효율exploitation과 장기적 수익 확보를 위해 새로운 역량과 자원을 탐색하는 혁신Exploration을 효과적으로 병행할 수 있는 양손잡이 조직Ambidextrous Organization의 중요성이 날로 증가하고 있다. 이번 장에서는 고령화라는 당면한 도전에 효과적으로 대응하기 위한 기업들의 접근을 동행Accompany, 고령 친화 Age-friendly, 민첩성Agile이라는 세 가지 키워드를 중심으로 논의하고자 한다.

먼저 첫 번째 키워드인 '동행'과 관련해서는 세대와 나이를 초월한 협업과 소통을 통해 중고령인력들이 어떻게 기업의 효율성 제고에 도움이 될 수 있는지를 살펴보고자 한다. 두 번째 키워드인 '고령 친화'에 대해서는 성장잠재력이 매우 높은 고령 친화 시장과 고객에 대

동행 Accompany	• 세대와 나이를 초월한 협업과 소통
고령 친화 Age-friendly	• 시니어 인력의 마켓 센싱과 혁신 아이디어에 기반한 새로운 사업기회 창출
민첩성 Agile	• 인력 수요변동에 민첩하게 대응하기 위한 중고령인력 유연고용

한 중고령인력들의 통찰과 혁신 아이디어들이 기업혁신에 어떻게 기여할 수 있을지를 논의한다. 세 번째 키워드인 '민첩성'을 통해서는 환경변화에 민첩하고 유연하게 대응하기 위한 기업의 전략적 인력 운용차원에서의 중고령인력 활용에 대해 살펴본다. 마지막으로 고령화 시대 고효율과 혁신을 통한 조직활력 제고를 위해 개인, 기업, 그리고 정책적 차원에서의 어떠한 변화와 준비가 이루어져야 하는지를 모색해보고자 한다.

— 동행: 시니어 인력과 동행하기,
   세대와 나이를 초월한 협업과 소통

앞서 언급했듯이 고령화로 인해 관리비용이 증가하거나 중고령인력들이 기업 생산성에 부정적인 영향을 미친다는 것을 부정하기는 어렵다. 무엇보다 노화와 더불어 나타나는 신체적, 인지적 능력의 저하 때문이다. 시력을 예로 들자면 40대 중반부터 수정체가 단단해지고 두꺼워지며 눈을 감고 뜨는 근육의 반응이 느려진다고 한다. 손의 민첩성도 떨어지고 기억력이나 정보처리능력도 떨어진다. 이외에도 여러 신체적 그리고 인지적인 변화가 젊었을 때와 같은 업무능력을 발휘하는 데 장애가 되는 것은 분명하다.

노화에 따른 인지적 기능 저하와 관련해 업무 수행을 위해 실시간으로 정보를 처리하고 저장하는 작업기억 또한 저하가 불가피하다. 하지만 의식적인 노력 없이도 수행 가능한 일을 저장하는 절차기억과 논리적 기능의 저하는 적다고 한다.[5] 예를 들어 정확한 사람이나 사물의 이름을 기억해내는 데는 어려움을 느낄 수 있지만 골프 스윙 같은 경우는 몸에 배어 있어 잊어버리기 어렵다는 것이다. 그런데 작업기억이 일을 수행하는 유일한 혹은 가장 중요한 요소는 아니다. 그리고 나이가 들수록 다른 관련 요소들은 오히려 향상될 수도 있다. 나이가 들며 얻게 되는 맥락에 대한 이해, 정서적 안정이나 원숙함, 인적 네트워킹 능력 등의 상대적 장점들은 노화의 진행에 따른 인지 기능 저하를 상쇄하거나 보완할 수 있다.[6]

일의 의미에 집중하며 업무상의 여러 감정적 갈등에 능숙하게 대처하는 것도 상대적 강점 중 하나가 될 수 있다.[7] 한정된 시간에 아주 생소한 문제를 해결해야 하는 업무에는 다소 한계가 있겠지만 일반적인 업무에서는 연령의 증가가 반드시 업무 수행 능력의 저하를 가져온다고 보기 어렵다. 또한 꾸준히 일한 노년층이 비자발적으로 일을 그만둔 노년층보다 인지능력이 월등히 높고 우울증이 적으며 건강상태도 전반적으로 양호했다는 연구결과도 시사하는 바가 크다.[8]

더욱이 기억에 도움을 줄 만한 단순한 장치나 도구가 일반적인 노화에서 비롯되는 기억력 저하를 효과적으로 극복하도록 도와줄 수 있다.[9] 특히 4차 산업혁명으로 대변되는 사물인터넷, 인공지능, 로봇 등의 기술 발전으로 중고령인력들의 인지적, 신체적 능력 저하로 인한 생산성 감소 문제를 보완하는 데 상당히 많은 도움을 받을 수 있을 것으로 기대된다. 중고령층을 위한 보조기술을 의미하는 제론테크놀러지GeronTechnology, 노인학과 공학의 합성어 발전과 4차 산업혁명과 같은 기술 진보가 고령화와 인구감소 충격을 완화한다는 것이다.[10] 따라서 일할 의지와 역량이 있는 중고령인력들의 업무 생산성이나 조직 기여 가능성에 대해 좀 더 긍정적인 기대를 해볼 만하다.

또한 많은 직무에서 연령보다는 개인적 특성, 직무 성격, 혹은 업무 환경 등의 다양한 요인들이 생산성에 영향을 미칠 수 있기에 특정 분야에서 오랫동안 축적된 중고령인력들의 전문성, 노하우, 그리고 경험을 건설적으로 활용할 수 있다면 생산이나 서비스 활동의 고효율을 가져올 수 있다. 경험이 축적될수록 업무와 관련한 전문지식의 양과 깊이도 증가하고 과거의 실수나 경험에서 터득한 실용적 지혜가 풍부해지고 세상을 바라보는 시야가 넓어질 가능성이 높기 때문이다. 미국의 가정용 건축자재 제조 및 판매업체인 홈디포Home Depot는 매장 직원으로 중고령인력들을 채용하는 것으로 유명하다. 중고령인력들이 소비자들이 요구하는 경험에 근거한 노하우를 갖추고 있어 고객관계에 더 뛰어나고 바람직한 근로 윤리나 공손함까지 갖춰 젊은 인력들에게 좋은 롤모델이 되기에 그렇다는 것이다. 젊은 직원들

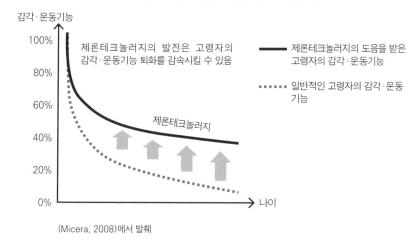

제론테크놀러지 발전에 따른 고령자의 감각·운동기능 저하 감속효과[11]

감각·운동기능

100%

제론테크놀러지의 발전은 고령자의
감각·운동기능 퇴화를 감속시킬 수 있음

80%

60%

제론테크놀러지

40%

20%

0%

나이

제론테크놀러지의 도움을 받은
고령자의 감각·운동기능

일반적인 고령자의 감각·운동
기능

(Micera, 2008)에서 발췌

도 중고령인력들에게 활력에 불어넣을 수 있고 일에 대한 열정을 제공한다는 점에서[12] 상호보완적으로 긍정적인 시너지를 발휘하는 경우가 되겠다.

반도체 산업의 경우를 예를 들어 중고령인력의 효과적 활용을 생각해볼 수도 있다. 반도체 산업 엔지니어의 경우 크게 설계·공정 엔지니어와 제조담당 엔지니어로 나뉜다. 설계·공정 엔지니어들의 경우 차별화된 전자공학 관련 전문 지식과 경험 그리고 통찰력이 제품 설계 및 공정에서 수율 안정화와 불량 제어 노하우에 많은 영향을 미친다. 이러한 지식과 기술들은 경험보다는 높은 수준의 교육을 통해 습득할 수 있다.[13] 반면 제조담당 엔지니어는 흐름 방식으로 생산되는 반도체 라인 내에서 공정의 이상 감지, 양산 설비의 유지 및 변동 범위관리, 최적의 설비 상태 유지 등을 담당하고 있다. 제조담당 엔지니어들의 경우 사업 성과를 크게 높이지는 못하지만 이상 감지나

설비관리를 잘하지 못할 경우 엄청난 손실을 가져올 수 있다. 따라서 이러한 제조담당 엔지니어들의 경우 중고령인력들의 숙련과 경험이 업무의 효율성 향상에 많은 도움이 될 것으로 보인다.

또 다른 예는 자동차산업에서 찾아볼 수 있다. BMW는 근로자가 수행하던 많은 일을 자동화된 로봇이 담당해 효율과 생산성 향상에 기여하고 있다. 상당수 근로자들은 내연기관 자동차의 핵심인 엔진 제작에 투입되고 있다. 엔진 중에서도 고급형 차량일수록 사람의 손길을 필요로 하는 비율이 높다. 많은 작업이 자동화로 대체되긴 했지만 여전히 장인 정신이 필요한 고부가 가치 차량에는 생산현장에서 오랜 숙련을 쌓은 중고령인력들의 휴먼 터치가 필수적이기 때문이다. 벤츠 또한 높은 수준의 품질을 유지하기 위해 사람의 손을 반드시 거쳐야 하는 공정에서는 경험 많은 중고령인력들이 주로 근무한다. 반면 "자동차는 이제 가솔린이 아니라 소프트웨어로 움직인다."라고 얘기될 정도로 중요해진 전장과 관련한 소프트웨어 부문에서는 최신 기술에 능한 주니어 인력들이 배치되어 서로 조화롭게 업무를 분담하여 시너지를 창출하고 있다. 또 다른 예는 몽블랑이다. 기존 필기구의 아날로그 감성을 유지하면서도 디지털 기술의 적극적인 적용을 통해 종이에 필기한 내용을 디지털 기기로 보낼 수 있는 '증강 종이augmented paper'와 같은 혁신을 하고 있다. 중고령의 숙련노동자와 젊은 개발인력 간 기술적 통합과 인적 연계를 통한 협력 덕분이다.

숙련된 기술과 노하우, 암묵지[*], 사회적 경험을 젊은 인력들에게

---

[*] 언어 등의 형식을 갖추어 표현될 수 없는, 경험과 학습에 의해 몸에 쌓인 지식(tacit knowledge)

전수하는 멘토로서의 역할도 중요하다. 조직의 규범과 가치를 잘 알아 새로 채용된 직원에게 효과적으로 전달할 수 있고 직무와 경력에 대한 멘토 역할을 할 수 있기 때문이다. 특히 기존 인력의 이직이나 퇴직이 조직운영에 큰 제약으로 작용할 수 있는 1) 리드 타임이 길거나 예측하기 어려운 사업 2) 제약산업이나 석유개발사업 3) 시장 개발에 20~30년 이상 걸리는 경우 등에서는 특정 경험이나 조직의 역사적 맥락을 이해하는 사람을 대체하기란 쉽지 않다. 프랑스의 타이어 제조업체 미쉐린은 프로젝트 감독 업무를 원활히 수행하기 위해, 지역사회와의 관계 증진을 위해, 또는 세대 간 멘토링 활성화를 위해 은퇴자들을 재채용하기도 한다고 한다.

　트렌드 변화가 빠르고 기술 변화가 많은 사업과 직무 혹은 새롭고 유용한 아이디어나 기술의 창출이 중요한 혁신 조직에서는 주니어 인력들이 중심이 되고 오랫동안의 숙련이나 경험 축적이 필수적이

거나 운영의 연속성과 안정성이 중시되는 고효율 조직에서는 시니어
인력이 중심이 되어 조직의 시너지 창출과 조직활력 제고에 기여하
는 것도 하나의 방법이다.

고령 친화: 시니어 인력의 마켓 센싱과
혁신 아이디어를 통한 새로운 사업기회 창출

미국에서 1946년에서 1964년 사이에 출생한 베이비붐 세대는 현
재 미국 전체 인구의 25%에도 못 미치지만 가처분소득의 70%를 보
유하고 있다. 선진국의 60세 이상 인구가 선진국 소비의 절반 정도를
차지할 정도로 그레이마켓Grey Market이라고 불리는 고령인구를 주
소비자로 하는 새로운 시장의 잠재력은 크다. 특히 중국의 60세 이상

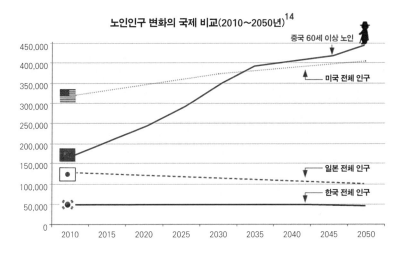

노인인구 변화의 국제 비교(2010~2050년)[14]

고령인구는 2035년경에는 미국 전체 인구를 능가할 것으로 예상되기에 해외 시니어 마켓의 성장성은 가히 폭발적이라 할 수 있다.

우리나라도 예외는 아니다. 베이비부머들의 경우 대중이 상속과 증여에 대해 고민하는 최초의 세대일 만큼 높은 수준의 경제력을 지닌 소비집단으로서의 영향력이 크다. 또한 산업화와 경제 성장을 경험하며 다양한 기술의 발전과 사회변화를 몸소 경험했기에 새롭고 유용한 제품이나 서비스에 대해서도 상당히 개방적이다. 따라서 고령화 시대 인구지형의 특징을 잘 파악하면 새로운 시장개발 또는 혁신의 기회를 만들어낼 수 있다.

이미 많은 제품과 서비스 산업에서 경제력과 소비잠재력이 풍부한 고령인구들을 주된 고객층으로 하는 '시니어 시프트'가 일어나고 있다.[15] 상품 개발부터 마케팅 및 영업 그리고 점포 운영에 이르기까지 제반 사업전략이 고령소비자 공략에 적합하게 바뀌고 있는 것이다.

예를 들어 미국 전기자전거 스타트업 기업인 에벨로Evelo는 자전거 타기에 대한 갈망과 향수는 있지만 페달을 밟는 것이 어려운 고령층들을 대상으로 한 판매에 집중해 성공을 거두었다. 핵가족화로 인해 노년의 헬스케어나 집안 청소 등 기본적인 생활 유지에 도움을 주는 의약품이나 의료기기 등의 제품이나 서비스의 수요도 날로 늘어나고 있다.[16] 아마존은 50세 이상 중고령 소비자를 공략하기 위해 비타민과 혈압계 등의 헬스케어 제품을 주로 판매하는 전용 웹사이트를 만들었다.[17] 유아용 음식을 주로 판매하던 일본 아사히 기업은 단단한 음식 씹기를 힘들어하는 고령층을 위한 식사용 소프트 스프를 개발하기도 했다. 또한 일본 기업들은 노년층들이 교외의 대형 쇼핑몰까지 운전해서 가는 것이 육체적으로 무리인 점에 착안해 노년층을 위한 매장 입지(주거지 근처의 소형마트)와 설계(예를 들면 도중에 휴식을 취할 수 있는 공간 마련, 휠체어가 지나갈 정도의 여유를 가진 통로)로 사업 기회를 넓히고 있다고 한다.[18]

고령화 사회 니즈를 적극적으로 반영하고 있는 예는 다른 여러 산업에서도 찾아볼 수 있다. 은행업계는 중고령자들의 은퇴가 가까워짐에 따라 저축성의 무츄얼펀드나 모기지 상품보다는 연금 상품 판매에 더 많은 중점을 두고 있다. 미국 상업은행 뱅크 오브 아메리카 Bank of America는 '시니어 어드밴티지'라는 상품을 통해 큰 글자로 만들어진 인쇄물, 중요한 은행서류를 고객에게 읽어주는 서비스, 자산관리 등에 더 많은 신경을 쓰고 있다. 자동차 산업에서 운전 용이성과 안전성을 높여주는 기술인 사각 지역 탐지나 자동주차시스템 등도 고령화와 무관하지 않다. 닛산과 포드에서는 노화가 진행됨에 따라 고령 고객들이 겪게 될 관절염, 침침한 시력 등의 여러 육체적 어려움을 어떻게 효과적으로 보완해줄 수 있을지를 연구해 자동차 디자인에 반영하고 있다. 이처럼 이미 우리가 사용하는 많은 제품이나 서비스가 고령인력들의 욕구와 니즈를 설계단계에서부터 적극적으로 고려하고 있다. 특히 고령화는 관련 비즈니스의 서비스화를 가속화하고 있다. 핵가족화로 인해 독립적인 생활을 하는 고령인력들을 대상으로 장보기, 청소, 설거지 등 가벼운 집안일을 서비스하는 패밀리 컨시어지 서비스*가 대표적이다.[19]

노화에 따른 신체변화나 생활 기반이나 가족 구성의 변화에 따른 특정 소비행태 등은 직접 경험하지 않고서는 이해하기 어려운 부분이 있다. 따라서 중고령인력들이 고객들과 같이 나이 들며 경험과 필요를 반영해 새로운 제품이나 서비스를 기획하거나 개발하는 데 경쟁 우위가 있을 수 있다. 또 고령자들에 특화된 고객 경험을 향상시키는 비즈니스 모델의 발굴을 통해 기업가정신을 발휘할 수도 있다. 따라서 고령인력이 자기 완결적으로 사업을 계획하고 영위할 수 있도록 일하는 방식을 구축하고 또 고객의 변화를 신속하게 감지해 사업 기회를 잡아내는 마켓 센싱Market Sensing 감각을 갖추고 주도적 역할을 할 수 있도록 육성하고 활용하는 것이 시급하다.

---

* 원래 프랑스에서 유래된 말로 관리인, 문지기를 뜻했으나 최근에는 일상적인 심부름들을 대행해주는 서비스를 말한다.

민첩성: 인력수요에 민첩한 대응을 위한 중고령인력 유연고용

환경의 불확실성이 높아지고 사업과 조직의 복잡성과 개별성이 늘어남에 따라 갈수록 민첩한 조직, 그리고 유연하고 개방적인 인력운영의 필요성이 커지고 있다. 외부에서 인재를 영입하는 경우는 조직내부에 필요한 지식, 기술, 경험을 갖춘 전문가가 없거나 부족할 때다. 아니면 내부에서 그러한 인재를 육성하기 위해 교육 투자를 하는것이 비효율적이거나 현실적으로 어려울 때다. 사업에 대한 전문적식견, 현장 경험, 다양한 관점, 새로운 시각들을 통해 사업에 대한 통찰과 인적 네트워크의 도움을 얻을 수 있을 뿐 아니라 조직활력 또한높일 수 있기 때문이다. 사업 성과창출에서 매우 중요한, 본원적이지만 개발하기 어려운, 또는 개발하기에 많은 시간과 노력이 요구되는개인적 특성을 갖춘 인재나 빨리 학습하고 창의적으로 활용할 수 있는 인재를 외부에서 적기에 영입하는 것은 매우 중요한 일이다.

경영 환경의 불확실성과 더불어 다양한 고용형태에 대한 니즈가늘어남에 따라 일정 시간 동안에만 프리랜서의 전문지식이나 기술을 활용하는 '프리랜스 이코노미**Freelance Economy**'나 '긱 이코노미**Gig Economy**' 같은 비전통적인 유연한 고용방식을 활용하는 것도 하나의대안이다. 특히 1) 예측 불가능하고 비정기적인 고용 수요가 존재하거나 2) 즉각적인 기술인력에 대한 요구가 있거나 3) 비즈니스를 다른 지역에서 신속하게 확장해야 하거나 4) 기술인력에 대한 수요 판단을 잘못했을 경우 등에서 외부 인력을 어떻게 신속하게 확보하고 유연하게 관리할 것인지가 중요한 이슈가 될 수 있다.

시티뱅크, 맥킨지, 처브 보험Chubb Insurance은 1950년부터 회사 퇴직자를 동문alumni이라고 부르며 그 관계를 잘 유지해오고 있다. 예전에는 주로 퇴직자들이 이직해 근무하는 해당 산업의 동향이나 잠재적 사업기회 창출을 위한 접점으로 활용했지만 요즈음은 퇴직자를 재고용하기 위한 채널로도 많이 활용한다. 동문 포털Alumni portal을 유지하며 회사의 자선활동이나 지역사회 봉사활동 참여의 길도 열어놓으며 회사 인력계획의 핵심 중 하나로 활용하고 있다. 은퇴한 고령인력을 채용하는 것은 여러 장점이 있다. 인력수요 변동에 효과적으로 대처하거나 예상치 못한 프로젝트나 단발성의 노동 수요에 숙련된 인재를 신속하게 바로 투입할 수 있다는 점에서 필요한 인재를 적기에 활용 가능하다. 또한 특정 인력에 대해 비교적 많은 정보를 파악하고 있기에 잘못된 선발 의사결정을 줄일 수 있으며 채용과 교육 훈련 그리고 회사 적응과 관련된 시간과 비용을 줄일 수 있다. 조직문화와 정서를 이해하고 업무 운영 절차에 익숙하기에 다른 직원들과의 협력이나 즉각적인 성과창출에도 효과적이다.

중고령인력을 유연하게 활용하는 방법에는 여러 유형이 있을 수 있다. 미국항공우주국 나사NASA의 경우 고령 과학자들을 상담업무와 시간제 근무에 적극 활용하고 있다. 다국적 종자 기업 몬산토Monsanto에서는 파트타임, 풀타임, 또는 특정한 업무과제 등 형태에 따라 일하기를 원하는 은퇴자의 기술과 역량이 잘 서술된 데이터베이스를 구축했다. 그리고 그 데이터베이스를 기반으로 퇴직인력들을 인력 수요 변동에 효과적으로 활용하면서도 이들의 전문지식을 다른 직원들에게 효과적으로 전수할 수 있는 은퇴자 자원봉사단Retiree Resource Corps 프로그램을 운영하고 있다. 특히 암묵지가 중요한 기업에서는 중고령인력의 퇴직이 상당한 비용 수반을 가져올 수 있다. 더욱이 그 암묵지가 다시 회복되기 어려운 경우도 있다. 따라서 기업에서는 중고령인력들이 보유한 인적자본의 전략적 활용이 필요하다. 또 다른 유형은 독립된 프로그램을 만들어 중고령인력들을 활용하는 것이다. 피앤지Proctor & Gamble, 일라이릴리Eli Lilly, 보잉은 2003년에 유어앙코르YourEncore라는 회사를 설립했다. 은퇴한 생명과학자와 소비재 산업 전문가들을 온라인 데이터베이스로 구축한 뒤 필요할 때 은퇴 시점의 급여 수준으로 재고용하거나 단기 연구개발R&D 계약 등을 맺는 것이다. 시그나Cigna의 경우도 지난 20년 동안 은퇴자를 재고용하는 앙코르Encore 프로그램을 시행하고 있다. 미국 대형 약국 체인인 CVS도 참고할 만한 유연고용 유형이다. 매년 겨울 은퇴자들이 따뜻한 플로리다로 이주함에 따라 약국 서비스에 대한 수요가 일시적으로 늘어난다. 겨울이 지나고 원래 거주하던 곳의 날씨가 따뜻해져 은퇴자들이 플로리다를 떠나면 약국 서비스에 대한 수요가 다시 줄어든다. 이에 CVS는 스노우버딩Snowbirding이라는 피한객 프로그램을 통해 고령인력들을 파트타임으로 고용해 일시적인 인력수요를 감당하고 있다.

피앤지Proctor & Gamble, 일라이릴리Eli Lilly, 보잉은 2003년에 유어앙코르YourEncore라는 회사를 설립했다. 은퇴한 생명과학자와 소비재 산업 전문가들을 온라인 데이터베이스로 구축한 뒤 필요할 때 은퇴 시점의 급여 수준으로 재고용하거나 단기 연구개발R&D 계약 등을 맺는 것이다.

3A 실천을 위한 혁신 방안

지금까지 3A인 동행Accompany, 고령 친화Age-friendly, 그리고 민첩성Agile이라는 키워드를 중심으로 중고령인력들의 조직활력을 높이는 방법을 논의했다. 서두에서도 언급했듯이 이러한 논의들은 주로 일할 의지와 역량을 동시에 갖춘 중고령인력들에 초점이 맞추어졌다는 점을 유념해야 한다. 따라서 일할 의지가 부족하거나 필요한 역량을 제대로 갖추지 못한 중고령인력들에 대해서는 여러 퇴직 경로를 열어주는 것이 필요하다. 또한 일할 의지는 있지만 역량이 부족하거나 시대나 기술 등의 구조적 변화에 따라 역량이 저하된 인력들에게는 적절한 교육과 훈련 등이 제공되어야 할 것이다.

세 가지 다른 접근법의 적용이나 활용은 산업이나 직무 특성에 따라 많이 달라질 수 있음도 염두에 두어야 한다. 예를 들어 기술 발전이 빠르고 인적자본의 노후화가 심각한 곳은 유연 고용에 기반을 둔 중고령인력 활용이 중요하고 업무 상호의존성이 높고 행동과 성과의 인과관계causality가 낮은 직무는 세대와 나이를 초월한 협업과 소통을 어떻게 극대화할 것인지를 고민하는 것이 더 중요하고 시급하다. 지금부터는 채용, 고용유지, 승진 등 능력과 조직 기여에 따라 이루어지는 제반 인사관리(예를 들어 채용, 고용유지, 승진 등) 접근을 기초로 앞서 논의된 동행Accompany, 고령 친화Age-friendly, 민첩성Agile을 통한 고효율과 혁신을 추구하는 데 필요한 여러 방안에 대해 개인의 인식과 태도 변화뿐만 아니라 개별 기업과 사회적 차원에서 어떠한 제도적인 기반 구축과 업무 환경 조성 등이 필요한지 살펴보도록 한다.

유연한 경력 경로를 개발하고 제시하라

사람들의 일과 관련한 니즈와 기대는 생애 주기에 따라 달라질 수 있다. 대부분 학교 졸업 후 직무 경험이 없는 상태에서 작은 책임을 가지는 일을 시작해 경력개발, 진전, 그리고 업무에서의 인정을 추구한다. 중간 커리어에서는 경력개발과 업무에서의 인정에 대한 욕구가 어느 정도 충족되고 가족 부양에 대한 의무로 금전이나 안정성에 대한 많은 관심이 생기게 된다. 커리어의 마지막 단계에서는 이전의 니즈들이 대부분 충족되어 다른 곳에 관심을 돌리게 된다. 한편 기업 입장에서도 경영 환경의 변화와 사업전략에 따라 새로운 직무 유형이나 형태가 나타날 수 있기에 미리 미래 인력 수요를 예측한 뒤 구성원들과의 합의와 조정을 통해 전략적으로 접근할 필요가 있다. 따라서 전통적인 성장 지향적 수직적 경력 경로만으로는 구성원들에게 동기부여를 줄 수 없을 뿐만 아니라 조직차원에서의 인력운용에도 여러 어려움이 있다.

특정 세대의 기대와 기술의 발전으로 인해 이들에게 의미 있는 경력 선택 기회를 제공하면서도 기업의 니즈를 효과적으로 충족시킬 방안으로 매스 커리어 커스터마이제이션**MCC, Mass Career Customization**은 하나의 좋은 대안이 될 수 있다. 개인경력의 네 가지 측면인 경력개발의 속도, 업무강도, 업무장소·일정, 조직 내 역할에 초점을 맞추어 회사와 직원이 개개인의 요구에 맞춘 유연한 경력 경로를 개발하기 위해 지속적으로 협력하는 것이다. 경력개발 속도와 관련해서는 일의 책임과 권한을 얼마나 빨리 늘릴 것이냐 아니면 천천히 할 것이냐를 조절하고 업무강도와 관련해 업무의 강도를 어떻게 조절할 것이냐의 선택을 조절할 수 있다는 것이다. 또한 업무장소와 일정도 얼마만큼의 유연성을 가질 것인지, 역할과 관련해 조직 리더로 성장할 것인지, 아니면 특정 업무 전문가로 남을 것인가도 개인에 따라 맞춤화할 수 있다는 것이다. 현재 일어나는 인력구성 변화와 개인욕구의 다양성을 수용해 관리자와 직원이 정기적으로 만나 특정 시점

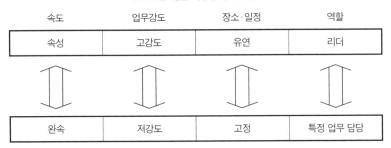

MCC를 위한 직무설계의 차원

속도	업무강도	장소·일정	역할
속성	고강도	유연	리더
⇕	⇕	⇕	⇕
완속	저강도	고정	특정 업무 담당

의 경력 목표를 반영해 경력개발의 속도, 업무강도, 업무장소와 일정, 그리고 조직 내 역할을 조정하는 접근법이다.

딜로이트의 보고서를 보면 이러한 접근을 통해 구성원들의 경력-생애 적합만족도와 사기를 높일 수 있었고 이직률 감소에도 상당한 도움이 되었다고 한다. 인재 유지를 통한 비용 감소에 더해 고객서비스 기준을 계속 유지해 생산성 측면에서도 향상이 있었다고 한다.[20] 이러한 접근법의 고려와 함께 내부 경력 시장의 활성화를 통해 직무 전환 가능성과 개방성을 확보할 필요가 있다. 조기 은퇴나 취업과 은퇴를 반복하는 수시은퇴 혹은 업무의 양과 강도를 서서히 줄이는 단계적 혹은 점진적 은퇴 등의 유연 은퇴의 활성화도 동시에 논의해 활용할 필요가 있다. 그러기 위해서는 일할 의지와 역량을 갖춘 중고령 인력들의 고용안정성을 해치지 않으면서도 기업 경쟁력을 향상시킬 방법들에 대한 개별기업들의 고민과 함께 좀 더 이동성이 강한 노동시장을 위해서는 정부 차원에서 사회안전망을 강화하는 정책들의 입안과 시행이 필수적이다.

중고령인력에 특화된 동기부여 방안을 모색하라

중고령인력들의 업무가치와 경험이 존중받을 수 있도록 동기부여하는 방안들이 현실적이면서도 효과적으로 모색되어야 한다. 무엇보다 중고령인력들의 직무에 대한 자부심과 애착을 높이기 위해서는 승진하지 못하면 도태되거나 무능력한 사람으로 낙인 찍히는 것이 아니라 각자 독특한 자질과 역량에 따라 근무하며 전문성과 경험을 인정받을 수 있도록 직무와 경력의 개념을 명확하게 정립해 제시해야 한다. 특정업무 전문가와 관리자 양성을 별도로 구분해 조직장에 적합한 인력만 승진을 통해 조직관리를 맡게 해야 한다. 그럼으로써 현재 직무의 전문성을 키우며 회사에 기여하고 싶어하는 사람들을 "나이가 들면 관리자로서 역할을 해야 한다"는 스트레스와 압박에서 벗어날 수 있게 해주어야 한다. 이를 위해서는 개별 직무가치, 성과관리, 보상 수준에 대해 사업환경과 조직맥락을 고려한 전면적인 검토가 필요하며 능력과 기여도에 따른 채용, 고용유지, 승진 등에서 직무 중심의 인사관리가 이루어져야 한다.

선진국의 연구와 조사 결과에 따르면 중고령인력들은 경력의 거의 마지막 단계에 있기에 금전적 동기보다는 다른 사람들과 상호작용하며 사회나 조직에 무엇인가 기여할 수 있는 데서 일의 가치와 의미를 찾는 경우가 많다고 한다. 하지만 우리나라의 경우 노후자금이나 은퇴소득의 부족이나 경제생활에 대한 불안감 그리고 자녀 지원에 대한 부담이나 염려가 커 경력의 마지막 단계에서도 금전적 보상 등의 외재적 동기가 상당히 강한 것으로 나타난다. 따라서 중고령인력들의 예상 은퇴소득이나 금전적 여유에 따라 금전적 보상의 효과가 달라질 수 있기에 효과적인 동기부여 방안을 마련해야 한다. 예를 들어 고령인력들의 나이를 고려해 손주들 대학등록금 보조 등을 하는 것도 현실적인 유인책의 하나가 될 수 있다. 이와 동시에 직무에 대한 관심과 애착을 높이고 자기주도적으로 업무를 추진할 수 있도록 의사결정에 참여시키고 임파워하는 등 업무 환경 조성을 통한 동기부여와 함께 조직기여를 인정하는 심리적이고 내재적인 보상을 적극적으로 활용할 필요가 있다.

구성원들의 인식 변화와 조직문화 변화를 시도하라

고령화 시대 기업 내 조직활력을 높이기 위해서는 무엇보다 개인들의 인식전환과 조직문화 변화가 필수적이다. 중고령인력들이 구직시장에 해를 입히거나 젊은 인력의 노동시장 진입을 가로막고 경력 사다리를 오르지 못하게 하는 회색 천장grey ceiling을 만든다는 선입견이 존재한다. 또한 관리자들은 중고령인력들이 좋은 직원이었다면 진작에 승진했을 것이라 단정하고 낮은 고과를 주는 경향이 있다.[21] 하지만 연구 결과 등을 보면 상사들의 주관적 평가가 배제하고 보면 역량에 따른 업무 수행 능력에는 차이가 없다고 한다.[22] 잘못된 편견이다. 또한 중고령인력의 낮은 성과는 개인적인 능력이나 특성 탓으로 돌리고 교육훈련을 해결방안으로 제시하지 않는 것도 문제다.[23]

젊은 상사들은 나이 많은 부하들이 자신들을 제대로 인정해주지 않고 받아들이지 않으리라고 생각한다.[24] 반면 중고령인력들은 회사에 충성했지만 자신들의 연륜과 경험을 제대로 인정받고 보상받지 못한다고 좌절한다. 중고령인력들도 세대 간의 일에 대한 다른 의미, 직장 내 인간관계에 대한 다른 기대 때문에 발생할 여러 갈등을 어떻게 해결해 젊은 세대들에게 활력을 제공할 것인가를 고민해야 한다. 서로 간에 이해 부족으로 비롯된 잘못된 인식이나 중고령인력 차별을 넘어 서로의 전문성과 경험을 인정하며 상호 존중하는 조직문화 조성이 필요하다.

특히 불편한 관계에 놓일 수 있는 젊은 상사와 연상의 부하들을 위해 개인적인 차원에서는 존중과 배려가 그리고 조직차원에서는 효과적인 상호 이해 증진 프로그램 개발과 활용이 필요하다. 예전에는 상사가 해당 비즈니스나 산업에서 오랜 경험이 있었고 이러한 경험이 권위의 기초가 됐다. 그러나 젊은 상사의 경우 경험이 부족하기에 이러한 권위에 기반을 둔 리더십을 발휘하기에는 한계가 있다. 따라서 무엇보다 과거 직급, 근속, 나이에 근거한 수직적 리더십에서 권한 중심 리더십으로의 전환이 필요하다. 또 조직 내 원활한 소통과 효과적인 의사결정을 위해 구성원들의 자유로운 의견 개진과 다양한 입장의 존중이 요구된다. 미국의 군 조직에서는 그러한 문제를 해결하기 위해 일선 소대장인 젊은 중위들과 연상의 부사관을 대상으로 리더십 파트너십 프로그램을 공식적으로 운영하고 있다. 또한 웨스트 포인트 사관학교에 일선 지휘 경험이 있는 소령과 대위들을 배치해 젊은 소대장과 연상의 부사관이 같이 근무할 때 발생할 여러 이슈에 대한 현명한 대처법과 효과적인 지휘법을 실질적인 지침과 교육을 통해 알려주고 있다. 이러한 프로그램들은 우리 기업에서도 상황에 맞추어 적극적으로 활용할 만하다. 연하 상사와 연상 부하의 관계는 높임말과 낮춤말로 화자 간의 위계를 설정하는 우리의 언어적 특성으로 인해 어려운 관계이기에 그 효과적인 접근법에 대해 많은 고민이 요구된다.

최근 우리 기업들은 호칭의 변화를 통해 소통을 활성화하고 수평적인 조직문화를 지향하고자 하는 움직임이 많다. '님' '매니저' '프로' 등의 수평적 호칭은 개인 간 자유롭고 원활한 소통에 큰 도움이 되기 때문이다. 소통할 때 이름만 부르는 수평적 호칭은 일종의 약속된 방어기제를 허물 수 있게 되기 때문이다. 다만 직급 호칭을 경험했던 세대와 '님' 호칭을 경험하는 세대가 공존함으로써 비롯되는 어색함과 불편함이 단기적으로는 업무의 효율성을 떨어뜨릴 수 있다는 점에 주의해야 한다. '님' 호칭부터 경험하는 세대는 직급 호칭이 주는 의미와 위계의 긍정적 효과에 대한 이해가 떨어질 수 있다. 반대로 직급 호칭부터 경험한 세대는 '님' 호칭으로 인해 동료나 신입직원들에 대한 반감이나 오해를 부를 수 있다. 또한 나이 차가 많이 나는 동료 직원을 '님'으로만 호칭하기에 불편해 오히려 커뮤니케이션을 피하는 역설도 발생할 수도 있다. 따라서 일괄적인 '님' 호칭 시스템을 운영하기보다는 조직이나 직무 그리고 관계의 특성에 따라 운용의 묘를 살릴 방안의 고민도 필요하겠다.

중고령인력 친화적 근무환경을 조성하라

기업의 생산성 제고를 위해 젊은 세대보다 신체적 활력이 떨어질 수밖에 없는 중고령인력들을 위해 근무환경도 변화해야 한다. 2000년대 중반 BMW는 생산직 근로자들의 평균연령이 10년 안에 39세에서 47세로 급격하게 늘어난다는 사실을 인지해 동년배들보다 작업 속도가 빠른 중고령인력들만으로 구성된 작업팀을 운영했고 그 결과 불량률과 결근일 감소에서 상당한 효과를 보았다고 한다.[25] 이러한 시도들을 통해 중고령인력들의 업무 속도가 주니어 인력들에 비해 느린 이유가 젊은 사람들의 신체조건에 맞춘 작업환경 때문임을 파악하게 되었다. 또한 독일 딘골핑**Dingolfing**에 최적의 인체공학 기준을 적용한 공장을 설립하고 50세 이상의 근로자들을 배치했다. 노화로 신체적 능력이 다소 떨어지는 사람들도 자기 체형에 맞는 작업대와 설비를 갖춘 환경에서 일하도록 함으로써 생산성 향상[26] 효과를 보았다고 한다. 따라서 중고령인력들이 업무에 집중하며 고성과를 창출할 수 있는 근무환경을 조성해야 한다. 산업현장에서의 안전을 위한 중고령자 친화적 근무환경 구축도 중요한 문제이다. 중고령인력은 현장 경험이 많아 사고를 피하는 방법을 터득하고 있어 젊은 인력들에 비해 일반적으로 낮은 사고율과 부상률을 보인다. 하지만 일단 사고가 발생하면 부상의 정도가 훨씬 크다.[27]

비단 작업장 중심의 생산현장뿐만 아니라 사무공간에서도 고령 친화적 근무환경을 조성할 필요가 있다. 중고령인력들의 니즈와 신체

최적의 인체공학 기준을 적용한 BMW 딘골핑Dingolfing 공장.

적 특성을 고려해 업무 속도를 개인별로 맞춤화하고 유연 근무시간을 폭넓게 활용하는 것이다. 또한 신체적 무리가 가지 않도록 업무 동선의 효율적 설계와 신체적·감각적 기능 저하를 보완할 수 있는 사용자 친화적이고 중고령자에 적합한 인체공학적인 기술들을 적극 활용할 수도 있겠다. 예를 들어 사무실 내 눈부심을 방지하는 조명이나 여러 글자나 표식들의 크기를 키우는 것도 한 방법이 되겠다. 또한 원활한 혈액순환을 위해 스탠드 워크 등을 활용하고 정신적 어려움이나 스트레스 극복을 위한 카운셀링 등의 도움들도 필요하다.

중고령자 친화적 근무환경이 조성된 현장.[28]

중고령인력의 역량을 개발하고 육성하라

일할 의지가 있으나 역량이 부족하거나 시대의 변화나 기술의 발전에 따라 경쟁력이 떨어진 중고령인력들을 대상으로 교육훈련 프로그램을 강화해야 한다. 중고력인력들이 새로운 지식과 기술을 효과적으로 습득하게 하고 직무몰입 증진과 함께 조직에 효과적으로 기여할 수 있는 여러 방안을 강구하는 것이 시급하다. 기업 차원에서 미래 수요가 높을 직무와 직종을 예측해 관련 인력 수요에 맞춰 선제적으로 인력을 육성하는 방안도 하나의 대안이 될 수 있다. 또 중고령인력들을 대상으로 여러 분야에 걸친 능력을 갖춰 예기치 못한 변화에도 유연하게 대처할 수 있도록 장기적인 경력 개발을 시키는 것도 하나의 방법일 수 있다. 독일 지멘스는 중고령인력들을 대상으로 '컴파스 프로세스Compass Process'라는 역량 개발 프로그램을 도입해 자신의 능력과 위치를 파악하도록 해 역량 개발과 육성에 연계하고 있다. 중고령인력들이 혁신 활동에 좀 더 주체적인 역할을 할 수 있도록 젊을 때부터 스스로 판단하고 문제를 해결하는 방법들을 훈련시켜야 하다. 또한 전문성과 팀워크를 갖추면서도 업무주도성을 가지고 혁신을 이루어낼 수 있는 역량개발 프로그램도 필요하다.

개별 기업 차원에서 보육문제를 해결하는 데 한계가 있듯이 중고령인력들의 역량 개발 및 육성도 정부나 사회차원에서의 접근과 지원이 필수적이다. 좀 더 많은 중고령인력들이 직업 이동을 성공적으로 할 수 있도록 평생학습기회 같은 노후 일자리를 위한 사회 환경적 인프라를 더 광범위하게 구축해야 한다. 또 중고령인력들을 대상으로 하는 직업훈련(특히 정보기술과 헬스케어 부문) 및 재교육에 대한 접근성 또한 높여야 한다. 미국 행정부는 석탄산업 및 전력부문의 변화로 말미암아 경제 위축이나 일자리 감소 등의 부정적 영향을 받는 지역을 지원하기 위해 부처 간 노력Power Initiative을 한다. 우리도 특정 산업이나 기술의 변화로 인해 직업이나 경력에 있어 상당한 손실을 감내할 수밖에 없는 인력들에 대해 직무전환을 위한 지원 및 육성 프로그램의 개발에 더 많은 관심과 배려가 필요하다.

맺음말: 고효율과 혁신을 동시에 추구하는 조직운영이 필요하다

장기 저성장과 산업 변화의 변곡점에서 생사의 기로에 서 있는 기업들에게 인구고령화로 인한 관리비용 증가와 생산성 감소는 엎친 데 덮친 격이다. 더 심각한 것은 구성원의 고령화는 자칫 조직활력 저하로 이어져 경영 활동에 심각한 부정적인 영향을 줄 수도 있다. 게다가 불확실한 환경하에서 일상화된 변화들을 감지하고 효과적으로 대응하기 위해 자원을 효율적으로 재구성하는 동태적 역량 **dynamic capability**은 날이 갈수록 더 중요해지고 있다. 따라서 고령화 시대에 다양한 사업환경의 변화와 급격한 기술 발전에 적극적으로 대응하면서도 효율성 제고와 혁신을 통한 조직활력 제고는 우리 기업에 시급하면서도 중대한 과제이다.

이번 장에서는 이러한 도전에 대한 기업들의 대응전략으로 동행, 고령 친화, 그리고 민첩성이라는 키워드에 기초한 접근법을 소개했다. 첫 번째 키워드인 '동행'에서는 세대와 나이를 초월한 협업과 소통을 통해 중고령인력들이 어떻게 기업의 효율성 제고에 도움이 될 수 있는지 살펴봤다. 두 번째 키워드인 '고령 친화'에 대해서는 성장 잠재력이 매우 높은 고령 친화 시장과 고객에 대한 중고령인력들의 마켓 센싱과 혁신 아이디어들이 혁신에 어떻게 기여할 수 있을지에 대해 논의했다. 마지막 키워드인 '민첩성'을 통해서는 중고령인력들의 유연 고용을 통해 환경변화와 인력 수요변동에 민첩하고 유연하게 대응하는 방안들에 대해서도 고민했다. 마지막으로 인력 고령화 등에서 비롯되는 조직 정체를 극복하고 기업경영의 운신의 폭을 넓히고 효과성을 높이기 위한 개인, 기업, 그리고 정책차원에서의 변화와 준비에 대해 간략하나마 방향을 제시했다. 부족하나마 이러한 논의들이 고령화 시대 고효율과 혁신을 통한 조직활력 제고에 기반한 기업경쟁력 향상에 도움이 되기를 바란다.

5장
—
고령화 시대의 한국 기업
인사관리 개편 방향
—

이영면
동국대학교 경영대학 교수

연세대학교 경영학과를 졸업했고 서울대학교에서 석사학위를 받았다. 미국 미네소타대학교에서 노사관계·인사관리Industrial Relations로 박사학위를 받았다. 『Industrial Relations』『Journal of Industrial Relations』『China-An International Journal』『경영학연구』『인사조직연구』 등에 다수의 논문을 발표했다.
주요 저서로는 『고용관계론』『직무만족의 의미와 측정』 등이 있고 영문판인 『The Development of Human Resource Management Across Nations』 저술에 참여했으며 영문판 『The Development of Korean Employment and Industrial Relations』의 공동편집인으로 참여하고 있다. 현재 한국윤리경영학회 회장, 한국고용노사관계학회·한국인사조직학회·한국인사관리학회 부회장 등으로 봉사하고 있다.
이메일: youngman@dongguk.edu

K-Management 3.0

이웃 일본 기업들은 소위 단카이 세대라고 하는 베이비붐 세대의 은퇴와 청년 인력의 부족으로 일할 수 있는 사람을 끝까지 붙들거나 일을 그만둔 사람을 다시 불러들여 저출산 고령화에 대응하고 있다. 대졸자들도 일자리를 골라서 가고 있다고 하니 우리와는 많은 차이를 보인다. 일본은 저출산 고령화에 대응하기 위해 1998년에 60세를 정년으로 했다. 현재 65세까지는 일하고 싶다고 하면 내보낼 수 없으며 조만간 65세 정년이 정착될 예정이다.

반면에 우리는 급속하게 고령화가 진행되고 있지만 1955년부터 1963년 사이에 태어난 베이비붐 세대가 은퇴를 연장하고 있다. 거기에 정년 60세가 별다른 준비 없이 급하게 의무화됨에 따라 조직 내 인력들이 고령화되고 있다. 기업들은 경영 환경의 불확실성 증가와 저성장 체제 등으로 대규모 신입사원 채용을 꺼리고 있어서 인력 고령화가 매우 빠른 속도로 진행되고 있다. 이번 장에서는 사회적 차원의 고령화와 정년 연장에 따른 기업 인력의 급속한 고령화 문제에 대해 기업들이 어떻게 대응할 것인가에 초점을 두고 논의를 전개하고자 한다.

60세 정년과 저성장 체제로 기업 인력이 고령화되고 있다

우리나라 전체 근로자의 평균연령은 1999년 40세에 도달한 이후 2015년에는 44.4세로 증가했다.[1] 50세 이상의 취업자 수도 2015년 965만 명으로 20~30대 취업자 수를 넘어섰다. 우리나라 대기업들은 지난 십여 년간 매출액과 같은 외형의 확대에도 불구하고 신규 인력채용에 대해 매우 신중해서 내부 인력이 고령화되는 현상을 보이고 있다. 제조업 생산현장에서 급속한 자동화, 로봇, 인공지능 등의 활용으로 신규 인력 수요가 많이 줄어들어 젊은 인력 채용이 감소하는 것도 기업 인력 고령화의 중요한 원인이다. 예를 들어 현대자동차는 국내 공장 근로자의 평균연령이 47세에 이르고 있다. 거기에다가 우리나라에서는 2013년 정년 60세를 법제화했고 2016년부터 대기업에서 우선적으로 시행했다. 2017년에는 모든 사업장에 예외 없이 시행되고 있다. 그러다 보니 기업 인력의 고령화는 매우 빠른 속도로 진행되고 있다.

기업 인력의 고령화는 강력한 노동조합이 있는 기업에서 더 빠른 속도로 진행되고 있다. 우리나라 노동조합은 주로 공공부문과 민간 부문의 대기업을 중심으로 높은 조직률을 보이고 있다. 노조의 핵심 역할은 임금인상과 고용안정이다. 따라서 노조가 결성된 대기업은 중고령근로자 비율이 상대적으로 높음에도 해고가 어렵고 근로조건도 좋아서 고령화가 더 빠른 속도로 진행되고 있다.

기업 인력 고령화의 구체적인 현상, 원인, 결과는 사무관리직이냐 생산직이냐에 따라 달라질 수 있다. 각각에 대해 살펴보자.

사무관리직에서의 고령화

제조업 분야 대기업의 사무관리직은 신규채용의 축소와 기존 직원의 낮은 이직률로 고령화와 고직급화가 가속되고 있다. 한국경제의 활력 저하로 높은 직급에서 다른 대기업으로 이직할 기회가 많이 줄어들었다. 또 대기업과 중소기업 간의 근로조건 격차 확대로 대기업에서 중소기업으로의 이직도 줄어들었다. 정년이 60세로 법제화된 이후 명예퇴직 등이 상시화되기는 했지만 상당수는 임원 이전의 부장이나 팀장 직급에서 60세 가까이 일하게 될 것이다. 특히 명예퇴직하고 자영업에 뛰어든 선배나 동료 다수가 실패하는 걸 많이 보았기 때문에 사내에서 안정적으로 정년까지 가려는 중고령근로자들이 늘어나는 것이 현실이다.

그런데 대다수의 기업은 연공 중심적인 조직운영을 하면서 근속연수가 높아지면 업무의 변동이 없이도 상위 직급으로 승진했기 때문에 고직급화가 진행되고 있다. 즉 팀 내에서 사원이나 대리의 비중이 줄어들고 차장이나 부장의 비중이 늘어나고 있다. 능력과 상관없이 근속에 따른 승진체계를 운영하는 경우 일하는 인력보다는 관리자들이 더 많이 늘어나서 조직 전체의 능률 하락이 불가피하게 된다. 더욱이 정년 60세 제도화는 인력의 고령화를 더욱 심화시킬 것이고 결과적으로 젊은 인재들의 승진 좌절에 따른 의욕상실은 불가피하게 될 것이다. 물론 이러한 현상에 대응해서 삼성전자는 2017년 상반기에 7단계였던 직원 직급을 4단계로 단순화하고 직원 간의 호칭에 프로, 수석, 님 같은 수평적 호칭을 사용하기로 하는 등 변화를 추진하고 있다. 하지만 아직도 대다수 기업은 전통적인 수직적 관계를 유지하고 있어서 고령화에 대한 대응책 마련이 필요한 시점이다.

생산직에서의 고령화

생산직에서의 고령화는 더 빨리 진행되고 있다. 대기업 생산직은 1980년 후반 노동자대투쟁 시기에 노동조합의 영향력이 강화된 이후 30여 년이 지난 지금까지 계속 유지되고 있다. 노동조합의 보호로 생산직은 사무관리직에서 시행하는 명예퇴직 등을 실행하기가 어렵다. 또 다른 기업으로 이직할 경우 근로조건이 크게 하락하기 때문에 이직률이 매우 낮다. 더욱이 기업들이 퇴직하는 인력을 신규 인력으로 대체하는 대신 자동화나 협력 업체로의 업무 이전을 추진하고 있다.

　인력 고령화에 따른 기업의 부담은 사무 관리직에서보다는 생산직에서 더 크다. 사무 관리직은 연봉제를 도입하면서 호봉제적 임금 인상을 완화했고 생산성 대비 인건비가 큰 근로자들을 명예퇴직 등으로 조정했다. 하지만 대기업 생산직에서는 여전히 호봉제가 유지되고 있고 인력 감축이 더 어렵기 때문이다. 자동차나 석유화학 업종의 대기업들은 대다수가 노동조합 조합원인 생산 현장직에 대해서는 전통적인 연공 중심 임금체계를 적용하고 있다. 이런 부담은 근속연수에 따라 생산성이 잘 올라가지 않는 단순 조립업무나 공장 운영 업무에서 더 크게 나타난다. 생산성은 올라가지 않는데 인건비는 계속 올라가고 고령화로 인해 대부분의 인력이 생산성과는 괴리된 임금을 받아가고 있기 때문이다.

　기업들은 이런 문제를 해결하기 위해 기존의 정규 생산직 인력이 퇴직하는 경우에 새로운 정규직을 채용하는 대신 협력업체로 일감을 넘기거나 도급을 주거나 해외로 생산기지를 이전하기도 한다. 결과적으로는 임금이나 근로조건에서 정규직과 사실상의 비정규직 간에 양극화가 심화되는 측면이 있다. 현대자동차는 지난 20년 동안 국내에 더 이상 생산시설을 확대하지 않고 중국에서 러시아까지 해외에만 공장을 신설하고 있다. 물론 해외에 생산시설을 구축하는 것은 글로벌 시장 상황이나 경쟁사와의 관계 때문이기도 하지만 인건비와 노사관계도 영향을 미치고 있음을 부인하기는 어렵다. 그 결과 현대자동차 국내 공장 근로자의 평균연령은 47세로 베이징 공장 근로자의 27세보다 20세나 높다. 베이징 공장 근로자의 임금은 국내 공장 근로자의 6분의 1 수준이지만 생산성은 두 배 가까이 된다는 보도도 있다.[2] 국내 공장이 국제경쟁력을 갖기 어려운 구조이다. 일본 닛산 자동차 규슈 공장의 생산직 근로자의 평균 연령은 29세이다.[3] 우리 와 비교했을 때 신규인력의 입사가 활발한 것으로 해석할 수 있다.

고령화 시대에 우리에게 맞는 조직운영방식이 요청된다

기업 인력의 고령화가 우리 기업에게 큰 문제가 되는 가장 중요한 이유는 연공 중심의 조직운영방식이다. 생산성은 올라가지 않는데 임금은 계속 올라가고 고직급자의 비율이 높아지면서 직접 일하려는 근로자의 비율이 낮아져 조직의 활력이 떨어진다. 이 문제를 해결하기 위해서는 연공 중심의 조직운영방식에 대한 대대적인 개편이 요구된다. 그렇다면 대안적인 조직운영방식은 무엇일까? 아래에서는 먼저 직무 중심 조직운영방식과 역할 중심 조직운영방식에 대해 살펴본다.

직무 중심 운영방식

우리나라와 일본을 제외한 대부분의 나라에서는 직무 중심으로 조직운영을 해왔다. 기업 설립 초기부터 필요한 직무를 바탕으로 사원을 모집하며 그 기준 직무를 잘 수행했는지를 평가하고 보상하는 것을 직무 중심의 인적자원관리 방식이라고 한다. 조직이 안정적이어서 필요한 직무의 내용과 규모를 예측할 수 있으며 노동시장에서도 직무별로 인력의 수요공급이 이루어지는 경우에 적절한 방식이다.

직무 중심 조직운영방식은 기업이 인력계획을 수립할 때 필요한 직무를 파악하고 그에 대한 수요를 바탕으로 인력을 확보한다. 이를 위해 기업에서 필요로 하는 특정한 직무의 내용 및 책임과 해당 직무를 수행할 사람이 갖추어야 할 지식, 기술, 능력을 분석한다. 이러한 직무분석job analysis을 통해 특정 직무에서 수행하는 과업의 내용이 정리된 결과를 직무기술서job description라고 한다. 그리고 특정 직무를 수행하는 데 요구되는 역량들을 정리한 결과를 직무명세서job specification라고 한다. 그다음에는 특정직무가 기업 내에서 상대적으로 어떠한 위치에 있는지 파악하는데 이 과정을 직무평가job evaluation라고 한다. 그리고 그 직무가 노동시장에서 어느 정도의 화폐적 가치로 인정되는지를 조사하는 과정을 시장조사라고 한다. 기업에서는 시장조사 결과를 바탕으로 실제 어느 정도의 급여를 지급해야 할지 판단하게 된다. 이러한 절차는 매우 합리적이지만 항상 노동시장을 바탕으로 하기 때문에 근로자의 입장을 충분히 고려하지 못한다는 지적을 받기도 한다.

또한 구성원들의 직무내용이 변경되는 경우 직무기술서와 명세서를 바꾸어야 하고 직무가치를 다시 평가해서 급여를 정해야 한다. 경쟁 환경의 급변으로 구성원의 직무내용을 자주 바꾸어야 하는 경우에는 유연성이 떨어진다. 그래서 최근 미국에서는 환경 변화에 유연하게 대응하기 위해 직무등급을 축소하고 동일 직무에 대해 지급하는 급여의 범위를 확대하는 방향으로 움직이고 있다. 그렇게 하면서 동일 직무를 수행하더라도 개인 간 역량과 역할의 가치 차이를 급여에 반영하고 있다. 이러한 유연성 확보 방향을 브로드 밴딩broad banding이라고 한다. 과거의 개별적인 직무등급 여러 개를 통합해 운영하면서 회사의 입장을 반영해 급여수준을 결정하는 방식이다. 브로드 밴딩은 1992년 GE에서 도입하면서 유행하기 시작했다. 당시 GE는 14개 직무등급을 4개의 브로드 밴드로 통합했다.

폭스바겐의 경우 기본적인 임금체계는 직무급인데 1980년대 초반 15~30개 정도의 유사직무를 하나의 직무군으로 묶었다.[4] 2015년 기준으로 22개의 임금등급이 있는데 숙련공의 임금은 8등급으로 시작해 6개월 지나면 9등급, 다시 12개월이 지나면 10등급, 이후 24개월이 지나면 11등급으로 승급한다. 다능공이 되면 12등급으로 승급하며 그중에서 직장이 추천하면 13등급과 14등급으로 승진한다. 여기서는 개인의 능력과 인사고과 결과가 반영된다. 그 이상의 등급에 대해서는 일정한 조건이 충족되는 경우에 한해서 승진하게 된다. '근로시간계좌제' 방식을 이용해서 시장수요가 많을 때 추가급여 지급 없이 근로시간을 저축해 두었다가 수요가 적을 때 급여 삭감 없이 쉼으로써 고용안정과 급여의 안정성을 확보하고 있다.

역할 중심 운영방식

일본 기업들은 오랜 기간에 걸쳐 임금체계 개편을 추진해왔다. 임금체계 개편의 배경은 저성장에 따른 수익대비 총액인건비 관리, 고령화에 따른 연공증가로 인건비 부담 가중, 그리고 성과에 따른 임금지급 방법의 합리화로 정리할 수 있다. 일본은 1960년대 직무급 적용을 시도하다가 근로자가 보유한 직무수행능력을 바탕으로 기본급을 결정하는 방식인 직능급으로 전환했다. 그러나 직능급에서는 직능자격이 계속 추가되어 연공급같이 급여가 계속 올라가고 직무 수행에 사용하지 않는 직능에 대해서도 보상하게 되어 기업의 인건비 부담이 올라갔다. 이 문제를 해결하기 위해 2000년대 들어서 근로자가 수행하는 역할의 가치를 기준으로 보상하는 역할급을 확대해가고 있다. 일본에서의 역할급은 잃어버린 20년의 기간 동안 기업의 성장이 정체되고 수익성이 악화되면서 임금을 희생하는 대신에 일자리를 지키고자 민간 차원에서 자발적으로 도입되었다는 특징이 있다.

일본 임금 전문가인 안희탁 교수는 최근 임금체계 개편의 특징을 다음과 같이 정리하고 있다.[5] 첫째는 직무와 관련이 없는 임금구성 항목의 폐지 내지 축소이다. 연령급이나 가족수당 등이 여기에 속한다. 마쓰다와 혼다는 2003년부터 폐지했고 도요타와 닛산은 2004년부터 연령급을 폐지했다. 소니는 주택수당을 폐지하고 NEC는 배우자수당을 폐지했다. 둘째, 임금의 연공성을 최대한 억제했다는 점이다. 직능자격의 수를 줄이고 자동으로 승격되는 방식을 폐지하고 인사고과를 엄격하게 적용하는 기업들이 증가했다. 셋째, 새로운 임금 제도를 도입했다. 대표적인 것이 목표관리제를 바탕으로 한 성과급 확대와 직무급과 역할급의 확대 적용이다.

도요타자동차는 지난 20여 년간 꾸준히 기능직의 연공적 요소를 줄이고 능력주의를 강화했다. 1989년까지는 기본급과 생산수당만으로 임금을 구성했다. 그러나 1990년에는 직능급을 추가했으며 1994년에는 직능급의 비중을 두 배로 높였다. 기본급은 연공적 성격을 가진 데 비해 직능급은 인사평가 결과에 따라 차등화된다. 1999년에는 기능직도 사무기술직과 마찬가지로 직능기준급과 직능개인급을 새로 도입했다. 2004년에는 아예 연령급을 폐지하고 하위계층에는 숙련급을 도입하고 상위계층에는 역할급을 도입했다. 무려 20여 년간 꾸준히 변화를 추진했다는 점에서 시사점이 크다고 하겠다.

우리에게 적합한 운영방식에 대한 고민이 필요하다

우리나라에서는 사람의 능력, 학력, 경력, 나이 등 속인적 요소를 바탕으로 조직운영을 해왔다. 사업의 구상이나 필요한 인력의 계산에서도 특정 직무보다는 총량 중심으로 규모를 파악하고, 급변하는 업무내용에 신속하고 유연하게 대응할 수 있는 장점을 가진다. 조직관리도 상하관계가 강조되며 직무별 전문화보다는 상황에 따라 근로자가 수행하는 업무가 바뀌는 유연성이 높은 제도이다.

우리 기업들도 과거에 비해서는 직무를 강조해 전문가를 육성하는 경력 경로를 마련하고 있으며 채용, 배치, 평가, 보상에서 직무를 고려하는 인적자원관리로 나아가고 있다. 하지만 전체적인 인적자원관리시스템을 직무 중심으로 구축하기에는 아직 더 많은 시간이 필요하다. 인적자원관리시스템은 기업의 사명이나 경영전략에 따라 영향을 많이 받는데 구체적인 인력계획, 모집 선발 같은 충원과정, 평가와 보상 등 모든 하부 기능들이 직무 중심으로 운영되어야 하기 때문이다. 직무 중심으로 가려면 인력계획이나 충원도 직무 중심, 예를 들어 채용에서부터 인사, 마케팅, 운영과 같이 직무군별로 구분해서 이루어져야 한다. 또 직무가치를 반영한 차별화된 임금수준도 마련되어야 한다. 현재 우리처럼 직무별로 신입사원을 선발하기보다는 대규모 공개채용 후 직무에 배치하고 임금수준도 직무가 아닌 학력이나 근속 등을 반영해 결정하면서 직무급을 갑자기 도입하면 서로 이가 맞물리지 않는 톱니바퀴가 되어서 전체적인 인적자원관리시스템이 제대로 운영되기 어렵다.

직무 중심 조직운영방식이나 역할 중심 조직운영방식을 우리에게 맞게 변형해 사용할 필요가 있다. 인사제도와 조직운영방식은 그 나라의 사회문화, 법, 제도에 의해 크게 영향을 받기 때문이다. 과거에 직무급 도입 실패 사례에서 보듯이 선진국의 인적자원관리체계를 벤치마킹하고 글로벌 컨설팅기업의 표준화된 임금체계나 인적자원관리체계를 그대로 옮기려는 우를 범해서는 안 될 것이다. 우리 식의 조직운영방식을 설계함에서 기본적인 원칙은 다음과 같다. 첫째, 우리 기업의 글로벌 경쟁력을 높일 수 있어야 한다. 그러기 위해서는 구성원들의 업무 의욕을 높이고 역량 개발을 촉진할 수 있어야 하며 기업이 과도한 인건비 부담을 지지 않도록 해야 한다. 둘째, 국내에서 좋은 일자리가 많이 만들어지고 많은 사람이 공정하다고 생각할 수 있도록 설계되어야 한다. 그러기 위해서는 조직의 유연성, 인력 운영의 유연성을 높일 수 있어야 하고 근로자들이 기업을 위해 공헌한 만큼 보상을 받아갈 수 있도록 해야 한다.

▬▬ 직무, 역량, 성과 중심으로 조직운영방식을 바꿔라

고령화 시대에는 근로자들이 더 늦은 나이까지 일하게 된다. 그렇다고 해서 꼭 한 기업에서 일할 것이라고 전제할 필요는 없다. 우리나라 근로자의 평균 근속연수가 OECD 회원국 중에서 가장 짧지만 고용이 안정된 공공부문이나 유 노조 대기업의 경우 다수의 정규직 근로자들은 해당 기업에서 더 오랜 시간 일할 가능성이 커진다. 또한 자동화나 인공지능 등의 기술 발전으로 업무 수행에 따른 체력적 부담이 줄어듦에 따라 더 많은 나이에도 일할 수 있게 되었다. 여기에 정년연령의 연장이나 노후준비 부족 등과 같은 이유도 중고령근로자의 증가를 가져온다.

하지만 기업 간 경쟁의 심화, 기술 발전으로 인한 전문성의 지속성 단축, 연공을 반영한 인건비 비중의 증가 등으로 현재와 같은 상태라면 기존 기업이 중고령근로자에게 안정적인 일자리를 지속적으로 제공하기는 어려워진다. 이런 상황에서 근로자들이 고용 안정성을 확보하는 최선의 방법은 지속적인 자기계발이다. 따라서 근로자들은 자기계발이 고용 유지의 핵심요인으로 작용하게 됨을 이해하고 노력할 필요가 있다.

그렇다면 기업은 고령화 시대에 인력관리 방향을 어떻게 설정해야 할까? 필자는 먼저 조직 및 직무 재설계와 임금체계 개편을 제안한다. 첫째, 기업을 움직이는 기본 틀인 조직과 직무를 재설계해야 한다. 둘째, 근로자들이 기업에 기여한 만큼 보상받을 수 있도록 직무, 역량, 성과 중심으로 임금체계를 개편해야 한다. 이런 두 가지 틀 속에서 근로자의 회사에 대한 공헌도를 높일 수 있도록 세 가지를 제시한다. 개인은 직무가 요구하는 능력을 보유하고 있고 자신의 능력을 발휘할 수 있는 기회가 있고 열심히 일할 때 높은 성과를 낼 수 있다. 따라서 첫째, 중고령근로자의 역량 개발에 대한 투자를 확대한다. 둘째, 근로자가 더 많은 가치를 창출할 기회를 제공한다. 셋째, 열심히 일하고자 하는 동기를 부여해야 한다고 제안한다. 구체적인 내용을 살펴보자.

고령화 시대에 맞게 조직과 직무를 재설계하라

우리 기업은 그동안 사람 중심으로 조직을 운영해왔다. 조직 구조를 짜고 직무와 작업시간을 설계하고 거기에 맞추어 해당 직무를 수행할 역량을 갖춘 사람을 채용하고 배치하는 방식이 아니었다. 근로자의 나이와 직급에 맞추어 조직 구조도 바꾸고 수행하는 업무도 바꾸는 방식이었다. 그러다 보니 계층이 많은 수직적이고 위계적인 구조를 사용했고 근로자를 전문가로 키우기보다는 회사의 필요에 따라 다양한 분야에 배치 전환해 제너럴리스트로 키웠다. 하지만 이제는 고령화로 인해 직급 승진을 계속시킬 수 없는 상황이기 때문에 직무 중심 조직운영을 접목시킬 필요가 있다.

직급을 축소하고 직책 중심으로 조직을 운영하라

조직 유연성 제고와 구성원들의 역량 활용을 위해 수직적이고 위계적인 조직을 수평적 조직으로 전환해야 한다. 그러기 위해서는 먼저 조직문화와 의식변화가 필요하다. 물론 우리나라는 오랫동안 장유유서와 같은 유교문화에 속해왔기 때문에 일상생활과는 별도로 조직문화를 수평적으로 바꾸기가 쉽지 않을 수 있다. 하지만 이제 개인적인 사적 관계가 아니라 공적인 관계에서는 나이나 근속연수가 아닌 능력과 직급에 따라 위계질서를 만들어갈 필요가 있다. 더 나아가서는 고정적인 위계질서가 아니라 업무에 따라서 지시자와 수행자가 달라질 수 있는 유연한 의사결정 구조도 도입할 수 있을 것이다.

직책 중심의 조직운영에서는 직급 단계를 축소하고 직책 중심으로 운영함으로써 고직급화로 인해 발생하는 문제를 완화할 수 있다. 고령자가 늘어가는 상황에서 근속연수에 따른 자동승급제도는 결국 고직급자가 다수인 항아리형 직급구조를 만들게 된다. 따라서 직급 단계를 축소하고 직급상승의 조건을 좀 더 엄격하게 할 필요가 있다. 또한 직급에 상관없이 직책에 따라 업무를 수행하는 것도 방법이다. 프로젝트나 해당 업무별로 상사가 결정되는 방식이다.

정기직급승진제도를 폐지하고 직책승진을 활용하라

고령화 시대가 되면 승진은 더욱 어려운 과제가 된다. 저성장 시대를 맞아 기업의 성장 속도는 느려지고 인력 적체는 심해지기 때문이다. 몇 가지 방안을 생각해볼 수 있다. 첫째, 일방적인 승진만이 아니라 직급 피크제를 도입하는 방법이다. 우리에게 익숙한 임금피크제만이 아니라 직급 피크제를 적용해 특정시기 이후에는 직급을 하향하는 것을 제도화하는 것이다. 처음에는 어색하지만 문화로 자리 잡는다면 자연스러운 변화로 인식하게 될 것이다. 특히 정년 60세 제도 도입 이후 사무관리직 중고령근로자들이 퇴직보다는 근속을 희망한다. 따라서 수년간 늘어나는 근속 기간에 대해서 직급 피크제를 적용한다면 비교적 적극적으로 수용할 가능성도 있다.

저성장 시대에 승진 정체는 당연한 현실임을 수용하는 문화를 구축할 필요가 있다. 이러한 현상을 완화하기 위해 직급을 세분화하는 방식과 직급을 통합하는 방식 두 가지가 있을 수 있으며 상황에 따라서 적용할 수 있다. 승진에 대한 욕구가 강하다고 전제할 경우에는 직급을 세분화해 조금씩이지만 승진에 따른 만족감을 제공할 수 있다. 이러한 직급 세분화 방식은 이미 대기업 중심으로 십여 년 이상 시행한 방식이다. 이렇게 직급을 세분화하는 방식이 상대적으로 점진적인 접근법이라면 직급 통합 방식은 좀 더 급진적인 방식이다. 이제 승진은 당연한 것이 아니라 특별한 경우에만 발생한다는 생각을 갖게 하는 것이다. 좀 더 나아가면 능력에 따른 직급역전 현상에 대한 인정 및 수용문화 구축이 필요하다. 우리나라의 경우 직급역전에 대한 수용도가 낮은 것이 일반적이다. 하지만 향후 직급역전 현상은 더욱 일반화될 것이므로 의식을 변화시키는 노력이 필요하다.

근로자가 직무전문가로 성장할 수 있도록
직무를 재설계하라

고령화에 대비해서 구성원들의 직무 전문성을 강화할 필요가 있다. 이제 앞으로 대부분의 구성원들을 기능분야별 직무전문가로 키워 업무 생산성을 높이고 사업부장이나 사장으로 키울 일부 핵심인재에 대해서만 직무순환을 통해 제너럴리스트로 키울 필요가 있다. 그래야 고령근로자가 되더라도 회사에 기여하는 가치를 유지할 수 있기 때문이다.

구체적으로 직무확대 방식을 생각해볼 수 있다. 고령화 시대에는 승진하기가 어렵기 때문에 일부 업무만 반복적으로 수행하기보다는 다수의 업무를 동시에 수행하도록 함으로써 구성원들의 생산성을 높이고 이에 상응해 보상하도록 해야 한다. 또한 의사결정 권한을 업무 담당자에게 상당 부분 이양하는 직무 충실화를 통해서 특정 직무를 맡은 사람들이 더 오랜 기간 해당 직무를 수행하게 해 직무역량을 강화할 수 있다. 이를 통해 구성원들의 역량을 더 적극적으로 활용하고 직무만족을 높이고 생산성을 높일 수 있다.

연공 중심에서 직무, 역량, 성과 중심으로
임금체계를 개편하라

고령화가 진행될수록 기존의 연공 중심의 임금체계는 인건비 부담을 증가시켜서 고용배제적 인력관리가 확대될 가능성이 크다. 저성장 시기에 연공성이 강한 임금체계가 운영되는 기업의 경우 연공성을 약화시키지 못한다면 고령인력의 조기 퇴출이나 신규채용의 축소와 같은 고용조정, 비정규직이나 아웃소싱의 확대와 같은 고용형태의 변경을 추구하게 된다.[6] 더욱이 정년 60세 의무화는 연공성이 강한 임금체계의 인건비 부담의 증가를 확대한다. 우리나라 근로자 중에서 50세 이상 근로자는 1982년에 9.0%에서 2015년 30.2%로 세 배 이상 증가했다. 2015년 한 원청기업의 정규직 임금이 9,700만 원인데 2차 협력업체 정규직은 2,800만 원이고 사내하청 근로자는 2,200만 원이라고 보도된 바 있다. 협력업체와 사내하청 근로자들의 열악한 임금수준은 아웃소싱의 결과이다. 이러한 임금 양극화는 결국 우리 사회의 큰 과제로 여겨지고 있다.

60세 정년제 도입 등 기존 근로자의 근속기간 증가와 고령화로 기존 연공 중심의 임금체계는 사용자에게 부담을 추가하는 체계이다. 기업의 관점에서는 새로운 임금체계의 도입이 요구된다. 임금체계는 해당 기업의 역사, 문화, 가치, 업종의 특성 등을 반영할 뿐만 아니라 특정 국가의 역사와 문화 등도 반영하므로 임금체계를 바꾸는 일이 생각보다 쉬운 일은 아니다. 이런 점을 간과하다 보니 2014년부터 정부가 법률을 근거로 임금체계 개편을 적극 추진했음에도 오히려 기업 측에서 임금체계 개편에 소극적이어서 큰 성과를 보지 못했던 것이다. 따라서 임금체계의 개편에는 다양한 요인을 충분히 검토해야 한다.

직무나 역할 중심으로 임금체계를 개편하라

임금체계는 한쪽에 사람 중심이 있고 다른 한쪽에 일 중심이 있다. 가장 사람 중심적인 임금체계는 연공급과 같은 임금체계이며 거기서 조금 벗어난 것이 역할급이다. 그리고 반대편 일 중심에 가까운 임금체계는 직무급이라고 할 수 있고 조금 떨어진 임금체계를 직능급이라 할 수 있다.

성공회대 김양태 교수는 정승국의 자료를 이용해 현대자동차의 2007년도 생산직 평균임금 구성을 분석했다. 평균임금에서 연공적 성격을 지닌 시간급이 76%를 차지했다. 작업자의 능력에 대한 개별적 평가에 기초한 임금은 2% 미만이었다.[7] 그리고 성과급이나 복지수당 등도 작업자 개인의 성과차이를 보상하는 것은 아닌 것으로 파악하고 있다. 다만 초과근무나 변동성과급 등에 따른 변동급의 비중이 매우 높다는 점도 지적하고 있다. 요약해보면 하나는 연공적인 성격이 강하고 개인별 성과를 반영하지 않는 기본급과 다른 하나는 초과근무와 회사의 성과에 의해 결정되는 변동급의 비중이 매우 크다는 점이다.

인천대학교 김동배 교수는 우리나라 생산직 임금체계의 개편을 위한 기본방침을 다섯 가지로 정리하고 있다.[8] 첫째는 근로자의 조직에 대한 공헌도를 반영하는 임금체계를 지향한다. 직무, 숙련, 역할 등을 반영하는 것이다. 둘째, 근로자의 역할구조에 상응하는 임금체계의 지향이다. 대량생산시스템이 아니라 참여적 작업조직으로의 변화로 근로자의 역할 변화를 반영하는 것이다. 셋째, 성과배분의 확대이다. 개인의 성과와 기업실적을 반영하는 것이다. 넷째, 사회적 형평성의 지향이다. 산업별·직종별 시장 임금률을 통해 규모별·고용형태별 임금 격차를 없애려는 것이다. 그리고 마지막으로 노사 간 대화를 통해서 개편하라고 제안하고 있다. 이상의 내용은 현실적이면서도 효과적인 접근방식이라고 생각된다.

기존의 임금체계인 연공 중심의 임금체계 개편을 위해 대안을 모색할 때는 먼저 기본생활을 보장할 수 있도록 연공성을 반영한 직무급을 중심으로 임금체계를 전환해 연공성에 따른 부담은 줄이고 직무가치는 반영해서 합리성을 높일 수 있을 것이다. 우리나라처럼 유노조 대기업 생산직은 오랫동안 연공급을 적용했기 때문에 갑자기 순수한 직무급의 형태로 전환하기는 어렵다. 따라서 연공을 반영해 직무급을 마련하면 근로자들의 입장에서도 수용성을 제고할 수 있다. 연공성과 직무를 동시에 고려한다는 의미에서 보면 일종의 종합급의 형태라고 할 수 있다. 이는 우리 기업들이 한국형 연봉제를 언급할 때의 임금구성과 유사한 것으로 볼 수 있다. 또한 입사 후 일정

시점까지는 연공성을 기본으로 하되 입사 10년부터 이후 10년 정도
는 일하는 능력이나 성과에 따라 임금을 올리며 그 이후 은퇴시점까
지는 역할이나 직무가 바뀌지 않는 한 임금을 올리지 않는 방식도 생
각해볼 수 있다.

또 다른 대안으로 역할급, 즉 직무와 함께 실제 수행하는 역할을
강조하는 임금체계를 고민해볼 수 있다. 다만 역할급 도입을 위해서
는 역할등급을 마련해야 한다. 이에 대해서는 기존의 직급 즉 사원,
대리, 과장, 차장, 부장 식의 직급을 역할로 전환해서 사용하는 방식
을 고민해볼 수 있다.[9] 물론 여기에는 역할에 대한 주관적인 평가가
불가피하게 포함된다. 노사 간에 신뢰가 구축되어 있지 않다면 실행
가능성이 높지 않은 방식이다.

캐논코리아솔루션은 1998년 IMF 외환위기를 겪으면서 당시 컨베
이어벨트생산시스템을 셀Cell 생산방식으로 바꾸어서 상당한 생산성
향상을 이룩했고 그 결과 1998년 199억 원이었던 수출 규모는 2016
년 3,000억 원으로 15배가 증가했다.[10] 이 회사는 2006년부터 역할
급(범위직무급)을 도입해 운영하고 있는데 역할과 성과에 기초해 공평
한 처우를 실현하고 '자율성 강한 개인'을 육성하는 것을 목표로 했
다. 직무분석과 직무평가를 통해서 전 직급에 대해 역할등급을 부여
하고 기본임금을 결정한다. 그리고 각 포지션에 따라 미션밴드가 설
정되고 직무가 변경되면 등급이 수정된다. 임금은 기본급과 상여기본
액 그리고 연 2회 지급되는 개인업적가산액으로 구성되어 있으며 회
사업적가산액이 추가된다. 기본급과 상여기본액은 역할에 따라 결정

되며 개인업적가산액은 인사평가에 의해 매년 변동된다. 회사업적가산액은 회사의 경상이익에 따라 결정된다.

생산직의 경우 셀 생산방식에 따라 셀당 보통 12~15명으로 구성되는데 연차에 상관없이 직무역할에 따라 등급이 부여된다. 셀의 책임자, 셀이 모인 그룹의 그룹장, 여러 그룹이 모인 기존의 기종장, 그리고 모든 기종을 책임지는 제도매니저 등과 같이 역할이 올라가면서 역할등급도 올라간다. 연차가 늘었다고 임금이 올라가는 경우는 거의 없으며 역할등급이 올라가거나 인사평가 결과가 좋아야 임금이 상승한다. 생산직의 경우라도 전체 제조공정에 대한 다기능 숙련공의 경우 마이스터 자격증을 주고 보유등급에 따라 별도의 수당을 지급한다.

역할급을 도입하기 위해서는 다음과 같은 내용을 충분히 고려할 필요가 있다. 임금 전문가인 박우성 교수는 기존의 직급체계를 역할에 기초에서 정리하면 자연스럽게 역할급으로의 이행이 가능하다고 주장한다.[11] 그 이유는 우리나라에서 역할이라는 개념이 실무에서도 사용되어 왔기 때문이다. 예를 들어 기존의 부장은 1등급, 차장이나 과장은 2등급, 대리나 주임은 3등급, 사원은 4등급으로 역할등급을 부여하는 방법이다. 역할등급을 구분하는 기준으로는 의사결정의 수준, 성과에 대한 기대수준, 보유해야 할 역량 등을 이용할 수 있다. 따라서 우리나라 기업들이 임금체계를 개편하려는 의지를 확실히 가진다면 큰 변화 없이도 역할급의 도입이 가능하다. 최근 삼성전자를 비롯한 LG전자와 LG디스플레이 등에서도 직급체계를 단순화시키고 있다. 이는 신속한 의사결정과 수평적 조직문화 구축에도 도움이 될 뿐만 아니라 역할급 도입의 기초를 마련하는 과정으로도 이해할 수 있다.

역할급을 도입하기 위해서는 다른 임금체계 개편과 마찬가지로 임금체계의 개편에 대한 노사 간의 공감대 형성이 중요하다. 그래야 역할급 도입으로 역할등급이 낮아지는 경우와 같은 불이익을 당해도 이해할 수 있다. 하지만 불이익은 발생하지 않도록 적극 관리할 필요가 있다. 또한 역할등급을 어떻게 결정할 것인가에 대한 전문성 확보도 매우 중요한 전제조건이다.

단기적으로 배치전환과 임금피크제를 활용하라

다음으로는 중고령인력에 대한 배치전환 및 임금수준 하향조정을 제도적으로 확보할 필요가 있다. 이는 이미 임금피크제처럼 조건부로 임금수준을 낮추는 방식이지만, 이를 제도화해 고령자에 대한 고용을 유지하는 대신에 임금수준을 낮출 수 있어야 한다. 법제도적인 개편을 통해 고용안정을 담보로 임금 하락을 제도적으로 가능하도록 하는 방안도 검토할 수 있다. 이러한 방식은 노동조합이나 근로자대표와의 합의과정을 통해야 실질적인 효과가 있다.

임금피크제는 정년 연장에 따른 사용자의 부담을 줄여주기 위해 정년 이전 특정시점의 임금 수준을 정점으로 임금을 삭감하거나 동결하는 제도이다. 2016년 12월 고용노동부의 보도자료를 보면 300인 이상 사업장이 임금피크제를 도입한 경우가 46.8%이고 전체로는

17.5%인 것으로 나타났다. 미 도입한 사업장은 대부분 향후에 도입할 계획이 없다고 발표했다. 사회적으로 큰 논란이었던 임금피크제가 사실상 도입비율은 높지 않았다고 할 수 있다.

이러한 임금피크제는 정부의 공무원부터 적용할 필요가 있다. 부담스러운 제도라면 정부가 먼저 솔선수범해야 하기 때문이다. 공무원은 민간부문보다 먼저 정년 60세가 도입되었지만 당시에 임금피크제는 이슈가 되지 않았다. 공무원의 임금 지급 원천이 사실상 세금이라는 점을 고려한다면 대규모 증세가 불가피하다. 따라서 충분한 사회적 공감대 형성이 필요한 바, 지금이라도 논의를 시작해야 한다.

중고령근로자의 역량개발에 대한 투자를 강화하라

급격하게 변화하는 환경하에서 기업 근로자의 고령화에 대응해 우수 인재의 확보와 개발에 더 노력해야 한다. 필요한 인재에 대해서는 파격적인 대우를 통해서라도 확보하고 유지해야 할 것이며, 전문성을 유지하기 위해서는 교육과 훈련을 통한 개인역량 제고를 지속적으로 지원해야 한다. 급변하는 환경에서 더 오랜 기간 일하기 위해서는 새롭게 나타나는 직무 수행에서 요구되는 역량을 갖추어야 한다. 인공지능의 활용과 모바일 로봇에 의한 단순 업무의 대체 등으로 직군별 인력 수요가 크게 달라진다. 인공지능이나 로봇에 의해 대체되는 인력을 다른 분야로 전환하기 위한 교육훈련이 절실히 요구된다. 교육훈련이 사내만으로 제한될 필요는 없다. 사내외 각종 평생학습

체제의 활용도 중요하다.

교육훈련은 근속기간 증가와 고령화에 따라 불가피하게 강조되는 사항이다. 과거에는 범용형 인재가 필요했다면 이제는 교육훈련을 통해 T자형 인재를 육성할 필요가 있다. 급격한 환경변화는 지식의 진부화를 촉진하기 때문이다. 따라서 입사 후에 오랜 기간 특정 분야에 전문가로 개발하고, 경영진으로 키울 핵심인재에 대해서는 다양한 분야를 맡겨 육성하고 검증하는 것이다. 또한 일하는 기간이 길어짐에 따라 자기계발이 필수적이라는 점을 인식시킬 필요가 있다. 국내 외국계 기업의 경우는 이미 지속적인 자기계발이 필수적인 사항으로 이해되고 있다.

마지막으로는 고령화에 따른 신체적 및 정신적 건강검진제도의 강화 및 의무화가 필요하며 근로자의 업무 수행 능력을 재확인하기 위한 제도가 필요하다. 운전면허증도 70세 이상은 5년마다 재확인 제도가 있는 것처럼 업무 수행 능력 확인이 불가피하고 필수적인 제도로 운영되어야 한다.

중고령근로자가 더 많은 가치를 창출할 수 있도록 기회를 제공하라

중고령근로자가 기업에게 인건비 부담을 준다면 한 가지 해결방안은 생산성과 조직에 대한 기여도를 높이는 것이다. 그러기 위해서는 각 근로자가 보유한 육체적, 정신적, 지적 능력을 최대한 발휘하도록 해야 한다.

첫째, 모든 근로자에게 획일적으로 적용되는 집단적 고용계약에서 벗어나 기업과 개별근로자가 기업의 필요, 개별근로자의 니즈, 역량에 맞게 고용계약을 맺을 수 있도록 하는 고용계약의 개별화가 필요하다. 그럼으로써 기업은 다양한 고용형태를 병존형태로 관리할 수 있다. 연봉제를 적용받는 사무관리직, 연공성이 강한 임금체계가 유지되는 생산현장 정규직, 전문성이 떨어지는 비숙련 반복업무를 수행하는 업무지원직, 전문성이 있지만 비상시적인 업무를 수행하는 프리랜서 전문직, 다른 회사에서 피합병된 사업부의 근로자 등 서로 성격이 다른 고용형태를 만들고 운영해야 한다.

둘째, 각 구성원이 가장 일을 잘할 수 있는 장소와 시간에 일할 수 있도록 일하는 장소와 시간을 유연화해야 한다. 자율출퇴근제, 집중근무제, 재택근무 등을 적극 활용해야 한다. 실제로 IT 기술의 발달에 따라 많은 기업이 유연화를 시행하고 있다. 예를 들어 한화건설의 경우 개인별로 오전 7시부터 9시 사이에 출근할 수 있도록 하고 있다.[12] 2016년 7월 신한은행이 재택근무, 스마트 워킹센터 근무, 자율출퇴근제 등을 내용으로 하는 스마트 근무제를 도입한 이후 국민은행도 시차 출퇴근제, 2교대 운영지점 등 유연근무제를 적극 도입하고 있다.[13] 도요타 자동차는 2016년 재택근무제도를 시행했는데 일주일에 이틀만 회사에 나오고 나머지는 집에서 일하는 방식이다. 대상은 사무직과 연구개발담당 기술직 등 2만 5,000명으로 전체 직원 7만 2,000명의 3분의 1에 해당한다.

셋째, 능력 있는 고령인력을 적극 활용해야 한다. 기업이 필요로 하는 특정 기술이나 역량을 확보한 경우 선별적으로 계약직이나 촉탁직 등으로 지속적인 고용관계 유지하는 방안이다. 이는 다른 근로자들에 대해 "실력이 있으면 계속 근무할 수 있다"는 교육 효과를 가져올 수도 있다. 일본의 KFC홀딩스나 유니클로 등은 주3일 휴무제인 '시간 한정 사원제도'를 도입해서 근무시간을 주 20시간으로 줄이고 원하는 날에 쉴 수 있도록 하고 있다.[14] 또 다른 일본 기업인 우치야마홀딩스는 간병시설을 운영하는데 2016년 81개 시설 내 직원 2,000명을 대상으로 주 3일 휴무제를 시작했다. 하루 8시간씩 주5일 근무에서 하루 10시간씩 주 4일 근무로 바꾼 것이다.[15]

넷째, 거창한 승계방식이 아니라 2인 1조 사수-부사수 방식 인적자원관리를 시행하는 것이다. 기술전수 방식의 하나로 고도의 전문성이나 숙련도를 요구하는 경우 해당 근로자의 예상치 못한 상황 발생 등을 대비해서 고숙련자에 대해 업무지원인력을 배치하는 방식이다.

마지막으로는 원하청 관계, 상생경영, 공급사슬 등에 따른 인적 교류의 확대다. 우리나라 일부 기업도 그렇게 하지만 일본 기업도 고령의 고숙련자를 협력업체에 파견해 기술자문을 하거나 경영자문을 하는 형태가 많이 이루어지고 있다. 우리나라는 일부 대기업에서 퇴직한 임원을 소규모 계열사에서 일정 기간 일할 수 있도록 배려하기도 하지만 진정한 의미의 고령인력 관리 방식으로 보기에는 한계가 있다. 또한 IMF 외환위기나 구조조정방식으로 협력업체에 대량 전출 방식이 활용된 바 있어서 이미지 개선도 필요하다. 따라서 앞으로 원하청 기업 간 인력교류를 더욱 확대하는 반면에 그에 따른 새로운 인사관리제도를 적용할 수 있어야 한다. 구체적으로는 신규 계약 체결 및 임금수준 조정이 허용되어야 할 것이다.

역할, 역량, 성과에 대해 보상하고
내재적 동기부여를 강조하라

그동안 우리 기업에서는 금전적 보상과 승진이 가장 강력한 동기부여 요소로 작동했다. 힘들더라도 열심히 일하면 다음 해에 연봉이 올라가고 승진도 해서 성취감을 느낄 수 있었다. 고령화 시대를 맞아서 직급 수를 줄이면 승진 가능성이 줄어든다. 승진이 단기적인 동기부여 요인으로 작동하지 못하게 되는 것이다. 무엇으로 구성원들이 열정적으로 일하게 만들까를 고민해야 한다.

첫째, 새로운 임금체계에서는 근로자가 맡은 직무의 가치, 역량, 성과에 대해 보상해주는 것이다. 이런 체계에서 금전적 보상이 동기부여 요소가 되려면 임금 인상, 성과급 지급, 직책 승진 결정에서 합리성이 보장되어야 한다. 이런 결정의 기초가 되는 인사고과의 신뢰성과 타당성을 높여 근로자들의 인사고과 결과에 대한 수용성을 높여야 한다. 기업에서는 '성과가 있는 곳에 보상이 있다'는 원칙을 세우고 근로자들에게 적극적으로 알려야 한다.

둘째, 근로자가 자신이 하는 일에서 의미를 찾도록 하고 근로자가 특정 분야 전문가로 성장하는 것을 적극적으로 격려해야 한다. 더 오랜 기간 더 낮아진 승진 기대감을 가지고 일해야 하기 때문에 근로자들이 일 자체에서 의미를 찾을 수 있도록 직무설계를 다시 해야 한다. 또 직무충실화와 같은 개념이 실제 직무수행에서 시행되도록 해야 한다. 관리자로 승진하지 못하는 근로자도 자신이 맡은 업무 분야에서는 최고의 전문가로 클 수 있도록 지원하고 전문가로 성장한 근로자들을 인정하는 분위기를 조성해야 한다.

셋째, 고용안정성의 제공이다. 과거에는 조직에 대한 충성도도 높고 기업 환경도 상대적으로 안정적이었다. 고용안정성은 일자리의 기본적인 요건으로 간주되었다. 하지만 더 이상 그렇지 않다. 급변하는 환경하에서 기업의 생존 가능성은 더 낮아졌다. 또 직무수행역량의 빠른 진부화 등으로 일자리의 안정성도 낮아졌다. 이런 상황에서 기업이 고용 안정성을 제공한다면 해당 기업의 노동시장에서의 경쟁력이 높아질 수 있다. 더불어서 임금이 지속적으로 상승하지 않는다고 하더라도 고용이 안정된다면 총보상 수준에서는 큰 차이가 없음을 주지시킬 필요도 있다.

맺음말: 근본적인 변혁을 위해서는 노사정 간의 협력이 필수적이다

임금체계를 비롯한 조직운영방식의 개편은 근로자들의 삶에 매우 큰 영향을 미친다. 사기업의 경우에는 노사 간의 자발적인 협력을 바탕으로 조직운영방식을 개편할 필요가 있다. 이를 위해서는 서로가 양보할 필요가 있다. 근로자들은 고용안정을 확보하고 생산성의 상승이 수반되지 않는 임금 인상을 양보할 필요가 있다. 사용자는 생산성에 상응하는 보상제공을 확보하고 고용안정을 제공할 필요가 있다.

최근 진행된 바 있는 성공사례들을 간단히 소개해보면 다음과 같다. LG이노텍은 2016년 노동조합과 함께 생산직에서 호봉제를 폐지하고 성과 중심 임금체계를 도입했다. 회사는 2014년 초부터 2년 가까이 노동조합과 매월 세미나를 통해서 공감대를 형성하고 인건비 총액이 줄어들지 않는 범위 내에서 성과와 역량 기반의 인사제도 도입에 합의를 이끌어냈다.[16] 개별 근로자는 성과에 따라 급여에 차이가 있지만 임금 총액은 유지했으며 최하위등급은 절대평가를 하도록해서 오해의 소지를 없앴다. 평가지표는 성과 70%, 역량 30%로 구성했다. 반장이나 계장과 같은 감독직은 담당조직의 목표달성과 구성원 역량 육성으로 구성했고 일반직원은 생산성 40%, 품질 40%, 개선제안활동 20%로 구성했다. 1년이 지난 2017년 평가결과를 보면 현장 직원의 주도적 품질관리가 정착되는 등의 긍정적인 효과를 내고 있다고 밝히고 있다.

SK하이닉스는 유 노조 대기업인데 2016년 7월 저성장과 고령화시대에 맞춰 생산직 사원들에 대해 기존의 호봉제 연공급을 직무급, 경력급, 업적급으로 바꾼다고 발표했다.[17] 기존 체계에서 임금 수준을 좌우했던 경력급은 30%로 줄어들었으며 업무의 난이도와 위험도에 따라 달라지는 직무급의 비중이 60%나 된다. 나머지 10%는 성과를 반영한 업적급이다. 회사 측에서는 호봉제를 폐지한 것은 아니고 일종의 과도기적 단계라고 밝히고 있다. 급여체계만이 아니라 생산직 직위를 8단계에서 5단계로 축소하고 직위별 근무기간도 조정했으며 '명장' 육성과정을 도입했다. 명장으로 선발되면 별도의 자격수당을 받으며 전문기술 전수활동을 하게 된다.

외국에서도 노사합의를 통해 조직운영방식을 근본적으로 바꾼 바가 있다. 예를 들어 미국 GM 자동차는 2008년 위기를 맞아서 노동조합과 합의해 새로 입사하는 근로자들에 한해서 새로운 임금체계나 임금수준을 적용하는 이중임금제도를 도입한 바 있다. 기존 인력에 대한 최소한의 보호조치를 실행함으로써 기존의 기득권을 보호함과 동시에 변화에 대한 저항을 최소화해 목표를 달성한 방식이다.

일본도 고용 친화적인 생산성 향상 운동에 노동조합이 동의한 이후에 적극 참여하고 있다. 변화가 개인근로자의 일자리를 위협하지 않으며 생산성 향상의 성과는 노사가 공유한다는 사전 약속이 있었기 때문에 가능했다. 예를 들어 도요타자동차는 지난 20여 년 동안 꾸준히 단계적으로 능력주의를 강화해왔다. 이는 노동조합과 갈등을 최소화하고 노사 간에 상생의 관계를 구축했기 때문에 가능했다.

독일은 디지털화 시대를 맞아서 노동 4.0이라는 화두를 놓고 2014년부터 노사가 합동으로 대응책을 모색해 2015년 말에 대응방안을 구체적으로 모색한 바 있다.[18] 물론 노사관계에 대한 토대가 우리와는 많이 다르기는 하지만 노동의 유연성이 필요한 사용자와 양질의 일자리가 필요한 근로자 간 공정한 타협안을 통해 노동세계의 미래를 열어간 바가 있다.

이제 우리나라도 2017년 정권이 바뀌고 새로운 시대를 여는 시점에서 사회적으로 노사정 간의 대타협을 통해서 그리고 기업에서는 노사협력을 통해서 고령화 시대에 필요한 새로운 토대를 마련할 필요가 있다. 당장은 고령화가 문제로 제기된다. 하지만 곧 우리 앞에 함께 닥쳐올 4차 산업혁명과 고령화는 노와 사가 따로 넘어가기에는 너무 높은 벽이다. 힘을 합치는 것이 유일한 해결책이다.

제3부

기업 조직활력 제고를 위해 사회제도와 노동법제도를 혁신해야 한다

6장
—
고령화 시대 인적자원 활용을
위한 사회제도 혁신방안
—

이장원
한국노동연구원 선임연구위원

연세대학교 사회학과를 졸업하고 1994년 미국 시카고대학교에서 산업사회학으로 박사학위를 취득했다. 이후 한국노동연구원에서 20년 동안 연구위원 및 선임연구위원으로 있으면서 임금직무센터 소장, 고성과작업장혁신센터 소장, 노사관계연구본부장, 연구관리본부장을 역임했다. 대외적으로는 고용노사관계학회 부회장과 고려대학교 경영대학 초빙교수를 지냈고 2012년부터 5년간 최저임금위원회 공익위원으로 활동했다. 2018년 서울에서 열리는 18차 국제노동고용관계학회 세계대회 조직위원장으로도 활동하고 있다. 주요 연구는 사회적 책임과 노사관계, 임금직무체계혁신, 4차 산업혁명과 일터 혁신이다. 주요 저서로는 『한국의 소득분배』(공저)가 있다.

K-Management 3.0

‘

고령화로 인한 조직활력 저하 문제는 근로자 개인이나 기업들의 개별적인 노력만으로는 해결될 수 없다. 기존의 사회제도가 개인 차원에서 그리고 기업 차원에서 수행하려고 하는 조직활력 제고 방안의 실행을 어렵게 하기 때문이다. 따라서 개인이나 기업이 조직활력 제고에 필요한 과제를 수행할 수 있도록 사회제도적 혁신이 이루어져야 한다. 이번 장에서는 조직활력 제고를 위한 사회제도 혁신 방안으로 세 가지를 제시한다.

첫째, 정년이 사회적으로 연장되는 안정적 질서개편을 위해서는 연공서열을 기준으로 작동되는 연공급과 이와 유사한 임금체계를 직무가치와 일의 성과대로 보상받는 임금체계로 바꾸어야 한다. 기업들이 직무 중심 보상제도를 쉽게 도입할 수 있도록 정부 차원에서 세부 직업별, 직무별, 직무등급 및 직급별 업무 내용과 임금 정보를 조사해 제공할 필요가 있다. 이것을 가지고 노사정이 업종별이나 산업별로 직무 등급별 임금지도를 만들고 더 나아가 임금 수준을 어떤 방향으로 표준화할지 논의를 시작해야 한다.

둘째, 근로자들이 고령화가 되더라도 지속적으로 인적자원의 가치를 높이고 유지할 수 있는 일터 혁신과 학습이 필요하다. 그러기 위해선 정부와 사회적 지원이 강화되어야 한다. 중소기업까지도 의무적인 교육훈련 시간을 확보하도록 직업훈련에 대한 고용보험 지원을 해줘야 한다. 또 교육훈련을 위한 대체인력 고용과 근로시간 단축에 대한 지원을 강화해야 한다. 나아가 대기업과 중소기업 간 동반성장 정책의 핵심으로 일터 혁신 프로그램을 확산해야 한다. 아울러 정부의 일터 혁신 컨설팅을 강화하고 산업별 인적자원개발 지원을 내실화해야 한다.

셋째, 주된 일자리에서 퇴직해서 완전히 은퇴할 때까지 점진적으로 은퇴할 수 있도록 하는 점진적 은퇴제도를 강화해야 한다. 직무전환, 근로시간단축, 퇴직 후 재고용, 임금피크제 등 다양한 이행기 제도들이 필요하다. 아울러 연금수급연령에 도달했더라도 부분적으로 일한다면 연금 일부를 지급하는 방식 및 이른바 고령자 대상 한국형 미니 잡Mini Job 마련 등으로 점진적인 은퇴를 돕는 방안도 필요하다. 또한 저숙련 고령자들의 노동시장 복귀를 돕기 위한 실업부조도 적극 검토할 필요가 있다.

고령인력 증가에 따른 조직활력 제고와
고용안정의 과제가 중요하다

고령화 사회가 고령사회 그리고 다시 초고령사회로 빠르게 변화되고 있다. 그런 상황에서 가장 중요한 사회적 문제는 고령자들이 더 늦은 나이까지 일해야 사회가 유지되는 데 비해 기업들은 30년 이상 40년 가까이 근로자들의 고용을 책임져야 하는 상황이 전개될 것이란 점이다. 그러나 지금도 정년 60세로의 환경변화에 기업 조직들이 충분히 적응하지 못하고 있다. 여전히 명예퇴직이나 임금피크제와 같은 편의적인 타협안을 가지고 정년 60세의 부담을 덜어보려고 노력하는 경우가 많다.

한편으로 고령사회라는 환경에 적응하는 과정에서 기업들이 중고령인력들의 고용안정에 현재보다 더 노력과 관심을 기울여야 하지만 반면에 기업 조직들의 활력을 유지하기 위해 중고령인력들을 사회적으로 보호하고 활용할 수 있는 제도적 혁신이 중요하다.

그런데 만약 이웃 일본처럼 정년을 65세로 더 늘리거나 다른 고령화된 선진국처럼 연금수급 시기를 70세 이후로 늦추고 그 사이에는 더 늦은 나이까지 일하는 방향으로 진행된다면 명예퇴직이나 임금피크제가 여전히 대안이 될 수 있을까? 기업 측면에서 보면 정년이 더 연장되면 명예퇴직금의 액수도 대폭 늘어날 것이고 중고령인력의 생산성이 임금피크제하의 연봉보다 낮다면 인건비 부담이 커질 것이다. 일단 5년 정도의 고용 유지 부담액이 10년 이상으로 늘어나면서 기업들의 재원 마련이 쉽지 않을 뿐더러 중도 퇴직한 인력들이 노동시장에서 방황하거나 새로운 직장을 얻기 어렵기 때문에 겪는 갈등과 사회적 비용이 엄청날 것이다.

베이비부머의 미래는 기업을 넘어선 사회적 책임이다

특히 정년 연장으로 연간 100만 명 이상이 태어난 베이비붐 세대들이 직장에 계속 남아 일하게 되기 때문에 간단한 문제가 아니다. 베이비붐 세대들은 2020년경에는 중고령근로자로 전환된다. 어떻게 이들 중고령인력의 욕구도 충족시키고 동시에 한국경제의 활력도 높일 것인가가 시급히 해결해야 할 사회적 과제이다.

베이비부머의 활용과 노동시장 은퇴 방식도 문제이지만 궁극적으로는 2030년에 2010년의 두 배가량에 달하는 55세 이상 64세 이하 중고령인력들의 활용방안은 구조적인 진단과 제도적인 대처 없이 개별 기업들이 인사관리상의 전략으로 해결할 수 없는 문제이다. 따라서 중고령인력의 활용방안은 개별 기업을 넘어서고 인사관리 정책을 넘어서는 사회제도적 혁신 방안을 필요로 한다.

고용노사관계학회가 2013년 법적 정년 60세 시대를 맞아 '60세 정년이 잘 지켜질 것인가?'에 대한 국민의식을 조사한 바 있다. 조사 결과 68.5%의 응답자가 잘 지켜지지 않으리라고 응답했기에 법적 정년의 연장이 실효성 있게 진행되기 위해선 법을 넘어선 사회제도적 대책이 필요하다는 점을 보여준다.[1]

베이비붐 세대 고령화와 노동력 구조의 변화

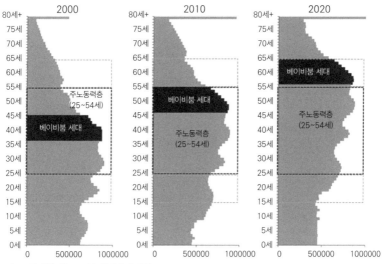

자료: 통계청, 「2011년 장래추계인구」

경제활동인구의 연령대별 구성비

(단위: 구성비 %)

	2000	2005	2010	2015	2020	2025	2030
15~29세	35.8	30.9	28.7	26.7	25.1	22.7	21.0
30~54세	52.9	56.9	57.4	55.6	53.2	53.5	53.4
55~64세	11.3	12.2	13.9	17.7	21.7	23.9	25.6
65세 이상	(7.2)	(9.0)	(10.8)	(12.8)	(15.7)	(20.1)	(24.8)
계	100.0	100.0	100.0	100.0	100.0	100.0	100.0

자료: 통계청, 「2015년 장래추계인구」
주: 1. 2015년까지는 실적치, 2020년 이후는 전망치임.
  2. ( ) 안은 전체 인구 중에서 65세 이상자 비율임.

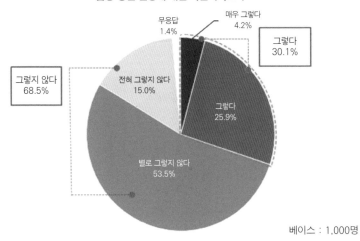

법정 정년 연장에 대한 국민의식조사

무응답
1.4%

매우 그렇다
4.2%

그렇다
30.1%

그렇지 않다
68.5%

전혀 그렇지 않다
15.0%

그렇다
25.9%

별로 그렇지 않다
53.5%

베이스 : 1,000명

자료: 이장원 (2014)

고령 사회에는
임금체계 개편이 중요하다

고령화 및 저성장 또는 고용 없는 성장 시대에서 정년보장 및 고용
안정은 합리적 분배가 뒷받침되어야 한다. 고령화 시대에는 학력이
나 연공서열 중심적 인사관리와 조직운영의 유효성이 떨어지므로 임
금과 직무체계 개선을 그 출발점으로 삼는 것이 바람직하다. 즉 고용
의 유연성을 해고에서 찾기보다는 임금의 효율적 배분에서 찾는 것
이 노사 모두에게 바람직한 타협점이 될 수 있다. 임금의 효율적 배
분을 위해 직무 중심의 인사관리를 도입해야 한다. 그러나 최근 한

연구에서 확인된 결과는 직무급이 확산되기에는 조직 내부와 외부적으로 매우 어려운 문제들이 존재한다. 특히 연공서열주의 문화와 의식이 주요 장애요인이다.[2]

한국의 연공서열주의는 매우 강하다

연공서열주의는 한국이나 일본같이 동양적, 더 좁혀서 말하면 유교적 자본주의의 영향을 받은 나라에서 두드러진 특성인가? 경제가 고도성장하고 노동시장에서 사람 구하기가 어려운 상황에서 장기고용을 유도하기 위해 연공서열주의를 원칙으로 조직을 운영한 측면이 있다. 하지만 한국이나 일본의 두드러진 연공서열주의 문화는 조직 운영에 더 깊이 스며들어 있다. 가부장적 위계질서와 장유유서의 사회질서를 중심으로 조직을 운영해온 제도적 특징이 있다. 그러다 보니 경제 상황이 급변한다 해도 연공서열주의에서 좀처럼 탈피하기 어려운 문화지체 현상이 나타나는 것으로 이해될 수도 있다.

서양에서도 연공서열의 제도적 흔적은 강하게 남아 있다. 미국의 경우 대부분의 노사 협약에는 경기 부진에 따라 근로자의 일부를 한꺼번에 해고하는 일시 해고lay-off 시 근속연수가 오래된 근로자를 가장 마지막까지 보호한다는 선임권seniority rule이 강하다. 이는 유럽에서도 흔하게 찾아볼 수 있다.

그렇다면 차이는 무엇인가? 서양의 선임권은 고용안정감을 심어주어 이직을 방지하고 장기근속에 따른 기업 특수적인firm specific 능력을 배양하는 데 초점을 두고 있다. 반면에 한국의 연공서열주의는 장기근속을 이끌어내지 못하고 있다. 한국의 평균 근속연수는 일본은 물론이고 미국보다 짧다. 대신에 재직 기간 중 자동승급분base-up을 보장하는 이른바 호봉제로 선임권에 대해 보상하는 것이 차이점이라고 할 수 있다. 즉 유사시 혹은 이차적 역할이 아니라 평상시 그리고 주된 조직운영 원리로 연공서열이 작동된다는 것이다.

임금체계 개선 노력이 과거에 없었던 것이 아니다. 따라서 과거의 경험을 통해 실패 원인을 성찰하고 향후 임금체계 개선 정책에 반영할 필요가 있다. 우리나라의 임금체계 개선 노력들은 약 20년 전부터 나타났다. 글로벌 시장경제로의 편입과 이에 따른 기업경쟁력 악화와 고용 없는 성장 패턴의 출현 등에 대응해서 경직적이고 집단적인 연공급 임금체계를 유연화하고자 했던 것이다.

그중 대표적인 것이 한국경제의 가장 큰 위기였던 1997년 외환위기 이후부터 나타난 이른바 임금피크제이다. 다소 낯선 조어이지만 그 개념은 은퇴 직전 몇 년간 임금을 동결하거나 점진적으로 감소시켜 기업의 인건비 부담을 줄이고 근로자에 대한 조기은퇴 압박을 막고자 실시한 제도이다. 현재까지도 임금피크제 도입은 완만한 증가 추세이다. 기업들은 정년 연장과 맞물려서 인건비 절감을 위해서 임금피크제를 강력하게 원하고 있지만 대부분의 노조는 반대하고 있다. 이러한 상황에서 정부는 공공부문에 임금피크제를 도입하기 위해 노력해왔다.

하지만 정작 기업들도 임금피크제 시행에 필요한 준비를 철저히 하지 않은 경우가 많아서 운영상의 문제점이 많이 드러나고 있다. 특히 금융권의 경우는 인건비가 줄지 않고 직원들의 불만도 커짐에 따라 임금피크제에 대한 재검토가 이루어지고 있다. 노조들은 임금피크제 악용에 대한 우려로 반대만 하고 있을 뿐 대안을 제시하지 못하고 있다. 정부는 임금피크제와 관련해 임금체계 개선과 같은 중소기업들이 도입하기 어려운 부분을 해결해주지 못하고 있다. 그러다 보니 대기업 위주의 정책이라는 비판이 있다. 중소기업들은 임금수준이 낮아서 특정 연령에 도달했을 때 임금피크제를 적용할 명분도 약하고 감액된 부분만큼 고용보험 기금 등의 충분한 지원이 없이는 직원들의 생활 불안정을 가져오기 때문에 실시가 어렵다.

임금피크제는 상대적으로 단기적인 현안 대응의 성격이다. 정부가 지속적으로 노동시장 구조개선 차원에서 추진해야 될 가장 중요한 정책은 노동시장의 이중구조를 완화할 수 있는 임금체계 개편이다. 중소기업 근로자, 비정규직 근로자, 청년실업자들이 일단 노동시장으로 진입하고 이어서 좋은 일자리로 이동할 기회를 얻을 수 있으려면 임금체계가 기업 울타리를 넘어서 표준화되어 있어야 한다.

한 기업 안에서 적용되는 근속연수에 의한 임금상승 원칙은 원청업체와 하청업체 근로자 간 임금 격차를 벌리고 중간 경력이동도 어렵게 한다. 그러다 보니 중소기업에 들어가 경력을 쌓으려는 청년들이 거의 없다. 어느 기업에 들어가느냐가 평생을 좌우하는 임금결정체계가 아니라 계속 일하면서 능력이 쌓이는 대로 임금이 올라가고 누구나 능력에 따라 일자리를 쉽게 찾아갈 수 있다면 잠재적 취업포

기자도 줄어들고 중소기업 근로자들도 희망을 찾을 수 있을 것이다.

임금체계 개편은 노동 이동을 쉽게 하고
임금 격차를 줄여준다

임금체계를 개선해서 근로자 간 격차를 완화하는 정책은 노동시장 진입과 이동을 촉진시키는 신호체계를 정비하는 일과 같다. 세대 간, 계층 간, 남녀 간 일할 기회를 골고루 배분하고 서로가 원활하게 이동할 수 있는 통로를 넓히는 작업이다.[3] 독일이 강한 중소기업을 가질 수 있었던 배경에는 근속연수나 소속기업의 규모가 아니라 하는 일과 능력을 공통적인 임금기준으로 결정한 노사정의 협력이 있었기 때문이다.

그동안 우리나라에서도 많은 임금체계 개선 노력들과 사례들이 있었지만 사람 중심에서 직무 중심으로 임금관리의 기본축을 바꾸고자 하는 근본적인 노력은 적었다. 임금피크제, 연봉제, 무기계약직군 도입 등이 있었지만 여전히 사람의 속성, 그중에서도 근속기간이 길어지면 임금이 상승해야 한다는 고성장 시대의 향수와 관성으로부터 확실하게 탈피하지 못했다. 그 결과 대기업과 공기업의 정규직 임금수준과 중소기업과 비정규직의 임금수준 간에는 큰 격차가 발생하고 있다. 평균적으로 50%에 그치거나 이에도 못 미치는 임금 격차가 원하청 관계에 있는 두 개의 기업의 유사 직종 종사자 간에 나타나 갈등이 커지고 있다.

임금체계 개편에서 가장 중요한 원칙은 기업의 경계를 넘어서 업종, 직종 간 '동일가치 노동 동일 임금' 원칙이다. 스웨덴의 경우는 노조가 중심이 되어 생산성이나 지불 능력에서 차이가 날 수밖에 없는 기업이나 업종의 차이를 넘어서 직무나 직종별로 유사한 수준의 임금을 받는다는 연대임금정책을 주도했다.

스웨덴에서 연대임금정책은 제2차 세계대전 이전에 근로자들의 임금인상, 저임금 근로자 임금수준 개선, 남녀 임금 격차 개선을 위한 노조의 다양한 요구사항 중 하나로 제기되었다. 스웨덴 노총은 균등한 임금수준이라는 목표를 달성하기 위해 주관적이고 비과학적인 직무평가를 보다 체계화하고 정교화하는 일에 주력했다. 이러한 직무평가제도 도입은 합리적인 임금구조 구축이라는 의미가 크다고 볼 수 있지만 시간이 지날수록 중위임금 중심으로 임금평준화를 추구하게 되었다.[4]

반면에 독일은 산업별로 노사가 공동으로 직무 등급별로 균등한 임금체계를 만드는 데 집중해왔다. 독일에서는 산별 교섭을 통해 직종별 직무급을 정하는 수준을 넘어서 최근에는 전통적인 화이트칼라와 블루칼라 직종 간의 차이도 극복하는 등 노사가 자발적으로 협력하면서 통합적인 직무급 임금결정 시스템을 만들어가고 있다.

독일에서 임금과 관련된 산별 협약에는 임금 기본협약과 임금협약이 있다. 임금 기본협약은 직무의 등급구분과 각 직무등급에 따라 임금등급을 결정하는 방법 등을 규정하는 것으로 3년에서 5년 단위로 교섭해 결정한다. 임금협약은 구체적인 임금수준을 결정하는 것으로 해마다 교섭을 진행한다. 이러한 산별협약을 바탕으로 개별 사업장의 임금은 해당 사업장 근로자 대표와 사용자가 체결하는 협약으로 결정된다. 최근에는 일부 산별 협약에서 직무평가 시스템에 다음과 같은 변화가 나타났다. 사무직과 생산직 근로자 간 구분을 제거했고 그리고 사무직 그룹 내의 판매직, 기술직, 마이스터 직군 간 경계를 제거했다. 이를 통해 과업 평가가 통일된 직무평가 방법을 바탕으로 이루어졌으며 동일노동에 대한 동일임금의 원칙이 더 강하게 지켜지게 되었다. 또한 숙련 자격에 따른 임금지급과 근로자의 연령에 따른 임금지급 방식 역시 더 약화되는 추세가 이어지고 있다.[5]

직무 중심 임금체계는 어떻게 만들어야 할까

물론 우리와 이들 유럽국가와는 다른 점이 많다. 우리나라에서는 산별노조도 약하고, 직종별 노동시장이 발전하지 못하고, 주로 학력별로 노동시장이 구분된다. 임금 격차를 근본적으로 예방할 수 있는 직무능력이나 직종자격 중심의 노동시장이 취약하다.

그러나 이런 상이점과 취약점에도 동일가치 노동에 대한 동일 임금의 원칙이 사회적 정의로 보나 노동운동의 대의로 보나 분명히 실천해야 할 가치라고 한다면 노력할 필요가 있다. 스웨덴이나 독일의 노사정 주체들도 처음부터 직무 직종 중심의 임금 격차 조정에 우호적이지는 않았다. 다만 노조에게는 조합원 간 일체감을 조성할 필요성이 있었고 기업들에게는 장기적으로 좋은 인재를 확보하기 위해 경쟁적으로 임금수준을 높이는 것보다는 고임금을 가능하게 하는 고부가 가치 생산체제 구축이 필요했다. 그래서 수용이 가능했다. 우리나라는 직무평가가 어려워서 직무급이 어려운 것이라기보다는 합의의 의지가 부족하기 때문에 직무급 도입이 어렵다는 것이 맞을 것이다.

기업별로 임금수준과 임금인상액수를 결정하면 임금과 생산성 간의 연계가 잘될 것처럼 보이지만 현실에서는 근로자의 생산성보다는 해당 기업의 시장에서의 지위가 임금수준을 좌우한다. 그래서 실적이나 생산성 향상과는 크게 관계없이 대기업들의 임금이 상승되어 왔고 같은 공헌을 해온 하청 기업의 근로자들은 생산성 향상분도 제대로 보장받지 못하는 경우가 많았다.

앞으로 우리가 노동시장에서 동일가치노동에 대한 동일임금이란 연대성의 제일 원칙을 관철하기 위해선 분절적 노동시장을 넘어서 하는 일의 가치를 중심으로 임금이 결정되는 방식으로 바뀌어야 한다. 우리 노동시장은 대기업과 중소기업 간에 그리고 원청과 하청업체 간 노동 이동도 힘들고 유사한 직무들인데도 임금수준이 현격한 차이를 보이는 분절성을 보이고 있다. 따라서 기업 안에서만 인정되는 것이 아니라 경쟁적 노동시장에서 인정받고 구분되는 직무나 직종별로 공정 임금기준과 정보가 확산되어야 한다.

모든 사람이 공정하다고 인정할 수 있을 만큼 정확하고 객관적인 직무분석과 평가결과를 내기는 쉽지 않다. 모든 기업이 신규 직원을 채용할 때마다 새롭게 직무 분석을 해야 한다면 효율적이지 않고 엄청난 부담을 안겨준다. 이 부담을 줄여주지 않으면 노동시장에서 구직자와 직무를 연결하는 과정에 어려움이 많을 수밖에 없다.

미국 노동부에서는 이 같은 문제를 해결하기 위해서는 표준화된 직무 관련 정보가 있어야 한다고 판단했다. 그래서 1993년부터 유연하고 직업별 비교가 가능한 O*NET이라는 새로운 직업정보 시스템을 구성하는 노력을 시작했다. O*NET은 처음부터 사용자가 필요에 따라 데이터를 변경해서 사용할 수 있는 신축성 있는 디지털 시스템으로 만들었다. 새로운 정보를 수집하고 업데이트하는 데도 시간이 훨씬 적게 걸리고 비용도 적게 든다. O*NET은 1998년에 처음 CD-ROM으로 소개되었고 2000년부터는 온라인으로 옮겨졌다. 현재 O*NET는 미국 기업 간에 가장 널리 사용되는 직무분석 자료이다.[6]

우리도 현재 정부 연구기관인 고용정보원 등에서 직업별 정보를 제공하고 있는데 직업을 더 세분화하고 조사 표본을 키워서 직무 단위의 정보를 제공할 필요가 있다. 직무별 그리고 직무의 등급이나 직급별로 하는 일의 특성과 임금 정보가 포함되어야 하는 것은 물론이다. 이것을 가지고 노사정이 업종별이나 산업별로 직무 등급별 임금 지도를 만들고 나아가 어떤 방향으로 임금 수준을 표준화할지 논의를 시작해야 한다.

직무급의 개발과 합의에 더해 개별 기업 안에서 작동될 성과급적 요인이 결합될 필요가 있다. 예를 들어 기업 안에서 중고령인력들이 자연적으로 임금피크제의 임금감소 효과를 수용하는 방법으로 주 4일 근무 등으로 일을 줄이고 성과 인센티브를 적게 받는 방안도 있다. 이런 의미에서 직무급의 기본은 초기업 단위에서 결정해주고 기업의 생산성과 수익현황의 차이와 이에 기여한 직원의 기여분을 차등 보상하는 성과급 요소는 결합적으로 운영될 수 있다. 직무성과제라고 작명이 가능한 임금체계라고 할 수 있다.

최근 '성과연봉제'라 이름 붙여 직무급 기준 없이 공공부문에서 무리하게 적용하려다가 많은 저항과 마찰을 불러왔다는 점을 상기해서 노사정 합의를 통해 '직무성과제'를 도입해야 한다. 직무의 기본값에 성과의 추가 값을 더하는 방식이다. 직무는 단지 회사 내의 업무task나 직위job title는 아니다. 사회적으로 인정할 수 있는, 특히 노사정이 동의하는 일의 종류job category와 그 카테고리 안에서 능력 또는 숙련 등급을 보여주는 것이다. 이는 노사정위원회나 사회적인 논의를 필요로 한다. 그것을 생략하면 다시 성과연봉제가 부딪힌 한계에 봉착하게 될 것이다.

직무급을 공정하게 설정하고 노동시장에 보편적으로 적용하는 것은 국가 전체적인 차원에서의 논의를 필요로 하지만 그것만으로는 부족하다. 핵심 산업들을 중심으로 지역별로 노사민정 회의체를 만들고 그 산하에 전문위원회를 두어 논의하는 것이 필수적이다. 법으로 담보할 수 없어서 중앙차원의 합의와 지역차원의 협의가 뒷받침되어야 한다.

중고령자도 경쟁력을 유지하기 위한
일터 혁신과 학습의 강화

흔히 주먹구구식으로 일을 한다는 표현이 있다. 관성대로 일하다 보면 이는 당연히 전통적으로 오랫동안 일해왔던 연장자의 경험과 판단이 더 낫다는 기준을 강화시키고 결국 연공서열주의의 강화로 발전한다. 그러나 직급상 일정 수준에 도달하면 갑자기 연장자가 쌓아온 그간의 경험은 조직의 위계상 높은 자리가 보장되지 않는 한 별로 쓸모가 없는 경력 절벽이 나타난다. 능력은 충분하지만 더 이상 경력이 보장되지 않는 이런 결과는 지시와 통제형 조직문화에서 많이 나타난다. 이를 혁신형 조직문화로 바꾸어야 한다. 일터 혁신**workplace innovation**은 직무와 생산성 중심으로 합리적으로 일하는 문화를 정착시키는 데 있어서 반드시 필요하다고 할 수 있다.

4차 산업혁명에 대응하기 위해서도 혁신이 중요하다

더구나 최근에는 이른바 4차 산업혁명이라 불리는 산업의 디지털화가 매우 빠르게 전개되고 있다. 4차 산업혁명이 확산되면서 인공지능**AI**, 사물인터넷**IoT**, 연결성**Connectivity**, 빅 데이터, 로봇 등의 도입이 산업, 생산, 교육, 노동 시장, 인사 등 우리 사회 전반에 미칠 영향은 전례 없이 광범위하고 그 속도 또한 예측하기 어려울 정도로 빠르다.[7] 4차 산업혁명은 인간의 모든 노동을 인공지능을 탑재한 기계와

로봇이 대체할 것이라는 두려움을 불러온다.[8] 구글의 인공지능 프로그램 알파고가 이세돌 9단과의 바둑 대결에서 완승을 거둔 후 컴퓨터가 인간의 전유물이라고 여겨져 왔던 지적 영역까지 잠식할 것이라는 두려움이 인간 사회를 뒤덮고 있다. 과연 4차 산업혁명이 우리 사회 전반에 미치는 영향은 어떠할까?

4차 산업혁명이 인간의 노동을 완전 대체할 수 있다는 공포와 기대는 일단 과도한 반응이라고 할 수 있다. 지금 필요한 것은 3차 산업혁명까지 요소 투입적 생산에 의존하고 장비와 시설에 의한 혁신에 의존했던 기존의 혁신 전략을 재성찰하고 새로운 전기를 마련하는 것이다. 즉 우리는 기존 생산방식에서 근로자들이 가진 능력과 기술을 충분히 활용하지 못하는 만성적인 문제를 가지고 있었다. 세계 경제포럼WEF, World Economic Forum이 지적한 바에 의하면 유럽 근로자들의 3분의 1은 여전히 자신이 보유한 기능이 하는 일에 비해 과잉 기능over-skilled 상태라고 보고하고 있다.[9] 이것이 의미하는 바는 여전히 우리의 작업장 조직이 불합리하고 엉성한 상태에서 근로자를 활용하고 있다는 것이며 일터 혁신을 통해 근로자가 가진 기능과 능력을 충분히 활용하게 할 필요가 있다는 것이다.

우리가 가진 일터 혁신과 학습제도의 개선이 필요하다

우리의 일터 혁신이 어느 정도 진행되어 왔을까? 우리나라 기업들의 경우, 다음 그림에서 보듯이 고성과 작업 관행을 채택하고 있는

외국과 비교한 한국에서의 일터 혁신(작업조직에서만)

― 높은 고성과작업관행의 일자리 비율
◆ 고성과작업관행 지수

주1: 고성과작업관행 지수의 평균은 2.79이고, 분산이 1이다.
주2: 고성과 작업관행은 문제해결, 정보통신 기술활용, 읽고 쓰고 계산을 함에 있어서 작업유연성(작업순서, 작업 속도, 작업방법에서의 자율성), 동료 근로자들과의 협력과 정보공유, 다른 근로자들을 가르치고 훈련하고 지시하는 정도, 시간과 활동을 주나 월단위로 근로자들이 활용 혹은 계획할 수 있는 가능성을 살펴본 것임.
자료: OECD Employment Outlook 2016. Figure 2.10 High-performance Work Practices(고성과 작업관행)을 일부 변형.[10]

정도를 나타내는 지수가 다른 국가들과 비교해 매우 낮은 수준이다. 유럽의 강소국들이 가장 높은 수준이고 우리는 OECD 국가 중 하위권에 속한다.

일터 혁신에서 중요한 것은 일터 기반 학습이다. 4차 산업혁명에서 로봇 및 인공지능과 병존하는 노동력이 되기 위해서 학습은 필수불가결이다. 일터 학습workplace learning은 사실상 정치적, 경제적, 사회적인 각축장contested terrain이다. 노조는 훈련과 직업교육 정책을 결정하는 데 있어서 산업, 국가, 그리고 국제적인 수준에서 매우 중요한 역할을 해왔다. 1970년대와 1980년대에 노조는 일터에서 1) 기본적 기능, 2) 노조역할의 기능, 3) 사회, 경제, 정치적 기능, 4) 기술적이고 직업적인 기능, 5) 문화적인 기능이라는 다섯 가지의 기능을 향상시켜주는 학습이 필요하다고 주장해왔다. 이러한 기능에 대한 학습요구는 전반적으로 근로자들의 이해와 단결을 위한 장치였으며 따라서 훈련training에 대한 요구가 특별히 크지 않았다.[11]

그러나 1990년대에 들어와서 세계화된 경쟁과 지식 기반 경제의 도래와 함께 훈련과 평생학습에 대한 요구가 중요해지기 시작했다. 평생학습과 훈련은 근로자의 권리이자 기업과 노조 그리고 정부가 제공해야 할 중요한 서비스로 인정되고 있다. 고성과 작업장과 근로자의 삶의 질을 높이기 위한 프로그램이 강화됐다. 그러면서 노조의 역할을 통한 적절한 훈련기회의 제공은 핵심적인 전략으로 인식되기 시작했다.

일터 학습은 작업성과도 올리면서 근로자의 삶의 질을 올릴 수 있는 효과적인 방안이다. 일터 학습이 날이 갈수록 중요해질 것이다. 그 이유는 분명하다. 우선 특별한 전문적이고 과학적인 지식을 이용해서 일해야 하는 직종과 직무가 늘어났기 때문이다. 아울러 고성과 일터조직이 지향하는 바는 바로 모든 근로자가 지식근로자로 변해야 한다는 것이다. 직무전환, 성과중심 보상, 자율 작업팀 등의 발전은 바로 끊임없는 일터 학습을 요구하고 있다.[12]

최근 고객의 니즈에 따라 맞춤화된 상품과 서비스를 제공한다는 이른바 온 디맨드on-demand 경제에서는 대량생산체제하에서 활용되었던 '구상과 실행의 분리'라는 원칙을 넘어서서 유연하고 신속한 개선과 다양한 종류의 상품과 서비스의 공급을 원하고 있다. 관리자가 구상하고 근로자가 실행하는 '구상과 실행의 분리'가 더 이상 유효하지 않고 근로자가 구상까지 수행하는 것이 필요한 세상이 된 것이다. 이런 점에서 장기간 학교교육과정을 이수하고 이후에는 근로에 대해 장기간 몰입하는 이원화된 방식은 더 이상 유효하지 않게 되었다. 일을 하면서 작업장에서 학습하는 일 기반work-based 학습이나 작업장 현장workplace-level 학습이 중요해진 것이다. 이는 학습과 일의 병행을 의미하며 근무와 학습이 동떨어지기보다는 유기적으로 연계되어 생산성을 높이는 방식을 구현하는 것이다.

그러기 위해서는 우선 장시간 근로를 줄이고 근로시간의 연장선상에서 현장학습이 이루어져야 한다. 아울러 조직 내 다양한 수준과 요구별로 잘 짜인 학습 메뉴가 조성되어 일회적이지 않고 지속적인 현장학습이 이루어질 수 있어야 한다. 또한 일과 학습 간의 교차와 혼합을 위한 시간관리상의 기술이나 소프트웨어 프로그램이 뒷받침되어야 한다. 많은 경우 학습의 시공간상의 제약을 넘기 위한 IT 기반 지원체계를 구축해야 한다.

일터 혁신과 학습을 촉진하기 위해선 정부와 사회적 지원이 강화되어야 한다. 직업훈련에 대한 고용보험 지원도 단순 지원이 아니라 중소기업까지도 의무적인 교육훈련시간을 확보하도록 하면서 재정적 지원을 해줘야 한다. 또 교육훈련을 위한 대체인력 고용과 근로시간 단축에 대한 지원을 강화해야 한다. 나아가 대기업과 중소기업 간 동반성장 정책의 핵심으로 일터 혁신 프로그램을 확산해야 한다. 최근 포용적 성장에 이은 포용적 일터 혁신의 필요성이 강조되고 있는 바 그 핵심은 중소기업에도 혁신의 혜택이 골고루 주어지도록 생태계를 만들어주어야 한다는 것이다.[13] 그런 건강한 생태계 조성을 위해 기업만이 아니라 정부의 일터 혁신 컨설팅을 강화하고 산업별 인적자원개발 지원을 내실화해야 한다.

중고령자의 점진적 은퇴제도 확대

정년이 늘어나고 중고령인력들의 노동시장 이행 상황이 복잡 다기화되면서 일률적인 취업과 은퇴 모델이 가지는 한계가 분명해지고 있다. 기업 내에서 점진적으로 일을 줄이는 경우, 외부의 영리 및 비영리 활동과 병행한 경제활동을 원하는 경우, 가족 돌봄과 취업활동을 병행하고자 하는 경우, 은퇴 뒤 휴식기를 거쳐 재취업을 하려는 경우 등 완전 은퇴와는 다른 점진적 은퇴 모델이 사회적으로 중요해지고 있다.

점진적 은퇴제도의 필요성을 주창한 선도적 연구인인 한국노동연구원의 방하남 원장 외의 연구에서는 우리나라 근로자의 주된 일자리에서의 평균 퇴직연령은 약 54세이고 평균 은퇴연령은 약 68세로 추정된다. 총 은퇴자 중 남성은 64%이고 여성은 47%가 점진적 은퇴과정을 경험한다고 보고했다.[14] 황수경 통계청장의 2013년 연구에서는 생애 최장근무 일자리 이직연령은 전체 53.2세이지만 이직 사유에 따라 그 격차가 현저하고 특히 가족 돌봄에 따른 이직연령은 평균 42.3세로 다른 사유에 따른 이직연령보다 매우 낮다고 보고되었다. 고용형태별 이직사유는 임금근로자는 사업부진(23.6%), 건강악화(22.2%), 정년퇴직(15.0%), 가족돌봄(14.5%) 그리고 비임금근로자는 사업부진(40.2%), 건강악화(34.5%), 가족돌봄(11.5%) 등의 순서로 나타났다.[15]

점진적 은퇴를 위한 사회보장 제도의 지원이 중요하다

점진적 은퇴는 퇴직 이후 생활을 준비하고 기업 내 후속세대에 대한 멘토링과 기업 밖에서의 자원봉사를 통해 다양한 역할 확대를 기할 수 있다는 장점이 있다. 아울러 점진적 은퇴 기간 중 지급하는 부분연금은 연금수급 시점을 연장하고 연금지급액을 줄여서 지속 가능한 연금 역할을 강화하는 장점이 있다.

일단 우리나라 근로자가 주된 일자리에서 평균퇴직연령은 53세 정도로 보고 이후 15년 내외 동안 주변적 노동시장에서 종사한 이후 최종적으로 은퇴한다고 본다면 60세까지는 직무급 전환, 직무 재조정, 임금피크제 도입 등의 방법으로 기업 내에서 노사가 자율적으로 정년보장을 실천하고 60세부터 70세까지의 기간은 점진적 은퇴 이행 기간으로 두고 점진적 은퇴를 실행할 필요가 있다. 장차 늘어날 정년으로 보이는 65세까지는 기업 안에서 근로시간 단축과 정부의 부분 실업급여 지급 등의 방법으로 고용안정을 이루고 65세부터 70

세까지는 정년 후 재고용, 파트타임 직무로의 재취업 등과 더불어 부분연금 지급을 통해 고용연장을 도모하는 것이 바람직하다.

참고로 일본은 후생노동성이 2016년 발표한 고령자 고용취업대책에서는 65세까지는 주로 기업과 기업그룹 내에서 고령자고용확보조치 의무화를 통해 고용을 유지하고 65세 이후에는 기업과 지역사회에서 일자리를 확보하는 것으로 제시되었다. 31인 이상 일본 기업들의 99%는 65세까지의 고령자 고용확보조치 의무를 지고 있다. 실제로 72.5%에서는 희망자 전원이 65세까지 일할 수 있다. 그러나 65세 이후는 삶의 욕구가 다양하고 체력적 측면에서 노화가 현저히 진행되기에 고용을 의무화하지는 않고 가능하면 고용을 유지하도록 하는 가이드라인을 따른다.[16]

법적 정년 이후의 노동시장 체류기간에는 부분연금을 지급할 필요가 있다. 베이비부머도 그렇지만 현재의 노동 인구층 대부분이 충분한 연금혜택을 받지 못할 가능성이 있기 때문에 동시에 실업부조의 도입도 필요하다. 실업부조는 고용보험에 가입하지 못한 미취업자나 장기 실업자들에게 노동시장 참여를 조건으로 생계비를 지원하는 정책이다. 이를 통해 미취업 청년층과 주된 일자리에서 밀려난 장기실업 상태의 고령층이 혜택을 받을 수 있다.[17] 선진국보다는 노동시장 구직알선과 직업훈련을 강조하는 성격을 가지지만 빈곤 상태에 놓인 고령층을 사회적으로 보호하는 실업부조의 도입이 필요하다.

고령층에게는 독일 미니 잡을 부분적으로 활용하자

점진적 은퇴 제도의 설계에서 사회적으로 같이 논의해야 할 것은 한국형 미니 잡이다. 미니 잡은 독일에서 최근 시행되는 제도이다. 독일은 과도한 복지와 저성장-고실업의 '독일병'에 시달리던 중 고실업률과 이에 따른 사회보험 재정 악화를 해결하기 위해 2000년대 초반부터 4차례에 걸쳐 하르츠 개혁을 단행했다. 하르츠 개혁의 핵심은 노동시장 유연성 증대와 근로유인 강화를 통한 고용시장 회복인데 그 과정에서 2003년 미니 잡 프로그램이 도입되었다. 당시 독일에서는 실업급여나 공공부조에 의존해 생활하고 있는 장기실업자들을 노동시장으로 진입시키기 위한 정책을 마련하는 것이 시급한 과제였다. 그래서 일정 금액 이하의 임금을 받는 일자리에 한해 사회보험료를 면제하거나 감면해주는 방안이 도입되었다. 실업자들이 사회보험료 부담 때문에 취업을 기피하는 현상을 방지하고 저임금 또는 일시적 일자리라도 적극적으로 취업할 유인을 제공하고자 하는 것이었다.[18]

2003년 도입된 미니 잡 프로그램은 1999년부터 시행된 독일의 저소득층 사회보험료 감면정책을 확대 개선한 제도이다. 미니 잡은 월평균 근로소득이 400유로를 초과하지 않는 저임금 고용을 지칭하는데 연간 근로일수가 2개월 혹은 50일을 초과하지 않는 단기고용도 포함한다. 독일의 미니 잡 제도는 근로자의 사회보험료 및 근로소득세 부담을 면제하되 동일한 노동법상의 보호를 보장한다는 장점이 있다. 또한 사회보험료 감면혜택이 가구소득에 관계없이 개인 단위로 산출되어 지급된다. 따라서 고소득 가구의 저소득 근로자 가구원의 취업 활동을 방해하지 않는다. 2012년에 약 700만 명의 근로자가 미니 잡에 취업했다. 이는 총 근로자의 19.6%에 해당하는 높은 수치이다. 미니 잡 근로자는 고용보험 적용대상자가 아니어서 그만두어도 실업급여 또는 부분 실업급여 수급자격은 없다.

독일의 미니 잡은 저임금 근로계층의 노동 시장 이탈을 방지하고 여성 인력 등 비경제활동에 머무는 인력들의 노동시장 참여를 유도하기 위해 만들어졌다. 하지만 우리는 저숙련 고령인력들의 노동시장 잔류기간을 늘리는 데 필요하다. 상식적으로 고령인력의 고용은 기업 입장에서는 특별한 사회적 지원을 얻는 경우에 활성화될 수 있다. 이미 고용보험상으로 60세 이상 고령자를 기업이 고용할 경우 일정한 요건을 거쳐 분기별로 18만 원씩 고용지원금을 받고 있다. 다만 이 제도는 2017년 말로 종료되는 한시적 성격을 가진다. 이후에도 유사한 지원이 있을 수 있으며 이런 지원은 결국 60세 정년제도와 무관하게 장기간 고용하거나 고령자들의 재취업을 돕는 기업들에게 혜택을 주는 정책이다.

그런데 점진적 은퇴과정을 활성화하고 생업이 아닌 부업의 개념으로 노후를 보내려는 고령인력들, 예컨대 법적 정년 60세 이후부터나 국민연금 수급이 개시되는 65세 이후 고령인력들이 쉽게 다양한 일자리 기회를 얻을 수 있게 사회보험상의 적용을 감면받는 독일식 미니 잡을 한국형으로 받아들여 허용할 필요가 있다. 즉 저임금 근로자들에 대한 취업 지원을 목표로 한 독일식 미니 잡은 아니지만 주된 생애 일자리에서 나온 이후 고령자들에게 부업 정도의 재취업을 제공하는 사업장과 근로자에게는 사회보험에서 산재보험만 적용하되 건강보험, 연금, 고용보험의 추가적 적용을 제외하는 것이다.

우리나라 고령인력들은 주변적 일자리에서 꽤 늦게까지 매우 적은 소득을 올리면서 경제활동을 하고 있다. 노인 고용률과 빈곤율이 동시에 높은 특징을 가지고 있다. 독일의 미니 잡은 저임금 일자리에 대한 지원이지만 한국식 미니 잡은 상대적인 저숙련 고령자의 노동시장 내 점진적 은퇴를 돕는 성격으로 활용할 필요가 있다. 만약 고령인력이라 하더라도 소속 사업장이 주된 생업형 일자리라고 한다면 기존 사회보험법 적용을 받고 고령자 고용지원금을 고용보험을 통해 수혜받는 방식으로 전개되는 것을 전제로 해야 한다.

맺음말: 60세 이후 70세까지 연령구간에 대한 복합적 정책 패키지가 중요하다

고령화 시대에 역설적으로 나이에 대한 거부감이 늘어나고 있다. 수명과 경제활동 기간이 상대적으로 짧았던 시대에는 나이에 의해 정해지는 계단을 따라 올라가는 것이 안정감을 주었다. 하지만 고령화가 되면서 기업도 나이 든 직원을 부담스러워하고 근로자들도 나이에 의해 결정되는 승진과 보상이 자신들을 주된 일터에서 몰아낸다고 느끼고 있다. 반면에 늘어난 수명과 경제적 부담으로 노동시장에서 활동해야 하는 기간은 늘어나고 있다. 기업 안에 안착하기도 어렵고 조기 은퇴를 하기도 어려운 갈등적인 상황을 피하기 어렵다.

예전에는 기업 조직이 근로자들의 생존 질서를 만들어주었다. 하지만 이제는 계속 늘어날 정년과 기대수명으로 연공서열 원칙과 고령자 고용을 기업 조직이 단독으로 보장하기도 어렵다. 그렇다고 기업 내에서 확실한 다른 대안을 제시하기도 어렵다. 기업을 넘어서 사회적으로 문제해결을 도와야 하는 시대가 된 것이다. 물론 역으로 기업도 그 사회의 책임 있는 주역으로 사회적인 문제해결에 자발적으로 나서는 기업 시민적인 태도가 필요하다.

결론적으로 고령화 시대와(사실 이미 초고령 사회로 가고 있지만) 4차 산업혁명 시대에 평생고용보장을 기업들에게 요청하기는 분명히 한계가 있다. 기업의 평생고용보장을 넘어서서 사회적으로 평생고용안정을 높이기 위한 제도적 혁신에 기업과 정부 그리고 근로자와 노동조합이 협력하고 사회적 분업을 이룰 필요가 있다. 이 글에서 제시한 제도적 혁신방안은 크게 세 가지였다. 연공급을 넘어서는 시장 직무급의 구축, 일터 혁신과 학습 강화를 통해 4차 산업혁명을 대비하는 중고령인력의 능력개발, 그리고 점진적 은퇴제도를 통한 중고령인력의 다양한 노동 시장 이행 촉진이다.

직무 기반 임금체계 마련을 위해서는 정부의 역할도 중요하지만 업종별, 직종별로 노사의 자발적인 참여가 매우 중요하다. 임금체계는 신체의 혈관과 같은 것이다. 노동시장에서 인력의 적재적소 배치와 이동을 촉진한다. 중고령인력들에게도 수직적으로나 수평적으로 원활한 이동을 저해하는 칸막이가 없어야 바람직한 임금체계라고 할 수 있다.

다음으로 일터 혁신과 학습은 향후 노동시장이 동태적으로 변화하는 양상을 능동적으로 따라가서 중고령인력들의 노동시장 장기체류 가능성을 높이는 노력이다. 몇 년 후의 노동시장은 현재와 많이 다를 것이다. 기술 진보와 경제 구조가 급변하는 시대에서 기업 조직이나 기존 일하는 체계는 많은 변화를 겪을 수밖에 없다. 근로자로서 할 수 있는 거의 유일한 대응책은 일터에서의 혁신과 학습을 통한 역량 재구축이다.

마지막으로 점진적 은퇴는 신체능력, 가족구성, 욕구변화에서 많은 변수가 있지만 늦게까지 일해야 노후에 받는 연금급여를 늘릴 수 있다는 측면에서 우리나라에선 고령자들에게 선택이 아니라 꼭 필요한 제도이다. 예컨대 65세부터 연금 수급을 시작할 것이 아니라 5년 동안 더 일하고 70세부터 연금을 받기 시작한다면 노후에 받을 연금액을 높일 수 있다.

점진적 은퇴에서 향후 중요한 연령구간은 60세 이후 70세까지 10년간 구간이다. 65세를 전후로 그 이전 5년과 그 이후 5년간의 최소 10년 동안 기업들의 비용부담, 근로자들의 비용감수, 정부의 비용지원 등이 균형 있게 설계될 필요가 있다. 예컨대 부분 실업급여와 부분연금의 경우 정부나 사회적 지원의 명분이 분명하기에 제도 실시에 따른 추가비용 조달에서 노사의 부담을 어느 정도 낮춰줘서 점진적 이행 기간을 더 늘려나가도록 해줄 필요가 있다. 또한 저숙련 고령자들을 대상으로 한국형 미니 잡을 활성화해 다양한 재취업 기회를 보장해서 점진적 은퇴를 도울 필요가 있다. 고용보험에서 받는 혜택이 없는 이들에게 생계비를 지원하는 실업부조의 도입도 청년층의 노동시장 진입만이 아니라 고령층의 노동시장 복귀를 돕는 차원에서 적극 검토할 필요가 있다.

지금은 감히 단정하기 어렵지만 70세가 되어도 대부분이 충분히 일할 수 있는 시대가 올 수도 있다. 특히 곧 다가올 초고령 사회에서 70세는 여전히 일하기 적합한 나이로 간주될 수 있다. 그러나 60세 이후부터 70세까지의 이행기에 노동시장에서 완전히 은퇴하지 않고 노동력의 가치를 유지해야 70세 이후 노동이 수월할 것이다. 58년생을 정점으로 한 베이비부머 핵심층들이 10년도 안 되어 70대로 진입하기에 사회제도적 혁신은 바로 논의 및 실행에 착수해야 한다.

7장

고령화 시대 기업 조직활력
제고를 위한 법제도 개선 방안

박지순
고려대 법학전문대학원 교수

고려대학교에서 법학 학사학위와 석사학위를 받았고 독일 아우크스부르크대학교에서 박사학위를 받았다. 다수의 정책연구보고서와 여러 노동법 관련 전문 저널에 다수의 학술논문을 발표했다. 주요 저서로는 『노동법강의』 『사회보장법』 등이 있다. 현재 한국사회보장법학회 부회장, 한국노동법학회 상임이사, 여러 정부기관에서 공익위원으로 활동하고 있다.

K-Management 3.0

한국사회가 늙어가고 있다. 우리 기업도 덩달아 고령화되고 있다. 중고령인력의 확대와 고령자에 적합한 일자리의 부족(엄밀하게는 일자리 전체가 줄어들고 있다)은 우리 사회가 직면한 가장 강력한 도전의 하나이다. 전체 인구 중 약 2,000만 명에 가까운 임금근로자에 적용되는 노동법과 사회보험법도 그러한 변화에 대응해 개선방안이 논의되어야 할 시점이다. 특히 현행 노동법제도가 중고령근로자의 유연한 활용을 억제해 사실상 직장에서 배제하는 결과를 가져오는 것은 아닌지 재검토해야 한다. 선진국에서는 고령화로 인한 문제를 해결하기 위해 노동 관련 법을 개정해왔다.[1] 동일한 문제를 안고 있는 우리도 시급히 노동 관련 법 전반의 개정을 검토해야 한다.

젊은 세대에 비해 경쟁력이 약해진 중고령근로자는 안팎으로 퇴직압력에 내몰린다. 우리 기업에서 50세 또는 55세 이상의 중고령근로자가 소수에 속하는 것은 이러한 이유에서일 것이다. 그러던 중 고령화 시대 중고령근로자의 고용안정이 사회적 관심사가 되면서 60세 법정정년제도가 도입되었다. 그렇지만 매우 경직된 노동법제도로 인해 기업들은 정규직 중고령근로자에게 높은 임금을 지불해야 하고 또 유연하게 활용하기도 어렵다. 그래서 기업들은 가능하면 중고령근로자를 정규직으로 활용하지 않으려 한다. 이와 같이 경직된 법적 규제는 현재 근로관계에 있는 중고령근로자뿐만 아니라 중고령 실업자의 정규직 채용에도 부정적인 영향을 미친다. 근로조건 결정에서 연공형 임금체계, 근로시간의 단축 및 규제강화, 휴가청구권의 확대, 해고의 어려움 등은 중고령 구직자의 정규직 채용에 대한 중대한 장애요인이 되고 있다. 그들에 대한 해고가 사실상 어렵고 높은 비용을 부담해야 하기 때문이다. 그 결과 많은 중고령자들이 근로조건이 열악한 비정규직이나 자영업의 정글로 내몰린다.

한국의 노동시장은 전체적으로 보면 중고령근로자에게 불리한 구조로 되어 있다. 그 원인은 노동법제도가 선진국에 비해서 지나치게 경직적이라는 데서 찾을 수 있다. 노동시장 경직성이 실업률을 높인다는 노동경제학 분야의 일관된 실증연구결과에서도 알 수 있듯이 노동법제도의 경직성은 단기적으로는 근로자보호를 실현하는 것으로 보이지만 결국에는 근로자개인과 기업을 모두 피해자로 만들 수 있다.

이러한 문제를 해결하기 위해서는 기업에서 중고령근로자의 활용도를 높일 수 있도록 중고령근로자 친화적인 방향으로 노동법제도의 개선이 이뤄져야 한다. 고령화 시대의 노동법 과제는 노동법이 중고령근로자에 대한 특별한 보호를 만들어 내는 데 있는 것이 아니다. 오히려 좀 더 자유로운 채용과 업무배치가 가능하고 중고령근로자의 상대적 경쟁력을 향상시켜 사업장 내 중고령근로자의 차별을 없앨 수 있도록 하는 데 있다.

이번 장에서는 이러한 관점에서 기업과 근로자, 특히 중고령근로자 모두에게 도움이 될 수 있는 노동법제도의 개선과제를 검토하되, 그중에서도 인사 및 노무관리의 규율방식과 내용에 초점을 둔다.

인력활용 유연성 제고를 위한 근로기준제도의 개선이 필요하다

근로기준제도 개선방안을 제시하기 위해 현재 기업 인력활용의 유연성을 떨어뜨리고 결과적으로 국내 노동시장의 경쟁력을 떨어뜨려 일자리 창출을 어렵게 하는 핵심문제들을 연장근로시간, 유연근무시간제, 포괄임금제 순으로 검토해보자.

연장근로시간의 쟁점

고령화의 급속한 진전과 법정 정년제도의 도입에 발맞춰 중고령인력을 보다 적극적으로 활용해야 한다는 사회적 요청이 커짐에 따라 일차적으로 현행 근로기준법의 근로시간 규제에 대한 전면적 개혁 필요성이 제기된다. 현행 근로시간규제방식이 제정 당시부터 지금까지 생산직 근로자 중심으로 이뤄져 실제 산업현장의 수요와는 맞지 않고 그 결과 불필요한 비용부담을 발생시키고 있기 때문이다. 이는 필연적으로 중고령인력 활용에 대한 장애로 작용한다.

근로기준법 제50조는 법정 근로시간을 1주 40시간으로 정하고 있다. 그리고 이를 1주간에 편성할 경우에는 주휴일을 제외한 근로일(최대 6일)에 1일 8시간을 초과하지 않는 범위에서 편성할 수 있도록 규정하고 있다. 그리고 근로기준법 제55조에 따르면 사용자는 1주일에 평균 1회 이상의 유급휴일을 보장해야 한다.

법정 근로시간은 연장근로시간에 의해 그 경직성이 다소 완화된다. 연장근로시간은 1주 40시간 및 1일 8시간의 법정 근로시간을 초과해 근무할 수 있도록 예외적으로 허용된 근로시간이다. 근로기준법은 사용자와 근로자 간의 합의를 전제로 1주에 12시간까지 연장근로를 허용한다.[2] 따라서 1주일에 허용된 최대 근로시간은 52시간이 된다. 연장근로시간에 대해서는 통상임금의 100분의 50 이상을 가산해 임금을 지급해야 한다.[3] 이와 별도로 근로기준법이 보장하고 있는 주휴일에 근무한 경우에도 100분의 50 이상의 가산임금을 지급하도록 규정하고 있다.[4]

현재 근로시간에 관한 핵심 쟁점은 휴일근로시간을 연장근로시간에 포함할 것인지 여부이다. 예를 들어 이미 1주 근로일(월~금)에 연장근로시간까지 52시간을 근무한 A 근로자가 주휴일인 일요일에 회사의 호출을 받아 8시간을 근무한 경우(결과적으로 1주일에 총 60시간을 근무)에는 지금까지 연장근로와는 별개의 휴일근로로 인정해 휴일근로수당(통상임금의 50%)만을 가산해서 지급했다. 연장근로는 '근로일'에 8시간을 초과해 근무한 시간을 의미하는 것으로 해석했고 휴일근로는 전체 근로시간 수에 상관없이 '휴일'에 출근해 근무한 시간으로만 이해했기 때문이다.[5]

그러나 최근 하급심판결의 상당수가 휴일근로시간도 연장근로시간에 포함된다고 판단했다. 2017년 5월 새로 들어선 정부도 이러한 판단을 지지했다. 위의 사례에서 A근로자는 1주일에 60시간을 근무했다. 따라서 12시간의 연장근로시간 상한을 위반한 셈이 되었으며 휴일근로에 대해서는 연장근로수당과 휴일근로수당이 당연히 중복 지급되어야 한다.[6] 대법원은 아직 그에 대한 최종 판단을 내리지 않고 있다. 장시간근로로 인한 근로자의 건강 침해, 근로자의 개인생활의 포기, 나아가 생산성과 효율성 저하 등 부작용을 해소 또는 완화하기 위해 1주일의 근로시간 상한과 가산수당 산정방법을 명확히 정해야 할 것이다.

유연근무시간제의 쟁점

청장년인력에 비해 중고령인력들은 근로시간에 대해 다양한 니즈를 가지고 있다. 새로운 직무를 만들어내기 어려운 상황에서 중고령인력들의 활용도를 높이기 위해서는 근무시간 운영의 탄력성을 높여야 한다.

근로기준법은 근로시간의 경직적 운영을 완화하기 위해 일정 단위 기간(정산기간) 동안 1주일 평균 근로시간이 40시간을 초과하지 않는 다면 특정 주에 40시간을 초과하거나 특정일에 8시간을 초과할 수 있도록 하고 있다. 이때 정산을 위한 최대 기간을 3개월로 하고 있다. 이를 변형근로시간 또는 탄력적 근로시간이라 한다.[7] 또한 사용자는 1개월의 정산기간을 평균해 업무의 시작과 종료 시각을 근로자의 결정에 맡기기로 하는 선택적 근로시간을 노사합의에 의해 시행할 수 있다.[8]

그러나 이러한 유연근무제는 현실적으로 잘 활용되지 않는 것으로 보인다. 회사측에서는 이런 유연성이 낮은 유연근무제를 활용할 유인이 적기 때문이고 근로자측에서는 무임노동의 증가 가능성 및 근로소득 감소를 우려하기 때문이다.

포괄임금제의 쟁점

업종이나 직무에 따라서는 근로시간의 산정이 어렵거나 근로기준법상 근로시간에 관한 규정을 그대로 적용하기 어려운 특별한 사정이 있다. 그럴 때 사용자와 근로자가 미리 사전에 일정 시간 수에 대해 연장근로 또는 휴일근로를 인정하고 급여에 포함해 지급하는 방법이 실무에서 활용된다. 이를 포괄임금제라고 한다. 포괄임금제에 대해서는 법률상 아무런 규정이 없다. 그 때문에 포괄임금제는 허용

〔관련판례〕대법원 2014.06.26. 선고 2011도12114 판결

감시·단속적 근로 등과 같이 근로시간, 근로형태와 업무의 성질을 고려할 때 근로시간의 산정이 어려운 것으로 인정되는 경우에는 사용자와 근로자 사이에 기본임금을 미리 산정하지 아니한 채 법정수당까지 포함된 금액을 월급여액이나 일당임금으로 정하거나 기본임금을 미리 산정하면서도 법정 제 수당을 구분하지 아니한 채 일정액을 법정 제 수당으로 정해 이를 근로시간 수에 상관없이 지급하기로 약정하는 내용의 이른바 포괄임금제에 의한 임금 지급계약을 체결하더라도 그것이 달리 근로자에게 불이익이 없고 여러 사정에 비추어 정당하다고 인정될 때에는 유효하다.

그러나 위와 같이 근로시간의 산정이 어려운 경우가 아니라면 근로기준법상의 근로시간에 관한 규정을 그대로 적용할 수 없다고 볼 만한 특별한 사정이 없는 한 근로기준법상의 근로시간에 따른 임금지급의 원칙이 적용되어야 하므로, 이러한 경우에 앞서 본 포괄임금제 방식의 임금 지급계약을 체결한 때에는 그것이 근로기준법이 정한 근로시간에 관한 규제를 위반하는지를 따져, 포괄임금에 포함된 법정수당이 근로기준법이 정한 기준에 따라 산정된 법정수당에 미달한다면 그에 해당하는 포괄임금제에 의한 임금 지급계약 부분은 근로자에게 불이익해 무효라 할 것이고, 사용자는 근로기준법의 강행성과 보충성 원칙에 의해 근로자에게 그 미달되는 법정수당을 지급할 의무가 있다.

되지 않는 위법한 제도라는 비판도 있다. 그렇지만 대법원은 일정한 제한적 요건하에 포괄임금제의 합의를 허용하고 있다.

이렇게 제한하는 이유는 근로자가 실제로 근무를 제공한 시간에 대해 임금을 제대로 지급받지 못하게 될 가능성이 있고 또 사실상 근로시간의 규제를 벗어나 장시간근로가 조장될 가능성이 높기 때문이다. 반면에 기획업무 등 사무실에서 근무하는 다수 종사자는 업무결과에 따라 성과와 보상이 결정되지 근로시간 수에 따라 보수가 결정되는 것은 아니다. 출근해서 근무한 시간을 모두 근로에 집중한 것으로 보기도 어렵다. 사정이 그렇다면 장시간근로를 해결하는 방안을 강구하되, 연장근로수당과 관련된 포괄임금제의 취지를 무조건 부인하는 것은 타당하지 않다. 특히 대다수 중고령자들이 실제 기업현장에서 사무관리직으로 종사하고 있다는 점에서 업무 수행의 자율성과 전문성을 고려하면 포괄임금제가 사무관리직의 근무형태의 특성을 반영하는 측면도 어느 정도 있다. 그런 점에서 무조건 배제하기보다는 합리적 개선방안을 모색할 필요가 있다.

근로기준제도 개선방안

앞에서 언급한 근로시간 및 초과근무수당과 관련된 쟁점을 해결하기 위해서는 근로시간에 대한 규제를 유연화해야 하고, 화이트칼라 이그젬션 제도의 도입을 검토할 필요가 있다.

근로시간 규제를 유연화해야 한다
근로자의 활용도를 높이기 위해서는 그들의 생산성과 효율성을 극대화할 수 있도록 법적 규제를 유연화하는 것이 전제되어야 한다. 추가비용 없이 근로자의 활용도를 높일수록 근로자의 고용안정도 확보될 수 있기 때문이다. 또한 근로시간 규제의 목적이 근로자의 건강과 여가를 위한 휴식 보장이므로 근로시간 규제의 유연화와 함께 근로자의 건강과 여가 보장 방안도 고려해야 한다.

특히 근로기준법이 규제하는 근로기준 중에 1일 8시간이라는 근로시간 상한을 폐지하고 1일(24시간)에 제공해야 하는 최소 휴식시간제를 도입하는 방안을 검토할 필요가 있다. 유럽연합에서처럼 24시간 중 11시간 이상을 휴식으로 보장하는 것이 그 구체적 방안이 될 수 있다. 먼저 1주 40시간의 법정 근로시간을 유지하면서 1일 상한을 폐지하면 추가비용 없이 다양한 주중 근로시간 편성 옵션이 가능하다. 예를 들어 1주 5일제뿐만 아니라 1주 4일제도 가능하다.

연장근로와 휴일근로의 관계도 명확히 해야 한다. 휴일근로를 연장근로에 포함할 경우 근로시간 단축 효과는 발생한다. 하지만 동시에 근로자로서는 소득감소가 발생하고 기업으로서는 신규인력채용 및 교육, 설비 증설 및 보완, 생산라인 재편 등 다양한 투자요인에 따른 높은 비용이 추가된다. 이와 같이 연장근로시간 단축에 따른 불이익을 완화할 수 있도록 기업 규모에 따라 단계적으로 시행하고 근로시간 단축 후에도 생산성이 유지됨으로써 근로자의 소득감소를 만회할 수 있도록 다양한 보완대책이 함께 강구되어야 한다.

또한 탄력적 근로시간이나 선택적 근로시간 등 유연근무제도 요건을 완화할 필요가 있다. 정산을 위한 단위기간인 현행 3개월을 유럽처럼 6개월에서 1년까지 확대하면 기업으로서는 유연근무제를 적극적으로 활용할 유인이 생긴다. 인력의 효율적 활용을 통해 기업의 생산성도 높일 수 있기 때문이다.

근로시간저축계좌제도의 도입도 검토할 필요가 있다. 이 제도는 근로자가 연장근로나 휴일근로를 하면 그 해당 시간이나 그에 해당하는 임금(근로에 따른 통상임금 및 가산임금)을 해당 근로자의 개인별 시간계좌에 적립해 두고 이를 단기(1년) 또는 장기(퇴직시까지)로 구분해 정산하는 것이다. 정산방법은 시간을 휴가로 전환하거나 금전으로 지급하는 방안 중에서 근로자가 선택하도록 하면 된다. 성수기에 추가 근무로 적립하고 비수기나 퇴직을 앞두고 유급휴가나 근로시간단축 방식으로 정산하는 것이 보통이다.

포괄임금제에 대한 논란을 해결하는 방안으로 재량근로제의 확대를 고려할 수 있다. 현행 재량근로제는 사용자와 근로자가 합의한 시간을 근로한 것으로 보는 방법이다. 사용자는 근로자의 업무 수행 방법이나 근로시간에 대한 규제를 포기하고 근로자에게 부여한 임무의 실현(성과)을 중심으로 규제하는 제도이다. 현재는 연구개발 및 연구업무, 정보처리 업무, 기사취재 및 편성·편집업무, 디자인 또는 고안업무, 방송제작업무 등에만 제한적으로 인정되며 근로자대표와 사용자의 서면합의가 있어야 한다. 여기에 통상적인 기획업무 등 화이트칼라업무도 재량근로의 대상범위에 포함하는 방안이 고려될 수 있다.

우리 실정에 맞는 화이트칼라 이그젬션 제도를 도입할 필요가 있다

화이트칼라에게는 초과근무수당을 지급하지 않는 화이트칼라 이그젬션white-collar exemption의 도입도 검토가 필요하다.[9] 현행 근로기준법상 근로시간제도는 사무직 근로자들의 근무방식이나 환경과는 상당한 괴리가 있다. 사무직 근로자들은 일정한 재량과 독립된 판단에 근거해 업무를 수행하고 있어 근로시간만으로 업무의 양과 질을 측정하기 곤란하다. 그리고 사무직 근로자들은 시간 외 근로를 하는 경우에도 본인의 판단하에 근로시간을 배분하거나 작업방식을 결정하는 등 일정한 재량권을 갖고 있다. 따라서 사용자가 이들의 근로시간을 엄격하게 관리하는 데 한계가 있다. 그뿐만 아니라 글로벌화와 지식경제화가 보편화되면서 고부가가치 및 창조적인 업무 비중이 대폭 늘어나고 있기 때문에 장기간의 근로시간 투입이 업무 효율성이나 창의적 성과 창출을 보장하지 못하게 된다. 특히 현재와 같이 근로시간의 투입량으로 임금이 설정되어 있으면 다음과 같은 역설적 상황이 발생할 수 있다. 고성과자들은 담당 업무를 신속하게 끝내 초과 근무를 하지 않고 저성과자들은 담당 업무를 근로시간 내에 완수하지 못해 초과 근무를 하고 시간 외 수당을 받아 고성과자보다 많은 임금을 수령하게 되는 것이다. 이와 더불어 오늘날 근로자들의 삶의 질Employee wellbeing과 일-가정 균형Work-life balance에 대한 관심이 급증하면서 장시간 근로에 대한 비판의 목소리가 나오고 있다. 이러한 측면에서 최근 국내 학계와 실무에서는 미국에서 시행되고 있으며 일본에서 유사하게 시행 중인 화이트칼라 이그젬션 제도의 도입 필요성을 적극적으로 제기하고 있다.

그런데 화이트칼라 이그젬션 제도의 대표격인 미국에서도 사용자와 근로자들 간에 적용대상 선정 기준을 두고 첨예하게 대립하고 있다. 이 제도를 시행하기 위해 장기간에 걸쳐 여러 차례 의견 수렴과 제도 설계를 진행해왔던 일본에서도 적용대상과 범위에 대한 노사 간의 의견 차이가 해소되지 않고 있다. 이러한 상황에서 단순히 미국의 화이트칼라 이그젬션 제도를 우리나라에 그대로 도입하는 것은 오히려 근로자들의 강한 반발만 불러일으킴으로써 의도한 제도의 목적을 달성하지 못하고 사회 전반의 혼란과 노사 간의 갈등만 가중시킬 수 있다.

이러한 논의들을 토대로 사무직 근로자들의 근무시간 적용의 합리화와 사용자들의 비용 대비 성과의 합리화 측면에서 현실적 대안을 찾아야 한다. 미국에서 시행 중인 화이트칼라 이그젬션 제도를 도입하되, 한국의 실정에 맞게 변형해 수용할 필요가 있다.

취업규칙 변경을 더 쉽게 할 수 있도록 해야 한다

근로조건 변경을 위한 취업규칙 변경의 어려움

기업 경영 환경이 바뀌고 기업 전략이나 근로자들의 특성이 바뀌면 그에 따라 근로조건도 바뀌어야 한다. 특히 중고령자의 계속 근무 환경을 조성하기 위해서는 기존과는 다른 새로운 근로조건 설정 또는 변경이 불가피하다. 그리고 이는 상당 부분 취업규칙의 변경을 통해 진행될 수밖에 없다. 취업규칙은 기업질서(복무규율)와 근로조건을 사용자가 작성해 소속 근로자 전체에게 적용하는 규정이기 때문이다.

근로기준법은 상시 근로자 10명 이상을 사용하는 사용자에게 취업규칙의 작성과 신고의무를 부과하고 있다.[10] 그런데 취업규칙은 사용자가 일방적으로 작성하는 것이므로 근로자에게 불리하게 작성되거나 변경할 가능성도 있다. 근로기준법은 이 점을 고려해 취업규칙의 작성 및 변경 시 근로자측의 의견을 듣도록 하고 불리하게 변경할 경우에는 근로자측의 동의를 얻도록 하는 절차규정을 도입했다.[11]

사용자가 근로자측의 의견을 듣지 않고 취업규칙을 작성하거나 변경하면 벌칙이 적용되긴 하지만 취업규칙 자체의 효력은 인정된다. 그러나 근로자측의 동의를 얻지 않고 근로조건을 불리하게 변경한 경우에는 해당 근로자에 대해서는 효력이 인정되지 않는다. 즉 무효가 된다.[12]

예: 성과연봉제 및 임금피크제 도입의 어려움

연령차별금지법 제19조는 근로자의 정년을 60세 이상으로 정하도록 의무화했다. 기업이 근로자의 정년을 60세 미만으로 정했다면 60세를 정년으로 본다. 이를 법정 정년제라고 한다. 기업은 새로운 법정 정년제의 도입에 따라 종전보다 더 오랫동안 고령근로자를 고용해야 한다. 기업의 인력 운영이 더욱 경직화되고 비용이 늘 것이라는 점은 쉽게 예상할 수 있다. 따라서 연령차별금지법은 법정 정년제의 실효성을 높이기 위해 사업 또는 사업장의 사업주와 근로자의 과반수로 조직된 노동조합(근로자의 과반수로 조직된 노동조합이 없는 경우에는 근로자의 과반수를 대표하는 자)은 그 사업 또는 사업장의 여건에 따라 임금체계 개편 등 필요한 조치를 해야 한다고 규정했다.[13] 이때 임금체계 개편은 현재 연공제(호봉제)로 운영되는 임금체계를 당장은 임금피크제, 중장기적으로는 직무급제, 성과주의 임금제로 개편하는 것을 의미한다고 해석된다.

이러한 임금체계 개편을 위해서는 사용자와 근로자대표가 합의해야 하지만, 그 임금체계 변경이 경우에 따라서는 취업규칙의 불이익변경에 해당하므로 근로자 과반수의 동의를 얻어야 하는 과제가 있다. 물론 과반수노조가 있는 경우에는 그 노조대표자와 합의하면 모든 절차가 완료된다. 그렇지만 다수의 근로자는 임금의 감액을 초래하는 임금피크제나 근속연수가 길어져도 임금이 올라가지 않는 직무급 및 성과급제도의 도입에 호의적이지 않다. 따라서 그러한 변경에 반대할 가능성이 높다. 즉 취업규칙의 불이익변경 요건을 충족하기 어렵다는 뜻이다.

대법원은 근로자측의 동의가 없더라도 변경에 대한 사회통념상 합리성이 인정되면 유효하다는 입장을 취하고 있다. 하지만 현실적으로 법원이 '근로자측의 동의'라는 법률요건이 있음에도 이를 무시하고 사회통념상 합리성을 인정하기는 쉽지 않을 것이다. 실제 판례에서도 취업규칙 변경을 위한 적법한 절차를 밟지 않는 임금피크제의 도입을 무효라고 판단한 바 있다.[14] 따라서 사회 경제적 환경 변화 또는 기업의 경기변동에 따른 근로조건의 변경은 노동조합 또는 근로자측이 반대하면 사실상 실현되기 어렵다.

취업규칙 제도의 개선 방안

　기업의 경쟁력 강화와 그를 통한 근로자의 고용안정 및 근로조건 개선은 기업이 경기변동 및 사회경제적 환경변화에 능동적으로 대처할 수 있어야 가능하다. 근로조건의 변경도 그중 하나이다. 그러나 현행 취업규칙의 변경은 사용자가 일방적으로 작성 또는 변경하고 근로자측의 의견을 들어야 한다. 만약 종전보다 불리한 변경일 경우에는 근로자측의 동의를 얻어야 한다. 동의를 얻지 못한 취업규칙의 변경은 효력이 없다는 것이 일반적 견해(통설)이다. 그에 따라 근로조건의 저하를 우려하는 근로자측의 반대로 취업규칙 변경 자체가 무산될 수도 있다. 법원은 취업규칙 변경의 유효 여부를 판단하기 위하여 먼저 불이익변경인지 여부를 판단한다. 그 다음으로 과반수 근로자의 동의 등 법률이 요구하는 절차적 요건을 갖추었는지 판단한다. 만약 그러한 동의가 없다면 최종적으로 근로조건 변경이 사회통념상 합리성을 갖춘 것인지 판단한다. 그러나 불이익변경에 해당하는지 여부, 사회통념상 합리성의 판단 기준 등은 너무나 추상적이어서 노사 간에 늘 갈등과 분쟁의 불씨가 된다.

　취업규칙은 통상 ① 전체근로자에게 공통으로 적용되는 근로조건과 ② 복무규율 또는 기업질서에 관한 규정으로 나뉜다. ②의 부분은 사업을 운영하는 사업주의 고유영역이라고 할 수 있으나 ①의 부분은 원래 근로계약을 통해 근로자와 사용자가 합의하는 것이 원칙이나 표준화를 통한 효율적인 인사노무관리를 위해 사용자가 일방적으로 작성해서 제시하는 방식으로 전개되었다. 그렇지만 근로조건 대등결정의 원칙[15]에 따라 당사자 간 교섭의 대상으로 삼는 것이 타당하다. 반면 ②의 경우에는 사용자의 소유권 또는 점유권의 지배하에 있는 사업 또는 사업장 질서를 위한 복무규율이므로 근로자측을 대상으로 한 의견 수렴으로 충분할 것이다.

취업규칙 중 근로조건 부분의 공정한 대등결정을 위해서는 직군 또는 직급별로 근로자대표를 선임해 사용자측에 대한 협상 주체로 인정하는 것이 전제되어야 한다. 근로조건 변경이 유리하든 불리하든 일단 사용자와 근로자대표간의 교섭을 통해 결정되어야 하므로 근로자측의 투표나 회의 등 복잡한 절차를 절약할 수 있다.

만약 근로자대표와 사용자 사이에 교섭이 결렬될 경우에는 노동위원회 또는 당사자가 임의로 선정한 조정인을 통해 중재가 이뤄질 수 있도록 해야 한다. 중재는 당연히 당사자를 구속하는 효력을 갖도록 해야 한다.

━━━ 해고규제를 유연화해야 한다

현행 해고제도의 문제점

근로기준법 제23조는 근로자를 해고하려면 정당한 이유가 있어야 한다고 규정하고 있다. 정당한 이유를 판단하기 위해서는 먼저 객관

근로기준법 제23조 제1항은 사용자는 근로자에게 정당한 이유 없이 해고하지 못한다고 해 해고를 제한하고 있으므로, 해고사유가 인정되더라도 사회통념상 고용관계를 계속할 수 없을 정도로 근로자에게 책임 있는 사유가 있는 경우에 한해 해고의 정당성이 인정된다. 이는 근로자의 채용조건으로 일정 수준 이상의 학위 소지자일 것을 요구해 근로자가 이와 관련해 학위 논문을 제출한 경우 학위 논문에 표절 등 연구부정행위의 하자가 있음을 이유로 해고하는 때도 마찬가지이다. 이때 사회통념상 고용관계를 계속할 수 없을 정도인지는 학위 논문 전체를 기준으로 한 연구부정행위의 정도, 사용자가 사전에 학위 논문의 하자를 알았더라면 근로계약을 체결하지 아니했거나 적어도 동일 조건으로는 계약을 체결하지 아니했으리라는 등 고용 당시의 사정뿐 아니라, 고용 이후 해고에 이르기까지 근로자가 종사한 근로의 내용과 기간, 학위 논문의 하자로 근로의 정상적인 제공에 지장을 초래하는지, 학위 논문의 하자가 드러남으로써 노사 간 및 근로자 상호 간 신뢰관계의 유지나 안정적인 기업 경영과 질서유지에 미치는 영향 그 밖에 여러 사정을 종합적으로 고려해 판단해야 한다.

적으로 합리적인 해고사유가 존재해야 하고 근로자가 스스로 해당 사유를 극복 또는 개선하리라고 기대하기 어려워야 한다. 해고를 회피하기 위한 조치가 행해졌음에도 더 이상 근로관계를 유지하는 것이 객관적으로 기대하기 어려운 상황에 이르러야 한다.

객관적으로 합리적인 해고사유는 매우 다양하다. 이를 유형으로 묶으면 크게 근로자의 유책한 행동을 이유로 하는 이른바 행태상의 사유(유책사유)와 근로자의 책임을 묻기 어렵지만 질병이나 능력부족, 적격성 결여, 성과 불량 등 근로자의 조건이나 상태가 근로관계 유지를 어렵게 하는 이른바 일신상의 사유로 나눠진다. 그밖에도 사용자측의 사정으로 행해지는 경영상 해고가 있지만 경영상 해고에 대해서는 이 책에서 다루지 않는다.

우리 실무에서는 근로자의 행태상 사유가 문제될 경우에는 일반적으로 징계해고의 방식으로 하고 능력부족이나 적격성 결여가 문제될 때는 징계해고가 아닌 통상해고의 방법을 사용한다. 그러나 고용노동부가 지난 2015년 말 발표한 이른바 공정인사지침[16] 파동에서 나타났듯이 노동계는 능력부족이나 적격성 결여를 이유로 하는 통상해고 자체를 부인하고 있다. 기업은 기업대로 근로자의 지속적인 저성과가 인력운영상 장애가 될 경우 어떤 기준과 절차에 따라 해고할 수 있는지 정확한 원칙이 없어 답답해하는 실정이다.

근로기준법은 해고에는 정당한 이유가 있어야 한다고 규정하고 있을 뿐이기 때문에 결국 정당한 이유의 범위에 대한 해석이 쟁점이 된다. 해고가 근로관계에서 차지하는 중요성을 감안할 때 그 사유와 기준을 어느 정도 구체화할 필요가 있다. 그러나 법률로 어디까지 구체화할 수 있는지도 의문이다.

해고제도 유연화 방안

지금까지 해고제도는 노동법의 개혁논의에서 금단의 영역으로 남아 있다. 그러나 최근 이탈리아나 스페인의 노동개혁 사례에서 보듯이 해고규제의 완화는 노동시장의 활력을 높이기 위한 노동법개혁의 핵심메뉴가 되고 있다. 특히 법정 정년제도의 도입으로 인력운영의 경직성이 확대될 수밖에 없는 우리 기업에게 강력한 해고규제는 인력활용의 효율성을 저해하는 큰 장애물이 아닐 수 없다. 노동경제학 분야의 일관된 실증연구결과가 시사하듯이 좀 더 유연한 해고규제는 좀 더 많은 인력의 사용을 가능하게 할 수 있다.

해고규제의 개혁대상은 대체로 다음과 같이 제시된다. 먼저 부당해고의 효과로서 원직복직을 대신하는 금전보상제도의 확대이다. 현행제도는 근로자에게만 금전보상 신청권을 인정하고 있으나 독일 해고법과 같이 사용자에게도 금전보상 신청권을 부여하자는 것이다. 해고사유가 어느 정도 존재하지만 사용자가 해고절차를 위반해 해고한 경우라든가(서면통지 미준수, 징계절차 미준수 등), 근로자의 보호필요성(개선가능성 등)도 감안해야 하는 경우 등 다른 이유로 인해 곧바로 해고의 정당성을 인정하기 어려운 경우에는 사용자도 금전보상을 통해 근로관계를 적법하게 종료할 수 있도록 하는 것이 타당하다. 다만, 그에 대한 결정은 노동위원회 또는 법원이 중립적이고 객관적으로 판단해야 한다.

또한 소규모 영세사업장의 무분별한 해고분쟁 및 소송남용을 방지하기 위해 일정한 문턱 기준을 신설하는 방안도 고려할 수 있다. 현행 근로기준법은 상시 10명 이상의 근로자를 사용하는 사업부터 취업규칙의 작성 및 신고의무를 부과하고 있다. 해고사유 및 해고절차 등도 통상 취업규칙에서 규정하는 경우가 대부분이므로 해고규제의 적용기준을 상시 10명 이상의 근로자를 사용하는 사업으로 상향하는 방안의 검토가 필요하다.

해고사유의 유형에 따라 징계해고와 통상해고가 있다는 점을 명확히 하는 것도 필요하다. 그런데 현행 근로기준법 제23조는 해고뿐만 아니라 징벌의 요건으로 정당한 이유를 규정하고 있다. 그 결과 마치 징벌로서의 해고만이 인정된다는 뉘앙스를 준다. 그러나 징계해고의 경우는 근로자의 책임 있는 사유(유책사유)가 요건이나, 통상해고의 경우는 근로자의 직무부적격 또는 능력부족 및 저성과 등을 객관적으로 확인할 수 있는 평가기준을 토대로 할 경우 해고사유가 인정되는 바, 적격성 결여나 능력부족이 반드시 근로자의 유책사유라고 해석하기 어렵다는 점에서 차이가 있다.

이점을 고려해 해고와 징계에 관한 규정을 분리해 "사용자는 정당한 이유가 없이는 해고할 수 없다"라고 추상적으로 규정하고 징계에 대해서는 징계사유와 절차 등을 요건으로 명확히 할 필요가 있다. 해고의 정당한 이유에는 근로자의 행태상의 사유뿐만 아니라 근로자의 지속적인 저성과와 능력부족 등도 포함되어야 한다.

인사관리에 관한 기본원칙의 법정화를 위해 근로계약법을 제정해야 한다

중고령인력의 활용이 원활하게 이뤄지기 위해서는 근본적으로 노동법 규제를 유연화해 중고령인력이 일할 수 있는 일자리가 더 많이 창출되도록 해야 한다. 이를 위해서는 근로기준법을 통해 획일적, 통일적으로 근로조건을 결정하는 현재의 방식을 폐기하고 근로자의 개별적인 니즈, 역량 수준, 전문성 정도에 따라 개별적인 근로계약을 맺을 수 있도록 해야 한다. 사용자와 개별 근로자가 서로의 필요를 충족시킬 수 있도록 자유로운 협상을 통해 근로계약을 체결하도록 하는 근로계약법 제정이 요청된다.

사용자의 인사권 행사 기준의 불명확 문제

근로관계는 근로계약에 터잡아 성립된 근로자와 사용자의 법적 관계를 표현하는 개념이다. 노동법이나 사회보험제도의 적용은 바로 이 근로관계를 근거로 한다. 근로관계를 발생시키는 근로계약은 근로자가 사용자에게 노무를 제공하고 사용자가 근로자에게 반대급부로서 임금을 지급하는 계약이다.

현행 노동법 중에서 특히 근로기준법은 이와 같은 근로관계에 관한 가장 중요한 사항을 규율할 뿐만 아니라 사실상 근로계약에 관한 규칙rule이 된다. 사용자의 인사 및 노무관리와 관련해 근로기준법은 특히 해고, 징계, 전직 등에 대해서만 '정당한 이유'가 있어야 효력이 있다고 명시하고 있다.[17] 정당한 이유 없이 근로자를 해고하거나 징계하면 그 인사조치는 효력이 없다. 그리고 근로시간, 휴일, 휴가 등에 대해서도 근로기준법은 강행규정을 두고 있다. 이 강행규정을 위반하면 사용자에게 벌칙이 적용된다.

근로기준법에 특별히 금지하거나 명령하는 규정이 없는 경우에는 원칙적으로 사적 자치, 계약자유의 원칙이 적용된다. 예들 들어 사용자의 인사명령이나 노무지휘에 대해서 근로기준법은 특별한 규정이 없다. 다만 여성, 임산부, 연소자에 대해서 일정한 사용규제가 있을 뿐이다. 따라서 원칙적으로 사용자는 자신의 재량으로 근로자에 대한 인사 및 노무관리를 수행할 수 있다.

그렇지만 근로기준법상 규제 대상에 속하지 않는 사용자의 인사권과 관련해서 판례는 근로자 보호를 위해 사용자의 인사권남용을 제한하고 있다. 예를 들어 배치전환과 같은 인사권행사가 권리남용에 해당하지 않으려면 업무상 필요성이 있어야 하고 배치전환에 의해 발생하는 근로자의 생활상 불이익이 업무상 필요성에 비해 현저히 크지 않아야 한다는 점을 요건으로 제시하고 있다. 따라서 근로관계에서 사용자의 자유 및 재량의 범위는 권리남용을 근거로 제한된다.

예: 배치전환의 경우

중고령근로자의 고용안정을 위해서는 무엇보다 인사의 유연성이 보장되어야 하고, 임금 등 근로조건을 탄력적으로 결정할 수 있어야 한다. 가장 대표적인 인사조치는 같은 기업 안에서 직종·직무 또는 근무지를 변경하는 인사이동의 일환으로 이뤄지는 배치전환이다. 직종이나 근무지는 모두 근로계약의 중요한 근로조건에 해당하지만, 우리나라에서는 정규직 근로자에 대해 오래전부터 배치전환을 유연한 인사관리수단으로 광범위하게 실시해왔다. 그런데 근로자가 사용자의 배치전환에 이의를 주장할 경우 소송을 통해 배치전환의 유효성을 다투게 된다.

배치전환의 유효 여부를 판단함에 있어서 우리 판례는 업무상 필요성과 그에 따른 생활상 불이익을 비교·교량해 근로자의 생활상 불이익이 현저한 경우에는 사용자의 재량권 남용으로 판단한다.[18] 생활상 불이익의 기준이 무엇인지, 직종이나 직무의 변경에 수반하는 근로조건 변경도 생활상 불이익에 포함되어야 하는 것인지에 대한 논란이 발생할 수 있다. 배치전환으로 인해 통상 감수해야 할 정도를 현저히 벗어난 생활상의 불이익이 존재하느냐가 중요한 기준이 된다. 직장경력상의 불이익과 경제적 불이익 또는 사적 생활에 관한 불이익이 특히 문제가 된다. 배치전환에 수반되는 직급 또는 직위의 강등 또는 임금의 감액도 어느 범위까지 허용될 수 있는지 쟁점이 된다.

법률은 이 점에 관해서 아무런 규정을 두고 있지 않다. 실무에서는 판례가 만든 법리에 따라 구체적인 사안마다 개별적으로 판단하고 있어 일관성과 통일성이 부족하고 그 결과 사용자와 근로자의 분쟁 가능성이 상존한다. 특히 중고령근로자의 고용안정을 위해 사용자는 다양한 인사 수단을 보유하고 있어야 하지만, 업무상 필요성 외에 생활상 불이익을 넓게 인정할 경우 근로자측은 근로조건의 저하를 수반하는 전보발령에 저항할 가능성이 높다.

예: 전적 혹은 전직의 경우

중고령인력의 고용기회를 확대하기 위해서는 기업 내부에서의 재배치 외에 다른 기업이나 조직으로의 전적 또는 전출을 더 유연하게 활용할 수 있도록 해야 한다. 기업집단이나 원청기업은 인력구조의 변경, 인력배치의 합리화를 위해 근로자를 종전 직장에서 다른 직장으로 파견을 보내거나(전출), 아예 근로관계를 완전히 이적시키는 (전적) 방법을 적지 않게 활용한다. 이와 같은 인사제도는 기업 내에 포스트가 충분하지 않거나 근로자의 적성과 능력에 부합하는 직무가 존재하지 않는 경우 해고를 회피하거나 인재를 계속해서 활용하는 방법으로 사용된다. 그렇지만 전출이나 전적은 모두 사실상 사용자의 변경을 초래하므로 해당 근로자의 동의를 받아야 한다. 우리 민법 제657조 제1항은 "사용자는 노무자의 동의없이 그 권리를 제삼자에게 양도하지 못한다"고 규정하고 있다. 따라서 근로자를 전출 또는 전적하려면 근로자의 동의를 얻어야 한다. 판례도 이러한 취지를 고려해 근로자의 동의 방법을 엄격하게 판단하고 있다.[19]

근로계약법의 필요성

근로계약은 당사자가 계약자유의 원칙에 따라 자유롭게 계약내용 (근로조건)을 합의·결정하는 수단이다. 현행 노동법하에서는 근로기준법을 통해 획일적, 통일적으로 근로조건을 결정해야 한다. 하지만 근로자의 개인주의화가 확대되고 있다. 특히 중고령인력의 경우 경력과 전문성에서 개인별 차이가 많기 때문에 근로조건을 자율적, 개별적으로 결정할 수 있는 영역을 확대해야 한다. 이러한 이유에서 특히 인사관리에 관해서 당사자의 의사가 존중되는 근로계약법의 제정이 필요하다.

현행 근로기준법 등 노동관계법에는 근로계약의 체결, 당사자의 권리·의무, 근로관계 내용의 변경 및 종료 등 노무제공에 관한 전반적인 사항이 규율되어 있지 않다. 인사 및 노무관리에 관한 기본원칙 등은 원래 민법의 고용계약편에서 규율하는 것이 일반적이다. 그렇지만 민법은 계약자유의 원칙을 기초로 한 시장원리를 정한 법이다. 이에 비해 근로관계에서는 시장원리에만 맡겨두기에는 사용자와 근로자의 교섭력의 차이가 너무 커서 계약내용의 불공정성이 발생할 가능성이 높다. 즉 당사자 간 자유로운 교섭에 따라 근로조건을 결정하는 계약자유의 원칙이라는 전제가 근로관계에서는 잘 작동하지 않을 가능성이 높기 때문에 민법이 아닌 특별한 법적 규율을 필요로 한다. 이것이 노동법이다. 달리 말하면 노동법은 근로자의 취약한 교섭력을 지원함으로써 계약자유의 원칙을 회복시켜 본래의 시장기능을 실현하는 데 목적이 있다.

그렇지만 현행 근로기준법은 근로계약의 내용에 대해서는 구체적인 규정을 두고 있지 않다. 현행 근로기준법에 있는 근로계약에 관한 사항은 해고 및 그와 관련된 제도를 제외하면 사용증명서, 취업방해 금지, 근로자명부 등 주로 행정적 규제만을 두고 있을 뿐이다.[20] 이러한 이유에서 계약자유의 원칙을 회복시킬 수 있는 근로계약법의 제정이 요청된다.

현재 고령자, 여성, 외국인 등 근로자의 구성이 다양화되고 있을 뿐만 아니라 경력자 채용, 성과주의 임금의 확대, 고용형태의 다양화

등을 이유로 집단적, 통일적 근로조건 결정방식의 한계가 점차 가시화되고 있다. 다시 말하면 개별적 합의의 중요성이 커지고 있다. 또한 같은 이유로 근로기준법의 최저기준만으로는 근로관계의 복잡성을 반영하는 데 충분하지 않다는 점도 문제이다.

근로계약법은 합의원칙에 기초해 근로계약의 성립, 변경, 종료 등 근로계약에 관한 기본적 사항을 정함으로써 근로조건의 결정이나 변경이 유연하게 이뤄지고 이를 통해 근로자 보호 및 근로관계의 안정화를 도모하는 데 목적이 있다. 한편 근로계약법은 근로계약상의 권리와 의무를 정하는 것이므로 근로감독과 벌칙을 통한 공법적 규제방식보다는 행정적 또는 사법적 근로관계분쟁절차를 활용해 당사자 간 민사적 분쟁해결을 전제로 해야 한다.

근로계약법에서 규율할 핵심 내용

근로계약법의 핵심적 규율대상은 사용자와 근로자의 근로계약상 권리와 의무가 된다. 특히 사용자의 인사에 관한 사항은 근로계약상 채권자인 사용자의 권리에 관한 사항이므로 근로기준법으로 규율하기보다는 근로계약법에서 규율하는 것이 타당하다. 인사란 넓은 의미에서는 기업 등에서 종업원의 관리 일반을 지칭하는 것으로 채용에서 퇴직까지 각 단계의 관리를 포함한다. 하지만 좁은 의미에서는 종업원의 배치, 직무부여, 재배치 등 사업조직에서 근로자의 구체적인 노무제공의 내용과 방법을 결정하는 사용자의 지휘권을 의미한다. 일반적으로 근로계약에 기반해 직원들을 광범위하고 유연하게 활용하는 사용자의 권리를 '인사권'이라고 표현한다. 이러한 의미에서 근로계약법은 사용자의 인사권에 대한 법적 근거를 명확히 할 필요가 있다.

또한 사용자의 인사권 중에서 가장 좁은 의미로 사용되는 배치전환과 전출 및 전적에 대해서 사용자의 남용금지원칙을 정하고 그에 따라 권리남용법리를 구체화할 필요가 있다. 전출이나 전적의 경우는 근로자측의 동의가 요구되지만 배치전환에서는 그렇지 않으므로 각각의 요건을 구별해서 구체화할 필요가 있다. 배치전환의 경우 합리적 범위 내의 근로조건 변경은 현저한 생활상 불이익으로 볼 수 없다는 점도 명확히 해야 한다.

다만, 배치전환에 따른 근로자의 고충을 줄이기 위해서 근무지, 직무 변경에 의해 생활상 불이익을 수반하는 배치전환에 대해서는 신의칙상 요구되는 사전협의를 의무화하는 것도 방법이다. 근로자는 사용자의 인사명령에 복종해야 하지만 사용자도 근로자에게 상당한 생활상 불이익이 초래되는 인사조치를 할 경우에는 그에 앞서 해당 근로자와 협의해 서로 이해의 폭을 넓히도록 하는 데 그 의미가 있다. 이를 위반한 사용자에 대해 근로자는 손해배상청구권을 행사할 수 있을 것이다.

노동법의 탄력성 제고를 위해 노사의 자율규제 범위를 확대해야 한다

근로기준법의 기본적 성격은 근로자의 인권보장과 근로조건의 최저기준을 정하는 데 있다. 그리고 최저기준의 실현을 위해 근로기준법은 법 위반에 대한 강력한 집행 시스템을 갖추고 있다. 특히 근로기준법의 규정 대부분은 강행규정이고 이를 위반한 당사자의 합의는 무효가 되고 법이 정한 기준이 적용된다.[21]

그러나 근로기준법의 획일적 근로조건 규제방식은 산업화의 진전, 국제적 경영환경의 변화에 대한 기업의 신속한 대응을 가로막는 걸림돌이 될 수도 있다. 근로자보호라는 목적을 훼손하지 않으면서 기업의 지속가능성을 실현하기 위해서는 좀 더 유연하고 탄력적인 노동법의 적용방식이 고려되어야 한다.[22]

노동법 적용의 차등화가 요청된다

법규범은 그 적용대상인 사회의 '당위적 행동양식'을 정한 것이므로 규범과 사회현실 사이에 일정한 거리가 있는 것은 당연하다. 그러나 규범이 사회현실로부터 지나치게 괴리되어 있다면 그 규범은 실효성을 상실하게 된다. 예컨대 근로시간에 관한 규제는 기업사회에서 사실상 준수되지 않는 경우가 많다. 법에 대한 무지에서 기인하기도 하고, 법을 알고 있더라도 준수할 의지가 없는 경우, 즉 준법정신이 결여된 경우가 있기도 하고, 업무성격상 객관적으로 법을 지키기 어려운 경우도 있다. 앞의 두 경우는 의무부담자(수범자)에 대해 강행 법률 위반에 따른 책임을 물어야 하지만, 후자의 경우는 법의 실효적 적용을 위해 일정한 적용제외가 인정되어야 한다. 적용제외란 그것 이 인정되는 범위에서는 해당 노동보호법규를 적용하지 않는다는 것 을 의미한다.

노동보호법의 적용을 기대할 수 없을 정도로 지급능력이 약한 소 규모 영세사업장이나 노무제공자와 사용자의 인적 관련성이 너무 강 해 노동보호법의 강행적 적용이 사리에 맞지 아니한 경우 또는 업무 의 성격상 특정 노동보호법규의 준수를 기대할 수 없는 경우에는 노 동보호법의 적용강제 및 감독행정의 강화보다는 노동보호법의 적용 을 제외하거나 완화함으로써 오히려 법의 실효성을 증진할 수 있다.

강행규정의 효력을 상대화할 필요가 있다

법의 실효적 적용을 실현하기 위해서는 어느 정도의 탄력성이 필 요하다. 이를 위한 대표적인 수단이 기업이나 사업규모에 따른 적용 예외이다.[23] 가장 일반적으로 활용되는 방법은 강행규정의 효력을 상 대화하는 것이다. 예를 들어 특정 사업의 전체 근로자를 대표하는 근 로자대표를 민주적으로 선출한다. 그리고 이 근로자대표가 사용자와 교섭해 근로조건을 개선할 수 있도록 하는 것이다. 또한 필요하다면 강행적 근로조건을 일정한 조건 하에 완화하거나 제한할 수 있도록 하는 것이다. 일정 수준 이상의 조직률을 가진 노동조합이 체결한 단체협약은 일부 강행적 기준에 우선할 수 있도록 하는 방안도 검토할 필요가 있다.

근로자대표에 의한 사적자치를 현실화해야 한다

노사자치는 근로조건을 결정하고 근로기준을 형성하는 핵심적 수단이다. 노사가 스스로 결정할 수 있는 문제를 자율적으로 정할 수 있도록 법률은 직접적 개입을 자제하고 노사자치에 의한 규율가능성을 충분히 보장해야 한다. 법률이 모든 영역에서 모든 문제를 직접 규율하고자 한다면 노사자치의 영역은 현저히 축소되고 노동의 문제는 노정갈등으로 비화되어 사회적 혼란을 초래할 수 있다. 강행법률은 노사자치가 작동되지 못하거나 바람직하지 아니한 한계영역에 한해서 명확한 기준과 요건을 제시해야 한다.

현실적으로는 노조조직률이 10% 근처에 머물러 있는 상황에서 노동조합을 통한 노사자치가 제대로 기능하기 어렵다는 한계도 동시에 지적된다. 현재 노동조합은 조직률이 계속해서 낮아지고 있다는 문제와 함께, 정규직근로자 중심의 기업별조합의 경우 상당한 비중을 차지하는 비정규근로자를 충분히 조직하지 못하고 있다는 문제에 직면하고 있다. 그뿐만 아니라 중소기업에서는 노동조합을 통한 노사자치 자체가 사실상 가능하지 않은 것이 현실이다. 그렇다면 그 대안은 무엇인가? 이와 관련해 다음과 같은 세 갈래의 테제를 제시한다.

- 근로조건 및 사업운영과 관련해 종업원의 다양한 이해관계의 조정을 담당할 종업원대표제도의 구축
- 근로조건의 결정 및 향상을 위한 협의와 교섭구조에서 종업원대표의 역할 확대
- 기업경영의 의사결정에 있어서 참여와 협력을 실현할 종업원대표의 역할 확대

기업은 격동의 20세기를 거치고 21세기의 새로운 도전에 직면해 글로벌 경쟁체제에 맞게 대규모 사업 구조조정을 단행해왔고 앞으로도 그러할 것이다. 기업은 서로 다른 이해관계를 가진 다수의 구성원이 다양한 취업형태와 작업방식으로 결합된 복합적인 이익집단이 되고 있다. 또한 다수의 기업이 하나의 제품이나 서비스를 완성하기 위해서 공통의 목적을 가지고 수직적인 네트워크를 형성하는 등 기업의 외연도 확대되고 있다.

이와 같은 변화는 종래 기업구성원인 종업원의 동질적 계급의식에 기초한 노동조합운동의 약화를 초래하고 있다. 또 노동조합에 의한 단일한 통제력을 유지하는 것도 어렵게 한다. 특히 최근에는 자기결정과 자기책임에 기초한 독립성이 강한 젊은 세대의 비율이 점점 더 늘고 있다. 따라서 서로 이해관계를 달리하는 종업원 간의 공정한 소통을 가능하게 하며 사업장 내에서 집단적 권리와 개인적 권리를 조화하는 새로운 리더십이 요청된다.

다양한 측면에서 발생하고 있는 노동법(규범)환경의 변화로 인해

전통적인 노동보호법시스템에 익숙한 우리 노동법제도의 효용성이 떨어지고 있다. 이제는 사업장단위의 자율규제 영역을 확대해야 한다. 다만, 근로자에 대한 민주적 정당성을 확보하지 못한 대표가 자율규제의 주체가 된다면 그 제도는 실패로 끝날 것이 분명하다. 근로자대표는 강행규정의 적용예외에 관한 협정을 체결하는 데 그치는 것이 아니라 당해 협정의 이행확보를 위한 일상적 감시의 기능도 담당해야 한다. 이러한 이유에서 근로자대표제도는 상설적 기관으로 구성되어야 한다.

다양한 고용 및 취업형태를 가진 종업원을 실질적으로 대표할 수 있는 근로자대표제도는 이와 같은 이유에서도 매우 중요한 정책과제라 하지 않을 수 없다. 또한 현행 근로기준법이 과반수노조에 대해 근로자대표의 지위를 인정하고 이를 강행규정 상대화를 위한 교섭당사자로 인정하고 있는 점도 보완이 필요하다. 나아가 근로자대표의 선출방법과 대표방법에 대해서 아무런 조직규범이 없다는 점도 노동법의 탄력화를 위해서는 반드시 개선되어야 할 문제이다. 공정하고 민주적 정당성을 갖춘 근로자대표제도의 구축은 향후 노사 간의 합리적 협력체계를 갖추는 데 필수적 전제조건이라고 할 수 있다.

맺음말: 조직활력 제고를 위한
노동법제도의 유연화가 절실하다

기업 간 경쟁의 글로벌화와 고령화를 비롯한 인구학적 변화 등 사회 경제적 메가트렌드의 영향으로 기업의 인력운영 방식의 근본적인 변화가 필요하다. 또 그에 맞는 법적 규제의 변화가 필요한 시점이다. 특히 노동법적 관점에서는 고령화의 단계에 있는 중고령근로자의 생산성과 효율성 제고를 가능하게 하는 법적 토대를 마련해주어야 한다.

과거 산업화시대에 생산직 근로자를 기본모델로 해 제정된 근로기준법은 집단적, 통일적 근로조건 결정을 위해 모든 근로조건을 강행적 최저기준으로 규정한 것이다. 그런 만큼 실제로 규율할 수 있는 대상이 많지 않아 상당수의 쟁점을 판례에 맡겨두고 있다. 반대로 획일적 규제 방식이 갖는 경직성으로 인해 기존 규제를 둘러싸고 노사 간 분쟁이 비일비재하다. 특히 환경변화에 신속하게 대응해야 할 기업으로서는 근로기준법의 획일적, 강행적 규제방식을 벗어나 좀 더 유연하고 탄력적인 적용 가능성을 필요로 하며 근로자로서도 자기업무 스타일과 자기 필요에 맞는 방식으로 자율적인 근로조건 결정이 이뤄질 수 있기를 기대한다.

이러한 이유에서 현행 강행적 근로기준법체계를 근로계약법과 근로기준법으로 이원화해야 한다. 그래서 신의칙 및 배려의무에 기초한 인사관리에 관한 사항을 근로계약법에 집약하고 당사자의 사적 자치에 기반을 두고 규율하되, 근로자대표제도를 통해 인사권 남용을 제한하는 방식으로 전환해야 한다. 동시에 기존 근로조건의 기준에 대해서도 새로운 환경에 맞게 좀 더 탄력적으로 운영될 수 있도록 할 필요가 있다.

조직활력을 높이기 위한
개인, 기업, 정부의 역할

이경묵
서울대학교 경영전문대학원 교수

서울대학교 경영대학에서 학사학위와 석사학위를 받았고 미국 펜실베이니아대학교에서 박사학위를 받았다. 『경영학회 저널Academy of Management Journal』 『전략경영 저널Strategic Management Journal』 『하버드 비즈니스 리뷰』 등에 다수의 논문을 발표했다. 『경영학회 저널Academy of Management Journal』 최우수 논문상, 서울대학교 상과대학 동창회 올해의 교수상, 한국경영학회 제1회 SERI중견경영학자상, 제32회 정진기언론문화상 경제경영도서부문 대상을 수상했다. 2014년 미국 맥그로힐 출판사에서 『삼성웨이Samsung Way』 영문판을 출간했다.

이 책은 고령화로 인한 조직활력 저하가 국민 개개인, 기업, 국가 차원에서 매우 심각한 문제라는 인식에서 출발했다. 우리나라는 2026년에 65세 이상 인구가 20% 이상인 초고령사회가 된다고 한다. 초고령사회로 진입하는 데 채 10년이 남지 않았다. 그런데 우리의 사고방식, 기업운영방식, 사회적·경제적·법적 제도는 경제활동가능인구가 늘어나고 경제가 고성장을 구가했던 시절에 만들어진 것이기 때문에 성장이 정체된 현재와 같은 시대에는 더 이상 유효하지 않다. 우리는 개인의 사고방식, 기업운영방식, 사회제도의 근본적인 변혁이 없이는 암울한 미래를 맞이할 수밖에 없다.

앞의 각 장에서 초고령사회의 조직활력 제고를 위해 어떤 변혁이 필요한지를 구체적으로 설명했다. 이 장에서는 앞의 각 장에서 제시된 내용들을 개인, 기업, 정부 차원에서 재정리했다. 더 상세한 내용에 대해 관심 있는 독자를 위해 어떤 장을 참조할 수 있는지를 각주로 표시했다.

개인의 역할

정의에 대한 시각을 바꾸어야 한다[*]

우리나라에서는 하는 일의 내용이나 성과가 같더라도 근속연수에 길거나 나이가 많으면 더 많은 보상을 받는 것이 정의라는 사고가 지배적이다. 장유유서나 연령주의라는 사회 문화적 요인과 그동안 우리 기업이 성장 과정에서 활용한 연공주의적인 조직운영방식이 이런 사고를 형성했다고 볼 수 있다. 그런데 기업 성장의 정체와 인력의 고령화로 인해 정의에 대한 이런 시각은 더 이상 유효하지 않다. 그리고 이런 시각에 기반한 조직운영방식은 젊은 사람이나 근속연수가 짧은 사람들의 입장에서 보면 매우 정의롭지 않은 것이다.

이제 초고령사회에 맞게 정의에 대한 시각을 바꾸어야 한다. 기업에서 고령화와 고직급화가 급속히 진행되는 상황에서 기존의 정의에 대한 시각에 기반을 둔 연공주의적 보상을 유지하면 더 이상 살아남기 어렵기 때문이다. 연공주의적 보상제도를 계속 유지할 수밖에 없다면 어떻게 될까? 기업들은 기업에 대한 기여보다 더 많은 보상을

* 서장 참조

받아가는 중고령자를 내보내려 할 것이다. 즉 중고령자들을 좋은 일자리에서 몰아내려 할 것이다. 만약 그것도 어렵다면 기업은 단기계약직, 파견직, 도급, 하청을 적극 활용해 중고령자 고용으로 인한 비효율을 상쇄하려 할 것이다. 노동시장의 양극화가 가속화되는 것이다. 이것이 현재 우리나라에서 관찰되고 있는 현상이다.

이제는 기업 조직에서 자신이 기여한 만큼 받아가는 것이 정의로운 것이라는 사고의 대전환이 필요하다. 이런 사고의 대전환이 이루어지면 기업들은 보다 쉽게 직무, 역량, 성과에 기반한 조직운영을 할 수 있다. 근로자들은 반대급부로 기존 소속 기업에서 안정적인 일자리를 확보할 수 있다. 기업의 입장에서 조직에 대해 기여한 만큼 받아가는 중고령근로자를 내보낼 이유가 없기 때문이다. 이런 조직에서는 비록 관리자로 승진하지 못한 근로자도 정년퇴직 직전까지 일반 팀원으로서 맡은 직무에서 전문성을 발휘하면서 당당하게 일할 수 있다.

연령주의를 극복해야 한다*

우리나라에서는 장유유서의 문화로 인해 연하상사나 연상부하가 매우 껄끄럽다. 대표적인 예가 새로운 검찰총장이 임명될 때 그보다 먼저 혹은 같은 기에 검사로 임명된 사람들이 대거 사직하는 것이다. 우리 기업에서도 인력을 배치할 때 연하상사나 연상부하가 생기지

---

* 1장 참조

않도록 근로자들의 나이를 많이 고려한다.

　그런데 나이가 더 많기 때문에 더 많은 보상을 받아야 한다거나 더 높은 직위에 있어야 한다는 연령주의는 중고령근로자들의 일자리에 대한 심각한 위협이 된다. 기업들은 관리자를 임명할 때 역량을 제대로 갖추었는지를 본다. 그래야만 기업이 살아남을 수 있기 때문이다. 그런데 구성원들의 연령주의 의식이 매우 강하다면 젊은 관리자 밑에 나이 든 근로자를 배치할 수 없다. 조직이 잘 돌아가지 않기 때문이다. 이때 기업들은 연상부하들을 퇴출시키려 한다. 자신이 맡은 일을 수행할 충분한 역량이 있고 조직에 기여한 것보다 더 많이 달라고 요구하지 않는데도 제때에 관리자로 승진하지 못한다는 이유로 사직 압력을 받는 것이다.

　이제는 직급을 결정하는 데 있어서 나이가 중요한 고려요소가 되어야 한다는 연령주의를 폐기하고 관리자로서의 역량이 있는지에 따라 직급이 결정되는 실력주의를 수용해야 한다. 관리자로서의 역량이 있는 사람은 관리자로서 조직에 기여하고, 그럴 만한 역량을 갖추지 못한 중고령근로자는 자신이 맡은 직무에서 자신의 직무 전문성을 바탕으로 조직에 기여하고, 당당하게 근무하는 세상이 되어야 한다. 그리고 다른 구성원들도 그들을 천덕꾸러기나 실패자로 낙인 찍지 말고 직무전문가로 인정해주어야 한다.

미래 사회가 요구하는 역량을 지속적으로 개발해야 한다[*]

우리나라가 초고령사회가 되면 확실한 것은 근로자들이 지금보다 더 늦은 나이까지 일해야 한다는 것이다. 고령화로 인해 취업자 1인당 부양해야 하는 인구, 즉 비경제활동인구와 실업자 수가 늘어나면서 공적연금이 고갈될 가능성이 높다. 이에 대응해 국민연금을 비롯한 공적연금의 개혁이 또다시 이루어지고 연금수혜액수가 줄어들 가능성이 높다. 더 늦은 나이까지 일할 수밖에 없는 이유이다.

그런데 인공지능이나 모바일 로봇을 비롯한 자동화기기의 확산으로 대표되는 기술 발전으로 많은 직업이 없어지고 새로운 직업이 생겨난다. 우리나라의 경우 최저임금이 빠른 속도로 높아질 것으로 예상된다. 그렇게 된다면 기업들은 더 빠른 속도로 자동화기기를 도입할 것이다. 자동화기기에 의해 대체될 수 있는 일을 하는 사람들은 넋 놓고 있다가는 실업자가 될 가능성이 높다. 미래에는 단순반복적인 일들은 자동화기기가 담당하고 사람들은 지식, 창의성, 감성을 활용하는 일들을 맡을 것이다. 따라서 자동화기기로 대체될 일을 하는 사람들은 미래 사회에 새롭게 창출되는 직무가 요구하는 역량을 쌓기 위해 적극적으로 자기계발을 해야 한다. 또한 자동화기기를 활용하면서 일해야 하는 사람들은 그것들을 활용할 수 있는 지식을 확보해야 한다.

우리 기업들이 연공주의를 폐지하고 직무, 역량, 성과 중심으로 바

---

[*] 1장과 3장 참조

꾸면 나이나 근속연수가 조직 내에서의 서열을 결정하지 않고 실력이 서열을 결정하게 될 것이다. 그리고 우리 기업이 직책 중심으로 조직을 운영하게 되면 많은 사람들이 관리자가 돼보지 못하고 퇴직할 때까지 현업 담당자로 일할 가능성이 높다. 이런 상황에서 더 많은 보상을 받고 조직에서 대우를 받으려면 자신이 맡은 직무에서 최고의 전문가가 되어 받아가는 만큼 조직에 기여해야 한다. 자발적으로 역량 개발을 하고 자기 실력만큼 대우받겠다는 프로의식이 요청되는 것이다.

긍휼감을 바탕으로 한 스마트 리더십을 발휘해야 한다*

초고령 시대에는 동일 조직 내에서 20대부터 60대까지 다양한 세대가 함께 일하게 된다. 그런데 우리나라는 빠른 속도로 변해왔기 때문에 세대 간 가치관이나 세계관이 매우 다르다. 그리고 우리 기업이 연령주의에서 벗어나 실력 중심으로 관리자를 임명하면서 연하상사나 연상부하가 많아질 것이다. 과거에 활용되어 왔던 나이를 바탕으로 한 리더십, 직책이라는 위계적 질서를 바탕으로 한 리더십의 효용성이 떨어질 수밖에 없다.

이런 조직에서는 '상대의 고통을 내 고통으로 내재화시켜서 같이 풀어나가려는 성향'을 의미하는 긍휼감compassion을 바탕으로 한 스마트 리더십이 요청된다. 부하에게 긍휼감을 느끼고 부하를 리더로

---

* 2장 참조

성장시키려 배려하고 리더십 권한을 분배시켜 주는 공유 리더십을 발휘할 필요가 있다. 또한 자신이 책임지고 있는 부서의 목적을 중심으로 모든 것을 정렬시켜 자신의 정체성을 잃지 않고 변화를 이끌어갈 수 있는 능력을 극대화하는 진성 리더십이 요청된다. 마지막으로 맡고 있는 부서의 사명과 목적을 달성하기 위해 부하들에게 봉사하고 그들이 조직 사명 구현에 동참하도록 하는 서번트 리더십이 요청된다.

이런 스마트 리더십이 가능하기 위해서는 리더가 밀레니엄 세대와 기성 세대의 리더십 관점의 차이에 대해서 이해하고 이를 기반으로 더 높은 차원의 통합된 리더십 모형을 만들어나갈 필요가 있다. 통합된 리더십모형 속에서는 밀레니엄 세대와 기성 세대가 직책, 나이, 성별을 떠나서 조직의 사명을 구현하기 위해서 협업하는 형태가 요구된다.

기업의 역할

직무, 역량, 성과 중심의 조직운영방식을 도입해야 한다*

기업 인력의 고령화로 인해 연공주의를 바탕으로 한 조직운영방식은 더 이상 유효하지 않다. 연공주의에 집착하게 되면 조직의 활력도

---

* 5장 참조

떨어지고 자신이 기업에 기여한 것보다 더 많은 것을 받아가는 구성원의 비율이 높아지기 때문이다. 이제는 직무와 근로자의 실력을 조직운영의 근간으로 삼아야 한다.

이를 위해 연공주의적 임금체계를 지양하고 직무, 역량, 성과를 바탕으로 한 임금체계를 강화할 필요가 있다. 직무나 역할이 강조되는 임금체계로 개편하고 구성원의 역량이나 성과에 대해 추가적으로 보상해주는 방식을 채택해야 한다. 그렇게 하면 관리자로서의 역량이 부족한 사람도 현업 담당자로서 맡은 직무에 대한 전문성을 개발하고 퇴직할 때까지 당당하게 일할 수 있게 된다.

연공적 직급승진을 최소화하고 대신에 직책승진 중심으로 승진제도를 바꾸어야 한다. 연공주의제도하에서는 하는 일이 바뀌지 않는데도 구성원들의 직급이 올라가고 연봉이 상승하게 된다. 매우 매력적인 동기부여 수단일 수 있다. 그러나 조직성장이 정체되고 구성원들의 이직률이 낮아지면서 우리 기업들은 승진율을 계속 낮춰왔다. 그 결과 직급승진이 더 이상 동기부여 수단으로 작동하지 않게 되었다. 이제는 연공적 직급보다는 직책 중심으로 승진관리를 할 필요가 있다. 그리고 직책자 결정에서 나이, 학력, 성별을 반영하기보다는 실력 중심으로 전환해야 한다. 현업 담당자들에 대한 직급 호칭을 없애고 님, 프로, 수석 같은 수평적인 용어를 사용하고 수평적인 문화로 바꾸는 것도 필요하다.

직무전문가를 인정하는 조직 분위기를 조성해야 한다*

앞으로는 근로자들 중 관리자로 승진하지 못하고 현업 담당자로 일하다가 퇴직하는 사람들의 비율이 높아질 것이다. 그런데 이들은 자신들이 승진경쟁에서 실패한 사람이라는 패배의식을 가질 수 있다. 다른 근로자들도 이들을 조직에 폐를 끼치는 사람이라고 생각할 수 있다. 그렇게 되면 조직활력이 높아질 수 없다. 열심히 일할 의욕이 생겨나지 않기 때문이다.

이런 문제를 예방하기 위해 정기승급제도를 없애고 직책 중심의 수시 승진제도를 도입해야 한다. 관리자의 직책이 비었을 때 관리자가 되기를 희망하는 사람들의 지원을 받아 충원하는 것이다. 승진은 승진할 자리가 생기고 관리자로서의 역량을 갖춘 사람들만 특별히 하는 것으로 바꾸어야 한다. 관리자로 승진하지 못하는 사람들은 자신이 맡은 세부 직종 분야에서 꾸준히 전문성을 키워나가도록 해야 한다. 그럼으로써 조직에 대한 기여도를 높이고 연봉도 높여가도록 해야 한다. 회사 차원에서 그들을 직무전문가로 인정하고 회사의 성장과 발전에 기여하는 사람으로 인정함으로써 활력있게 일할 수 있는 분위기를 조성해야 한다.

그렇게 되면 구성원들이 세대와 나이를 초월해 협업할 수가 있다. 전문성, 노하우와 경험이 풍부한 중고령근로자들은 자신들의 역량에 맞는 일을 하고 젊은 근로자에게 멘토링을 제공할 수 있다. 젊은 근

---

* 5장 참조

로자들은 중고령근로자의 경험으로부터 나오는 노하우를 배울 수 있고 또 최신 기술에 대해 역멘토링을 할 수도 있다.

일하는 방식을 유연화하고 개별화해야 한다*

신입사원들은 근로조건이나 근무방식에 대해 유사한 니즈를 가졌을 수 있지만 나이가 들면 정신적, 신체적 역량도 달라지고 니즈도 달라지게 된다. 어떤 사람들은 많이 일하고 많이 받길 원하지만 다른 사람들은 적게 받더라도 적게 일하는 것을 선호할 수 있다. 어떤 사람들은 더 높은 직위로 올라가기 위해 회사에 올인하지만 다른 사람들은 점진적 은퇴를 원할 수도 있다.

기업은 회사의 경쟁력을 유지하면서 구성원들의 다양한 니즈를 충족시킬 수 있는 대안을 찾아야 한다. 특히 니즈의 다양성이 큰 중고령근로자들의 숙련을 충분히 활용하기 위해서는 근로시간, 근로장소, 임금 및 기타 근로조건을 유연하게 설계해야 한다. 이를 위해 자율출퇴근 시간제, 재택근무, 계절근무, 파트타임 근무 등을 활용할 필요가 있다. 새로운 기술을 활용하고 작업방식을 바꾸어 중고령인력 친화적인 작업환경을 만들어주는 것도 좋은 방법이다.

중고령근로자에 대해서는 개별 근로자별 니즈와 역량에 맞춘 맞춤형 경력개발제도를 활용할 필요가 있다. 이를 위해 전통적인 수직적 경력사다리를 대체하고 격자형 경력을 강조하는 매스 커리어 커스터

---

* 3장과 4장 참조

마이제이션MCC의 도입을 검토할 필요가 있다. 이 제도에서는 직급이 높아지기도 하지만 낮아질 수도 있고 동일한 직급의 다른 직무로 이동할 수도 있다. 승진기회, 작업량, 작업수행 장소와 일정, 관리자의 역할에 대한 근로자 개인별 니즈와 회사의 필요를 동시에 충족시킬 수 있는 경력개발을 하는 것이다. 이를 위해서는 모든 근로자에게 획일화된 근로계약이 아닌 개인별 근로계약을 활용해야 하고, 강등이 징계가 아니라 근로자 개인의 니즈나 역량과 조직의 필요를 재조정하는 과정으로 인식될 필요가 있다.

중고령자 역량 개발에 대한 투자를 확대해야 한다[*]

우리 기업은 머지않은 미래에 근로자들의 정년이 65세까지 연장된다는 가정하에 인력운영을 해야 한다. 현재 중고령자들을 더 오랫동안 고용할 수밖에 없는 상황에서 그들이 기업 내에서 자기 몫을 하도록 해야 한다. 특히 관리자로 승진하지 못하는 구성원들을 자신들이 맡고 있는 분야의 전문가로 성장할 수 있도록 지원해야 한다. 그동안 우리 기업에서는 사무관리직 근로자들을 여러 분야에 배치전환하면서 제너럴리스트로 키우려는 경향이 강했다. 이런 방식은 인력활용의 유연성을 높이는 데는 효과적이었으나 특정 직무 분야의 전문가를 키우는 데는 부정적인 영향을 미쳤다. 이제는 입사 이후 세부 직종별로 전문가로 키우고 관리자로 클 만한 역량을 보인 인재들에

---

[*] 3장, 4장, 5장 참조

대해서만 관리역량을 제고하기 위한 배치전환을 시키는 것이 필요하다. 그래야만 관리자로 승진하지 못한 중고령근로자도 높은 생산성을 내며 직무전문가로서 당당하게 일할 수 있기 때문이다.

그리고 인공지능이나 모바일로봇 등의 자동화기기에 의해 대체될 수 있는 일을 하는 중고령근로자들이 새로운 일을 맡을 수 있도록 교육훈련을 시켜야 한다. 개별 기업이 홀로 하기 어렵다면 유사한 니즈를 가진 다른 기업들과 협력해야 한다. 또 기업 내부에서 훈련시키기 어렵다면 대학들과의 산학협력을 통해 배치전환에 필요한 교육훈련을 실시해야 한다. 자동화기기를 활용하면서 일해야 하는 사람들에 대해서도 효과적 활용방법에 대한 교육훈련을 실시해야 한다.

중고령인력의 혁신 아이디어를 바탕으로 새로운 사업기회를 창출해야 한다[*]

우리 기업은 중고령인력을 부담으로 생각하지 말아야 한다. 발상을 전환해 중고령인력의 강점을 활용해 회사를 성장시킬 방안을 찾을 필요가 있다. 일본이나 미국 등 선진국에서 고령인구를 주 소비자로 하는 시니어 마켓의 규모가 커지고 있다. 이들이 경제 성장의 혜택을 받으면서 부를 축적해왔고 소비 여력이 크기 때문이다. 우리나라에서도 넉넉한 자산과 소득을 바탕으로 자신에 대한 투자를 아끼지 않는 '액티브 시니어active senior'가 중요한 소비주체가 되고 있다.

---

[*] 4장 참조

중고령인력들은 자신들과 유사한 니즈를 가진 중고령 소비자에 대해 많은 것을 알고 있다. 외국의 여러 기업들이 중고령인력의 아이디어를 바탕으로 시니어 마켓을 공략하고 있다. 중고령인력을 많이 고용하고 있는 우리 기업들도 이들의 마켓 센싱 능력을 적극 활용해 새로운 사업기회를 창출할 필요가 있다.

더 많은 양질의 일자리를 창출해야 한다[*]

기업 인력이 고령화되는 가장 중요한 이유 중의 하나는 근로자 수라는 차원에서의 기업 성장의 정체이다. 근로자 수가 꾸준히 성장하는 기업은 인력의 고령화로부터 자유롭다. 계속 신입사원을 뽑을 수 있기 때문이다. 따라서 고령화로 인한 조직활력 저하의 궁극적인 해결책은 기업을 성장시키는 것이라고 할 수 있다. 글로벌화된 우리 기업들에서 회사 전체 차원에서는 인력이 늘어나고 근로자의 평균 연령이 증가하지 않지만, 국내 인력만 놓고 보면 근로자의 수가 늘어나지 않고 평균 연령도 빠른 속도도 높아졌다. 해외 사업장을 확장해왔기 때문이다. 따라서 국내 사업장에서 발생하는 고령화로 인한 조직활력 저하를 해결하기 위한 근본적인 해결책은 국내에서 일자리를 창출하고 젊은 인력을 고용하는 것이다.

양질의 일자리를 창출하는 것은 기업의 가장 중요한 사회적 책임 중 하나이다. 초고령사회에서 조직활력을 제고하기 위해서는 근본적

---

[*] 서장 참조

인 사회제도적 개혁이 필요하다. 그런데 이런 개혁을 위해서는 노동계의 양보와 정부의 적극적인 관여가 불가결하다. 이런 양보와 관여를 얻어내기 위해서는 우리 기업도 그에 상응하는 기여를 해야 한다. 우리 정부나 사회는 우리 기업들이 세계적으로 성장해 나가는 것도 좋아하지만 우리나라에서 더 많은 양질의 일자리를 창출하는 것을 더 중요하다고 본다. 따라서 사업을 성장시키고 국제 경쟁력을 확보해서 국내에서 더 많은 양질의 일자리를 창출하기 위한 적극적인 노력이 요청되는 것이다.

정부의 역할

앞서 언급한 기업 차원의 혁신 중 일부는 현재의 사회제도하에서는 실행하기 어렵다. 초고령사회에서 조직활력을 제고하기 위해서는 근본적인 사회제도적 개혁을 해야 한다. 그런데 이를 주도할 수 있는 주체는 정부밖에 없다. 근본적인 사회제도적 개혁을 하면 노사 간 이해가 상충될 수밖에 없기 때문에 기업과 근로자 혹은 노동조합 간의 자발적인 조정과 타협만으로는 불가능하다. 설사 노사 간 자발적인 조정과 타협을 하더라도 최종적으로 법과 제도를 바꾸는 주체는 정부가 될 수밖에 없다. 정부는 고령화로 인한 조직활력 저하 문제를 해결하지 않으면 미래가 암울할 수밖에 없다는 위기의식과 책임의식을 바탕으로 사회제도적 개혁을 주도해 나가야 한다.

직무 중심 조직운영에 필요한 상세한 직무정보를 제공해야 한다[*]

　미국 노동부에서는 1993년부터 O*NET이라는 새로운 직업정보 시스템을 구축해왔다. 지금은 이 시스템이 진화 발전해 기업들이 직업정보를 웹사이트에서 검색하고 자료를 내려받아 자신의 필요에 맞게 재가공해 쓸 수 있도록 하고 있다. 그래서 많은 미국 기업들이 직무를 설계하고 분석하고 직무급을 결정하는 데 활용하고 있다. 직무급을 핵심 임금체계로 사용하는 미국 기업들이 직무를 설계하고 직무급을 결정하는 데 도움을 주기 위한 미국 정부의 노력으로 해석된다.

　우리나라의 정부 연구기관인 한국고용정보원에서도 직업별 정보를 제공하고 있다. 하지만 아직까지는 그 내용이 풍족하지 않아 우리 기업들이 많이 활용하고 있지는 않다. 기업들이 이 정보를 활용해 직무를 설계하고 직무급을 도입하도록 하기 위해서는 직업을 더 세분화하고 조사 표본을 더 키워서 직무별 직무 등급이나 직급별로 하는 일의 내용, 특성, 해당 업무를 수행하는 사람이 받는 임금자료를 상세히 제공해야 한다. 이런 자료를 산업별, 지역별, 기업규모별 통계치로 만들어 기업들이 직무분석을 하고 직무급을 결정하는 데 활용할 수 있도록 해야 한다.

---

[*]　6장 참조

동일가치 노동에 대한 동일임금 실현을 위해 노사협력을 주도해야 한다[*]

우리나라에서는 유사한 일을 하더라도 대기업에서 근무하느냐 아니냐에 따라, 정규직이냐 아니냐에 따라 임금 차이가 크게 난다. 동일가치 노동에 대한 동일임금 지급이 이루어지지 않아 사회 전체적인 차원에서 정의가 구현되지 않고 있다. 그리고 동일가치 노동을 하는데 상대적으로 낮은 임금을 받는 중소기업 근로자나 비정규직 근로자들의 업무 의욕이 떨어져 조직활력이 저하되고 있다.

미국에서는 외부 노동시장이 발달해 있어서 근로자들의 이직이 수월하고 노동유연성이 매우 높다. 또 직무급을 기본 임금체계로 활용하기 때문에 동일가치 노동에 대한 동일임금 지급이 어느 정도 실현되고 있다. 독일에서는 산업별 노동조합이 산업별 사용자단체와 단체협약을 맺으면서 동일가치 노동에 대해 동일임금을 지급한다는 기본 원칙이 지켜지고 있다.

우리나라에서 동일가치 노동에 대한 동일임금 지급이라는 원칙을 실현하기 위해서는 노사 간의 대타협이 필요하다. 성공적인 타협을 위해서는 높은 임금을 받는 대기업 근로자들의 양보가 필요하다. 하지만 대기업 노동조합이 이에 동의하지 않을 가능성이 매우 높다. 중소기업보다 더 높은 임금을 주더라도 뛰어난 인재를 선발하려는 대기업들도 반발할 가능성이 매우 높다. 정부는 정의로운 사회 구현에

---

[*] 6장 참조

대한 책임이 있고 이들을 설득할 수 있는 유일한 주체이다. 정부가 앞장서서 산업별로 동일가치 노동에 대한 동일임금 지급이 이루어질 수 있도록 노사 간 대타협을 주도해야 한다.

일터 혁신과 학습을 지원하고, 공교육 시스템을 개혁해야 한다[*]

일터에서 새로운 기술이 활용되고 고객의 니즈에 따라 맞춤화된 상품과 서비스를 제공하는 온 디맨드 경제에서는 근로자가 전문적, 과학적 지식을 바탕으로 혁신해야 한다. 이를 위해서는 일터에서의 혁신과 학습이 필수적이다. 일터 혁신과 학습의 주체는 근로자와 기업이다. 하지만 이를 촉진하기 위한 정부의 지원도 요청된다. 직업훈련에 대한 고용보험 지원도 단순 지원이 아니라 중소기업까지도 의무적인 교육훈련시간을 확보하도록 하면서 재정적 지원을 해줘야 한다. 또 교육훈련을 위한 대체인력 고용과 근로시간 단축에 대한 지원을 강화해야 한다. 나아가 대기업과 중소기업 간 동반성장 정책의 핵심으로 일터 혁신 프로그램을 확산해야 한다.

기업들이 필요로 하는 인재를 공교육 시스템에서 공급해주어야 한다. 그렇지 않으면 그 나라 기업들의 경쟁력이 떨어지고 국가 경쟁력도 떨어질 수밖에 없다. 우리나라의 공교육 시스템은 우리 기업이 빠른 모방자 전략을 추구할 때 요구되는 표준화된 양질의 인재를 대량

[*] 3장과 6장 참조

으로 공급함으로써 경제 발전에 기여해왔다. 그런데 우리 기업들의 전략도 바뀌고 기술 발전으로 인해 업무가 요구하는 역량도 달라졌다. 미래에는 근로자들에게 창의적인 사고, IT 관련 지식이 더 많이 요구된다. 산업화 시대에 형성된 교과 과정이나 전공별 배출 인원 비율을 미래 사회에 맞게 재조정해야 한다. 그러나 공교육 시스템의 개혁도 쉽지만은 않다. 개혁으로 인해 피해를 보는 사람들이 강하게 반발할 것이기 때문이다. 따라서 정부가 주도해서 기업을 비롯한 인력을 채용하는 기관을 대표하는 사람, 중고등학교와 대학을 대표하는 사람, 공익을 대표하는 사람들로 구성된 사교정위원회를 만들어 공교육 시스템이 미래 우리 사회가 필요로 하는 인재를 양성할 수 있도록 해야 한다.

정년을 순차적으로 연장하고 미니 잡 제도를 도입해야 한다*

고령화가 급속히 진행되면서 경제활동인구가 부양해야 할 사람이 많아질 수밖에 없고 65세 이상의 인구 비중이 늘어나면서 연금을 비롯한 사회복지 재정에 대한 수요가 늘어날 수밖에 없다. 그리고 연금 수혜연령을 2033년까지 65세로 순차적으로 올리기로 결정한 바 있다. 이로 인해 퇴직 이후 연금수혜연령까지 소득이 없는 상태에 놓인 사람들이 많아진다.

이 문제를 근본적으로 해결하기 위해서는 근로자들이 더 늦은 나

---

* 6장 참조

이까지 일하도록 해야 한다. 이미 법적 정년을 60세로 연장한 바 있지만, 고령화를 먼저 경험한 다른 국가들처럼 연금수혜연령과 맞게 법정 정년을 순차적으로 연장해야 한다. 그리고 저숙련 고령인력들이 더 늦은 나이까지 일하도록 하기 위해 독일에서 시행한 미니 잡 프로그램을 우리의 현실에 맞게 변형해 활용해야 한다. 현재 한시적으로 고령자를 고용한 기업에게 지급하는 고용지원금의 시효를 연장하고 고령근로자의 사회보험료와 근로소득세 부담을 면제해줄 필요가 있다. 이를 통해 실업급여나 공공부조에 의존해 생활하는 고령자들을 노동시장으로 진입시켜 정부의 재정적 부담을 완화해야 한다.

근로시간 규제를 유연화하고 화이트칼라 이그젬션 제도를 도입할 필요가 있다[*]

앞서 기업의 역할에서 기업이 일하는 방식을 유연화하고 개별화해야 한다고 제시한 바 있다. 그런데 일부 유연화 방식은 법적 규제가 완화되지 않으면 시행할 수 없다. 유연화를 위해 1주 40시간이라는 법정 근로시간을 유지하되, 1일 8시간이라는 근로시간 상한을 폐지하고 1일에 제공해야 하는 최소 휴식시간을 법적으로 정해줄 필요가 있다. 이것이 시행되면 기업은 1주 5일제뿐만 아니라 1주 4일제로 근무시간을 편성할 수 있다. 탄력적 근로시간이나 선택적 근로시간 등 유연근무제도 요건을 완화할 필요가 있다. 예를 들어 근로시

---

[*] 7장 참조

간 정산을 위한 최장 단위기간을 현행 3개월에서 유럽처럼 6개월에서 1년까지 확대할 필요가 있다. 또한 근로시간저축계좌제도를 도입해 성수기에 추가 근무한 것을 적립하고 근로자가 이를 비수기 때 휴가로 전환하거나 금전으로 보상받는 방식을 선택할 수 있도록 할 필요가 있다. 사용자와 근로자가 미리 사전에 일정 시간 수에 대해 연장근로 또는 휴일근로를 인정하고 이를 급여에 포함해 지급하는 포괄임금제에 대한 적법성 논란을 해소할 필요가 있다. 이를 위해 현재 일부 업무에만 적용되는 재량근로제를 통상적인 기획업무 등 화이트칼라 업무에도 확대 적용할 필요가 있다. 재량근로제는 사용자와 근로자가 합의한 시간을 근로한 것으로 보는 방법으로 사용자가 근로자의 근로시간에 대해 통제하지 않고 근로자에게 부여한 임무의 실현을 중심으로 규제하는 제도이다.

화이트칼라에게는 초과근무수당을 지급하지 않는 화이트칼라 이그젬션 제도의 도입도 검토가 필요하다. 현행 근로기준법상 근로시간제도는 사무직 근로자들의 근무방식과는 상당한 괴리가 있다. 사무직 근로자들은 일정한 재량과 독립된 판단에 근거해 업무를 수행한다. 따라서 근로시간만으로 업무의 양과 질을 측정하기 곤란하다. 시간 외 근로를 하는 경우에도 본인의 판단하에 근로시간을 배분하거나 작업방식을 결정하는 등 일정한 재량권을 보유하고 있다. 따라서 사용자가 사무직 근로자들의 근로시간을 엄격하게 관리하는 데 한계가 있다. 이런 문제를 해결하기 위해 미국에서 시행 중인 화이트칼라 이그젬션 제도를 우리 실정에 맞게 변형해 수용할 필요가 있다.

취업규칙 변경 요건을 완화해야 한다[*]

앞서 기업의 역할에서 연공주의에 기반한 임금체계를 직무, 역량, 성과 중심 임금체계로 개편해야 한다고 제시한 바 있다. 그러나 취업 규칙 변경 요건을 완화하지 않으면 이런 개편은 매우 어렵다. 근로자에게 불이익을 주는 근로조건의 변경이어서 해당 근로자 과반의 동의를 받아야 하는데 그것이 현실적으로 어렵기 때문이다.

기업 경쟁력 강화와 그를 통한 근로자의 고용안정을 위해서는 기업이 경기변동 및 사회경제적 환경변화에 맞게 근로조건을 바꿀 수 있어야 한다. 그런데 근로조건을 취업규칙에 포함시키면 바꾸기가 매우 어렵다. 따라서 취업규칙의 내용 중에서 전체 근로자에게 공통으로 적용되는 근로조건 부분에 대해서는 취업규칙에서 빼고 당사자 간 교섭 대상으로 삼도록 할 필요가 있다. 근로조건의 변경에 대해서는 직군 또는 직급별로 근로자대표를 선임해 사용자측과 협상해 결정하도록 하는 것이 바람직하다. 교섭이 결렬될 경우 노동위원회 또는 당사자가 임의로 선정한 조정인을 통해 중재가 이뤄질 수 있도록 해야 한다.

해고 규제를 유연화해야 한다[**]

법정 정년제도의 도입으로 인력운영의 경직성이 확대될 수밖에 없

---

[*] 7장 참조

[**] 7장 참조

는 우리 기업에게 강력한 해고규제는 인력활용의 효율성을 저해하고 조직활력을 떨어뜨리는 중요한 요인이다. 업무 태도가 불량한 저성과자가 조직에 계속 남아 있으면 본인이 성과를 내지 못하기도 하지만 관련된 일을 하는 다른 근로자들의 성과도 떨어뜨리고 조직 분위기도 해친다.

노동경제학 분야의 일관된 실증연구결과는 좀 더 유연한 해고규제가 실업률을 낮춘다는 것이다. 근로자의 능력부족, 적격성 결여, 성과불량 등의 사유로 해고하는 통상해고가 너무 어려우면 기업은 매우 보수적으로 인력을 채용한다. 그리고 사회 전체적으로는 근로자가 자신의 역량에 맞는 일을 하고 조직에 기여한 만큼 보상받아 가는 것을 어렵게 한다.

해고 규제를 유연화하기 위해 먼저 통상해고의 요건을 명확히 할 필요가 있다. 그리고 부당해고에 대해 현행 제도는 근로자에게만 금전보상 신청권을 인정하고 있으나, 독일 해고법과 같이 사용자에게도 금전보상 신청권을 부여할 필요가 있다. 부당해고로 인정된다고 하더라도 반드시 원직에 복직시키지 않고 해당 기간 근로자가 피해를 본 만큼 금전보상을 할 수 있도록 하자는 것이다. 소규모 영세사업장의 무분별한 해고분쟁과 소송남용을 방지하기 위해 해고 규제의 적용기준을 상시 10명 이상의 근로자를 사용하는 사업으로 상향하는 방안도 검토할 필요가 있다.

근로계약법을 제정해야 한다[*]

앞서 기업의 역할에서 근로자의 개별적 니즈와 기업의 니즈에 맞게 근로조건을 합의할 수 있도록 근로조건을 개별화할 필요가 있다고 제시했다. 그러기 위해서는 근로기준법을 통해 획일적, 통일적으로 근로조건을 결정하는 현재의 방식을 개선해 근로자의 개별적인 니즈, 역량 수준, 전문성 정도에 따라 다양하게 결정할 수 있도록 해야 한다.

근로계약법은 합의원칙에 기초해 근로계약의 성립, 변경, 종료 등 근로계약에 관한 기본적 사항을 정해서 근로조건의 결정이나 변경이 유연하게 이뤄지고 그렇게 함으로써 근로자의 보호 및 근로관계의 안정화를 도모하는 데 목적이 있다. 근로계약법의 핵심적 규율 대상은 사용자와 근로자의 근로계약상 권리와 의무이다. 사용자의 인사에 관한 사항은 근로계약상 채권자인 사용자의 권리에 관한 사항이므로 근로기준법으로 규율하기보다는 근로계약법에서 규율하는 것이 타당하다. 특히 중고령인력의 경우 경력과 전문성, 체력, 원하는 근로시간 등에서 근로자들 간에 많은 차이가 있다. 근로계약법을 제정해 개별적으로 근로계약을 체결하도록 한다면 중고령인력의 개별화된 니즈를 충족시키는 데 큰 도움이 될 것이다.

---

[*] 7장 참조

노사의 자율규제 범위를 확대해야 한다[*]

근로기준법의 획일적 근로조건 규제방식은 경쟁환경의 변화에 대한 기업의 신속한 대응을 가로막는 걸림돌이 될 수도 있다. 근로자보호라는 목적을 훼손하지 않으면서 기업의 지속가능성을 실현하기 위해 좀 더 유연하고 탄력적인 노동법의 적용방식이 고려되어야 한다.

첫째, 노동법 적용의 탄력성을 강화해야 한다. 노동보호법의 적용을 기대할 수 없을 정도로 지급 능력이 약한 소규모 영세사업장이나 근로자와 사용자의 인적 관련성이 너무 강해 노동보호법의 강행적 적용이 사리에 맞지 아니한 경우 또는 업무의 성격상 특정 노동보호법규의 준수를 기대할 수 없는 경우에는 노동보호법의 적용을 제외하거나 완화해줄 필요가 있다. 강행규정의 효력을 상대화하는 것도 고려할 필요가 있다. 예를 들어 특정 사업의 전체 근로자를 대표하는 근로자대표를 민주적으로 선출한다. 그리고 이 근로자대표가 사용자와 교섭해 근로조건을 개선할 수 있도록 하고 필요하다면 강행적 근로조건을 일정한 조건하에 완화할 수 있도록 하는 것이다. 일정 수준 이상의 조직률을 가진 노동조합이 체결한 단체협약은 일부 강행적 기준에 우선할 수 있도록 하는 방안도 고려할 필요가 있다.

둘째, 노조가 없는 사업장에서는 다양한 고용 및 취업 형태를 가진 종업원을 실질적으로 대표할 수 있는 근로자대표를 선출해서 사용자와 근로조건을 협상하도록 하는 근로자대표제도를 도입할 필요가 있

---

[*] 7장 참조

다. 노사가 자율적으로 근로조건을 정할 수 있도록 법률을 통한 직접적 개입을 자제하고 노사자치에 의한 규율 영역을 확대해야 한다. 강행법률은 노사자치가 작동되지 못하거나 바람직하지 아니한 한계영역에 한해서 규제해야 한다. 그리고 노동조합이 없는 기업에서는 근로자대표가 사용자와 주요 이슈를 협상해 노사합의하에 자치를 할수 있도록 해야 한다.

맺음말: 노사 간 대타협을 위한 정부의 적극적 역할이 절실하다

앞서 제시한 일부 제안, 특히 사회제도 개혁방안은 노사 간의 이해가 첨예하게 대립되는 사안이라 자율합의만으로는 실행되기 어렵다. 또 노사 간의 합의에만 맡기는 것도 옳은 방법이 아닐 수 있다. 한국노총이나 민주노총이 근로자의 상당 부분을 차지하는 비정규직 근로자, 중소기업 근로자, 아직 취업하지 못한 청년들의 이해를 대변하기는 어렵기 때문이다. 사회제도 개혁과정에서 과소 대표되는 근로자나 미래에 취업할 사람들의 이해가 공정하게 반영되어야 정의로운 사회가 구현될 수 있다. 그래서 사회제도 개혁에서 정부의 적극적인 역할이 요구된다.

이번 정부에서는 일자리창출을 가장 중요한 국정과제의 하나로 삼고 있다. 심화되는 노동시장의 양극화와 높은 청년 실업률을 고려하면 충분히 공감할 수 있는 결정이다. 그런데 공무원이나 공공 부문에서 일자리를 창출하는 것만으로는 한계가 있다. 민간 부문에서 양질의 일자리를 많이 창출해야 그로부터 거둬들이는 세금으로 공공일자리 창출에 필요한 재원을 마련할 수 있다. 민간 부문에서 일자리를 많이 창출하도록 하기 위해서는 우리나라가 매력적인 투자처가 되어야 한다. 국내 기업들이 국내에서 더 많은 투자를 하도록 유인해야 하고 더 많은 외국 기업들이 우리나라에 직접 투자를 하도록 유인해야 한다. 그런데 노동시장의 경직성은 우리나라의 투자 매력도를 떨어뜨리는 중요한 요인 중 하나이다. 이 문제를 해결하기 위해 정부가 노사 간 대타협을 주도해야 한다.

정부에게는 현재 우리 사회가 당면한 문제뿐만 아니라 미래에 예상 가능한 문제에까지 대비해 장기적인 관점에서 사회제도를 개혁할 책임이 있다. 가장 확실한 우리의 미래는 2026년에 우리나라가 초고령사회가 된다는 점이다. 근로자들이 더 늦은 나이까지도 조직에서 활력 있고 당당하게 일할 수 있도록 하기 위해서는 근로자와 기업도 노력해야 하지만 그것이 가능하도록 정부가 사회제도를 개혁해 주어야 한다. 그렇게 하지 않으면 우리 기업의 국제경쟁력이 떨어지고 국민들이 일할 수 있는 자리가 줄어들 것이다. 사회제도 개혁을 위한 정부의 적극적인 역할을 기대해본다.

미주

서장

1. OCED. 2013. OECD Skills Outlook 2003: First Results from the Survey of Adult Skills. www. oecd.org.

2. World Economic Forum. 2017. The Global Competitiveness Report 2016-2017. www.weforum. org.

1장

1. Whyte, W. H., 2002(1956), The Organization Man, Philadelphia, PA: The University of Pennsylvania Press.

2. Mueller, C. W., 1991, "Work orientation", Encyclopedia of Sociology, pp. 2260-2267.

2. Lawler III, E. E., 1973, Motivation in Work Organizations, Monterey, CA: Brooks/Cole.

4. Smither, R., 1988, The Psychology of Work and Human Performance, New York: Harper and Row.

5. Lawler, E. J., 1992, "Affective attachments to nested groups: A choice-process theory", American Sociological Review, 57, pp. 327 – 339; Wallace, J. E., 1993, "Professional and organizational commitment: compatible or incompatible?" Journal of Vocational Behavior, 42(3), pp. 333-349; Wallace, J. E., 1995, "Professionals in bureaucracies: A case of proletarianization or adaptation?" Administrative Science Quarterly, 40, pp. 228 – 255.

6. Meyer, J. P., & Allen, N. J., 1997, Commitment in the Workplace: Theory, Research and Application, Thousand Oaks, CA: Sage.

7. Rhodes, S. R., 1983, "Age-related differences in work attitudes and behavior: A review and conceptual analysis", Psychological Bulletin, 93(2), pp. 328-367.

2장

1. Mannheim, K., 1952, The problem of generations, pp. 276-322. In P. Kecskemeti (Ed.), Essays of the Sociology of Knowledge by Karl Mannheim, Oxford University Press.

2. 박재홍, 1999, 「기성세대의 생애사와 세대차이 인지에 관한 연구: 질적 접근」, 『한국사회학』, 33, pp. 257-296.; 박재홍, 2003, 「세대개념에 대한 연구: 코호트적 시각에서」, 『한국사회학』, 37, pp. 1-23. ; 박재홍, 2010, 「한국사회의 세대갈등: 권력, 이념, 문화갈등을 중심으로」, 『한국인구학』, 33, pp. 10-34.

3. 이호영·조성은·오주현·김석호·이윤석, 2012, 『디지털세대와 기성세대의 사고 및 행동양식 비교연구』, 방송통신위원회

4. Ibid.

5. 박길성, 2002, 「왜 세대인가?」, 『사상』, 54, pp. 8-27.

6. Ibid.; 이동후, 2009, 「사이버 대중으로서의 청년 세대에 대한 고찰」, 『한국방송학보』, 23, pp. 409-448.

7. 이호영·조성은·오주현·김석호·이윤석, 2012, 『디지털세대와 기성세대의 사고 및 행동양식 비교연구』, 방송통신위원회

8. Pearce, C. L., & Conger, J. A., 2007, Shared Leadership, Thousand Oaks, CA: Sage.

9. 윤정구, 2015, 『진성리더십』, 라온북스.

10. Greenleaf, R. K., 1977, Servant Leadership, Mahwah, NJ: Paulist Press.

3장

1. Benko, C., & Weisberg, A., 2007, Mass Career Customization, Boston, MA: Harvard University Press.

2. World Economic Forum, 2016, The Future of Jobs.

3. Frey, C. B., & Osborne, M. A., 2017, "The future of employment: How susceptible are jobs to computerization", Technological Forecasting and Social Change, 114, pp. 254-280.

4. World Economic Forum, op. cit.

5. 오계택·정동관·박우성·이상민, 2016, 『정년 연장 등 노동시장 환경변화에 대응하기 위한 인적자원관리방안』, 한국노동연구원, p.219에서 재인용.; 미즈호 정보총연, 2001, 『산업구조 전환과 고용 인재육성정책에 관한 조사』.

6. Ibid., p.254.

7. Wall Street Journal, 2017.2.2, 'The end of employees'.

8. 김진숙, 2016, '제4차 산업혁명과 교육의 역할', 월간교육 7월호.

9. 박윤수·강창희·김진영·김창환, 2017, '4차 산업혁명에 대비한 교육개혁 방향', 2016 국가 중장기 전략수립을 위한 발표회.

4장

1. https://dupress.deloitte.com/dup-us-en/industry/technology/from-exponential-technologies-to-exponential-innovation.html

2. 『뉴시스』, 2016.12.8, '인구, 2031년 정점 찍고 감소…"생산가능인구는 내년부터 줄어"'.

3. 인적자본기업패널조사 (2014)

4. Chand, M., & Tung, R., 2016, "The aging population and its effects on business", Rotman Management, Winter 2016, pp. 63-67.

5. 로라 카스텐슨, 2014, 「고령화 사회를 바라보는 두 가지 시선」, 폴 어빙 엮음, 김선영 옮김, 『글로벌 고령화 위기인가 기회인가』, pp. 49-68. 아날로그.

6. Barrick, M. R., & Mount, M. K., 1991, "The Big Five personality dimensions and job performance: A meta-analysis", Personnel Psychology, 44, pp. 1-26. ; Allemand, M., Zimprich, D., & Hendricks, A. J., 2008, "Age differences in five personality domains across the life span", Developmental Psychology, 44(3), pp. 758-770. ; 로라 카스텐슨, 2014, 「고령화 사회를 바라보는 두 가지 시선」, 폴 어빙 엮음, 김선영 옮김, 『글로벌 고령화 위기인가 기회인가』, pp. 49-68. 아날로그.

7. Cappelli, P., & Novelli, B., 2010, "Managing the older worker", Boston, MA: Harvard Business Review Press.

8. Gallo, W. T., Bradley, E. H., Siegel, M., & Kasl, S. V., 2000, "Health effects of involuntary job loss among older workers: Findings from the health and retirement survey", Journal of Gerontology: Social Sciences, 55(3), pp. S131-140.

9. Taylor, J. L., O'hara, R., Mumenthaler, M. S., Rosen, A. C., & Yesavage, J. A., 2005, "Cognitive ability, expertise, and age differences in following air-traffic control instructions", Psychology and Aging, 20, pp. 117-133.

10. 『매일경제신문』, 2016. 12.19, '글로벌 산업혁신 실패하면 '중세시대' 경제로 돌아갈 것'.

11. 김상일 외, 2013, 『2013 KISTEP 10대 미래유망기술 선정에 관한 연구 –미래 한국사회의 '스마트 에이징' 선도를 위한 유망 기술』, 한국과학기술기획평가원, p. 107

12. Mullich, N., 2003, "They don't retire them, they rehire them", Workforce Management, December 2003, pp. 49-54.

13. Brown, C., 1997. The Competitive Semiconductor Manufacturing Humans Resources Project, Berkeley, CA: University of California.

14. 심재희, 2013, 「중국의 실버산업을 주목하라」, 『KOTRA 해외시장뉴스』, 2013년 2월 4일

https://news.kotra.or.kr/user/globalBbs/kotranews/4/globalBbsDataView.do?setIdx=243&dataIdx=119100

15. 무라타 히로유키, 2013, 『그레이마켓이 온다』, 중앙북스.

16. 이지먼·한정민·김재진·이용호·김바우, 2013, 『인구고령화가 소비구조 및 산업생산에 미치는 영향 연구』, 한국보건사회연구원, 산업연구원.

17. https://techcrunch.com/2013/04/15/amazon-goes-after-older-adults-seniors-with-new-store/

18. http://biz.chosun.com/site/data/html_dir/2013/11/26/2013112604106.html

19. 이지먼·한정민·김재진·이용호·김바우, 2013, 상게서.

20. Benko, C., & Weisberg, A., 2007, "Implementing a corporate career lattice: The Mass Career Customization Model", Strategy & Leadership, 35(5), pp. 29-36.

21. Ferris, G. R., 1985, "The influence of subordinate age on performance ratings and causal attributions", Personnel Psychology, 38(3), pp. 545-557.

22. McEvoy, G., & Cascio, W., 1989, "Cumulative evidence of the relationship between employee age and job performance", Journal of Applied Psychology, 74, pp. 11-17.; Ng, T., & Feldman, D., 2008, "The relationship of age to ten dimensions of job performance", Journal of Applied Psychology, 93, pp. 392-423. ; Rhodes, S., 1983, "Age-related differences in work attitudes and behavior: A review and conceptual analysis", Psychological Bulletin, 93, pp. 328-367. ; Waldman, D., & Avolio,

B., 1986, "A meta-analysis of age differences in job performance", Journal of Applied Psychology, 71, pp. 33-38.

23. Dedrick, E. J., & Dobbins, G. H., 1991, "The influence of subordinate age on managerial actions.: An attributional analysis", Journal of Organizational Behavior, 12(5), pp. 366-377.

24. Smith, W. J., & Harrington, K. V., 1994, "Younger supervisor-older subordinate dyads: A relationship of cooperation or resistance? Psychological Reports, 74(3), pp. 803-812.

25. Hodin, M. W., & Hoffman, M., 2011, "Snowbirds and water coolers: How aging populations can drive economic growth," SAIS Review of International Affairs, Summer-Fall 2011

26. Loch, C. H., Sting, F. J., Bauer, N., & Mauermann, H., 2010, "How BMW is diffusing the demographic time bomb", Harvard Business Review, 88(3), pp. 99-102.

27. National Research Council, 2004, Health and Safety Needs of Older Workers, Washington, DC: National Academy Press.

28. BMW group priorities factory digitalization and ergonomics as workforce ages. http://www.just-auto.com/analysis/bmw-group-prioritises-factory-digitalisation-and-ergonomics-as-workforce-ages_id167978.aspx

5장

1. e-나라지표, 고용노동부, 근로자평균근속연수, 평균연령, 학력별 임금, http://www.index.go.kr/potal/main/EachDtlPageDetail.do?idx_cd=1486에서 2017.7.6 내려받음.

2. 『파이낸셜뉴스』, 2016.12.4, '늙어가는 노조'.

3. 『국제신문』, 2017.6.15.

4. 정승국, 2016, 「글로벌 자동차기업 생산직 임금체계 국제비교」, 『임금연구』, Winter, pp. 106-117.

5. 안희탁, 2016, 「일본의 생산기능직 임금체계 변화와 시사점」, 『임금연구』, Fall, pp. 94-116.

6. 김동배, 2016, 「생산직 임금체계 개편 방향과 과제」, 『임금연구』, Winter, pp. 4-19.

7. 김양태, 2016, 「숙련과 임금제도: A자동차의 숙련지향적 임금제도의 모색」, 『전문경영인연구』, 19(4), pp. 1-18; 정승국, 2008, 『숙련형성과 임금체계: 폴크스바겐, 도요타, 현대자동차의 비교연구』, KRIVET.

8. 김동배, 2016, 상게논문.

9. 경제사회발전노사정위원회, 『2017, 2016임금보고서』.

10. 이일행, 2016, 「캐논코리아 생산직의 역할 중심 인사·임금체계」, 『임금연구』, Winter, pp. 98-105.

11. 경제사회발전노사정위원회, 상게서.

12. 『동아닷컴』, 2017.6.18, '한화건설, 1개월 유급휴가·유연근무제 도입 … 꿈의 직장 만든다'.

13. 『디지털데일리』, 2017.6.15, '금융권 유연근무자 확산, IT지원사업 본격화'.

14. 『OBSNews』, 2017.1.19, '일본 주 4일 근무 등 일하는 방식 개선'.

15. 『OBSNews』, 2017.1.19, 상게기사.

16. 『한국경제신문』, 2017.6.14, 'LG이노텍 '생산직 호봉제 폐지' 1년 …'

17. 『한국일보』, 2016.7.19, 'SK하이닉스 생산직 새 임금체계 도입, 호봉제 비중 낮춘다'.

18. 다니엘 부어, 2017, 디지털화와 노동의 미래 – 노동 4.0이란, KLI-FES 한독 국제 컨퍼런스: 노동 4.0과 4차 산업혁명, 4월 6일, 대한상공회의소.

6장

1. 이장원, 2014,「노동시장 구조개선 국민의식조사 결과」, 한국고용노사관계학회 발표자료

2. 이장원·송민수·김윤호·이민동, 2016, 『임금직무체계 변화실태와 직무급의 과제』, 한국노동연구원

3. 김주영·조동훈·이번송·조준모·이인재, 2009, 『한국의 임금 격차』, 한국노동연구원

4. 이장원·전명숙·조강윤, 2014, 『격차축소를 위한 임금정책』, 한국노동연구원

5. Bahnmüller, R., 2014,「독일의 임금구조개혁: 원인, 목표 그리고 효과」, 외국의 임금체계 비교를 통한 국내 임금체계 개편 방향 국제심포지엄, 노사발전재단

6. Koys, D. J., 2014, "Using the department of labor's O*NET database in teaching HRM", Journal of Human Resources Education, 7 (3/4), pp. 1-21.

7. 슈밥, 클라우스 2016, 『제 4차 산업혁명』, 송경진 역, 새로운 현재

8. 포드, 마틴, 2015, 『로봇의 부상』, 이창희 역. 세종서적

9. World Economic Forum, 2014, Matching Skills and Labour Market Needs: Building Social Partnerships for Better Skills and Better Jobs, Davos.

10. 배규식·이장원, 2017,「일터 혁신 정책의 혁신이 필요하다」, 『월간 노동리뷰』, 통권 145호, p 45에서 재인용

11. Bratton, J. et al., 2003, Workplace Learning: A Critical Introduction, Toronto: Garamond Press

12. Ashton, D. & Sung, J., 2002, Supporting Workplace Learning for High Performance Working, ILO, Geneva

13. 장용석 외, 2016, 『포용적 혁신과 글로벌 협력전략』, 과학기술정책연구원

14. 방하남·강석훈·신동균·안종범·이정우·권문일, 2009, 『점진적 은퇴와 부분연금제도 연구』, 한국노동연구원

15. 황수경, 2013,「중고령자의 취업이력과 은퇴패턴」, 『장년 고용-복지 연계를 위한 정책연구』, 고용노동부 용역보고서

16. 나카야마 아키히로, 2017,「일본의 고령화와 고용대책」, 『국제노동브리프』 15권 1호. 한국노동연구원

17. 이병희, 2017,「실업부조의 필요성과 도입방향」, 『월간 노동리뷰』, 통권 146호

18. 김상호, 2012,「독일의 노동시장 개혁과 고용보험제도」, 『고용보험 국제비교』, 유길상 편저, 한국기술교육대학교

7장

1. Bundesministerium für Arbeit und Soziales, Weissbuch Arbeiten 4.0, 11. 2016, S. 29 ff.

2. 근로기준법 제53조.

3. 근로기준법 제56조.

4. 근로기준법 제56조.

5. 종전 기준에 의하면 1주의 근로시간은 40시간과 연장근로시간 12시간 그리고 휴일근로시간 최대 16시간(1주 5일 근무시 토요일과 일요일을 유급휴일로 보장할 경우) 등 모두 1주에 68시간까지 근무할 수 있는 것으로 해석했다. 그러나 2012년 이후 1주 40시간을 초과하는 근로시간이 모두 연장근로에 해당한다고 보면 휴일근로시간도 연장근로시간 수 계산에 산입되어야 한다는 판결들이 나오기 시작했다.

6. 52시간을 초과해 연장근로를 시킨 사업주는 2년 이하의 징역 또는 1천만원 이하의 벌금이 부과되며(근로기준법 제53조 및 제110조 제1호), 미지급된 중복할증임금은 과거 3년치가 소급해서 지급되어야 한다(근로기준법 제49조).

7. 근로기준법 제51조.

8. 근로기준법 제52조.

9. 이에 관해서는 권순원·박지순·박지성, 「근로시간제도의 합리적 규율 방안 연구: 화이트칼라 노동시간을 중심으로」, 『전문경영인연구』, 제17권 제4호, 2014, pp 1-33 이하 참고.

10. 근로기준법 제93조.

11. 해당 사업 또는 사업장에 근로자의 과반수로 조직된 노동조합이 있는 경우에는 그 노동조합, 근로자 과반수로 조직된 노동조합이 없는 경우에는 근로자 과반수의 의견이나 동의를 의미하며, 이때 노동조합의 의견이나 동의는 노동조합의 대표자에 의하면 되고, 근로자 과반수의 의견이나 동의는 투표나 부서별 회의방식도 가능하다(대법원 2003.11.14. 선고 2001다18322 판결). 특히 불이익변경시 동의주체가 되는 근로자는 해당 취업규칙의 적용을 받는 근로자집단의 과반수를 의미한 것으로 보아야 한다(대법원 2008.2.29. 선고 2007다85997 판결).

12. 대법원 2015.8.13.선고 2012다43522 판결: 피고의 변경된 '보직 부여 기준안'에 따라 1·2급 간부 사원들이 종전에 4내지 5급 직원들이 담당하던 업무를 맡을 수도 있게 되었으므로 실질적으로는 징계의 일종인 강등과 유사한 결과를 초래해 그 적용을 받게 되는 근로자들의 불이익이 결코 작지 않은 점, 여러 근로자 집단이 하나의 근로조건 체계 내에 있어 비록 취업규칙의 불이익변경 시점에는 일부 근로자 집단만이 직접적인 불이익을 받더라도 그 나머지 다른 근로자 집단에게도 장차 직급의 승급 등으로 변경된 취업규칙의 적용이 예상되는 경우에는 일부 근로자 집단은 물론 장래 변경된 취업규칙 규정의 적용이 예상되는 근로자 집단을 포함한 전체 근로자 집단이 동의주체가 된다.

13. 연령차별금지법 제19조의2 제1항.

14. 서울고법 2017.1.13. 선고 2015나2049413 판결과 서울중앙지법 2017.5.18. 선고 2016가합566509 판결 참조.

15. 근로기준법 제4조 (근로조건의 결정): 근로조건은 근로자와 사용자가 동등한 지위에서 자유의사에 따라 결정해야 한다.

16. 고용노동부, 『공정인사지침, 직무능력과 성과 중심의 인력운영을 위한 가이드북』, 2016.1.22.

17. 근로기준법 제23조 제1항.

18. 대법원 2007.10.11. 선고 2007두11566 판결: 근로자에 대한 전보나 전직은 원칙적으로 인사권자인 사용자의 권한에 속하므로 업무상 필요한 범위 내에서는 사용자는 상당한 재량을 가지며 그것이 근로기준법에 위반되거나 권리남용에 해당되는 등의 특별한 사정이 없는 한 유효하고, 전보 처분 등이 권리남용에 해당하는지 여부는 전보처분 등의 업무상의 필요성과 전보 등에 따른 근로자의 생활상의 불이익을 비교·교량해 결정되어야 하고, 업무상의 필요에 의한 전보 등에 따른 생활상의 불이익이 근로자가 통상 감수해야 할 정도를 현저하게 벗어난 것이 아니라면, 권리남용에 해당하지 않는다.

    대법원 2013.2.28. 선고 2010다52041 판결: 사용자가 전직처분 등을 함에 있어서 요구되는 업무상 필요란 인원 배치를 변경할 필요성이 있고 그 변경에 어떠한 근로자를 포함시키는 것이 적절할 것인가 하는 인원선택의 합리성을 의미하는데, 여기에는 업무능률의 증진, 직장질서의 유지나 회복, 근로자 간의 인화 등의 사정도 포함된다.

19. 대법원 2006.1.12. 선고 2005두9873 판결: 전적(轉籍)의 경우에는 동일 기업 내의 인사이동인 전근이나 전보와 달라 특별한 사정이 없는 한 근로자의 동의를 얻어야 효력이 생기고, 나아가 기업그룹 등과 같이 그 구성이나 활동 등에 있어서 어느 정도 밀접한 관련성을 갖고 사회적 또는 경제적 활동을 하는 일단의 법인체 사이의 전적에 있어서 그 법인체들 내에서 근로자의 동의를 얻지 아니하고 다른 법인체로 근로자를 전적시키는 관행이 있어서 그 관행이 근로계약의 내용을 이루고 있다고 인정하기 위해서는, 그와 같은 관행이 그 법인체들 내에서 일반적으로 근로관계를 규율하는 규범적인 사실로서 명확히 승인되거나, 그 구성원이 일반적으로 아무런 이의도 제기하지 아니한 채 당연한 것으로 받아들여 기업 내에서 사실상의 제도로서 확립되어 있지 않으면 아니 된다.

20. 근로기준법상 근로계약에 관한 특별한 강행규정으로 '위약예정의 금지'(제20조)가 있는데, 이는 근로자의 퇴직의 자유, 직업선택의 자유를 보장하기 위한 것이지 근로계약의 내용에 관한 규제는 아니다.

21. 근로기준법 제15조.

22. 이러한 문제제기는 박지순, 「노동법 규제개혁의 관점과 방법 – 노동법적용의 탄력화와 근로계약법 제정을 중심으로 -」, 『경영법률』, 제20집 제1호, 2009, pp 71-110 참고.

23. 예컨대 우리의 경우 근로기준법은 5명 이상 사업, 근로자참여 및 협력증진에 관한 법률은 30명 이상 사업에 적용되고 있으며, 독일에서는 해고제한법의 경우 10명 이상 사업에 적용된다.

K-매니지먼트 3.0: 초고령사회, 조직활력을 어떻게 높일까

초판 1쇄 인쇄 2017년 8월 12일
초판 1쇄 발행 2017년 8월 18일

지은이 이경묵 한준 윤정구 양동훈 김광현 이영면 이장원 박지순
펴낸이 안현주

경영총괄 장치혁 **편집** 송무호
디자인 표지 정태성 본문 장덕종
마케팅영업팀장 안현영

펴낸곳 클라우드나인　　**출판등록** 2013년 12월 12일(제2013-101호)
주소 우) 121-898 서울시 마포구 월드컵북로 4길 82(동교동) 신흥빌딩 6층
전화 02-332-8939　　**팩스** 02-6008-8938
이메일 c9book@naver.com

값 15,000원
ISBN 979-11-86269-84-8　03320